現代学校改革の原理と計画のために

宮盛 邦友【著】

学 文 社

もくじ

第2部　学校改革の計画

第3部　学校改革の開発

序　人格＝認識形成学校としての開かれた学校づくり

1　現代日本において形成された教育理念の危機

現代日本において、戦後改革・戦後史・地球時代を通して形成されてきた、「日本国憲法・旧教育基本法・子どもの権利条約法制」という教育理念が、危機に瀕しています。

例えば、本書を手にとっている読者のみなさんの多くは、所属学科にかかわらず、大学において教職課程を履修している学生でしょう。いろいろな目的・目標があるだろうと思いますが、少なくとも、「教員をめざす」ということを自分自身の将来の職業の選択肢の一つに考えている、ということになるでしょう。

教育学では、「大学において教職課程を履修する」しくみを、「大学における教員養成」と呼び、「所属学科にかかわら」ないことを、「免許状授与の開放制」と呼んでいます。これらは、戦後日本においてつくられた教員養成の二大原則です。そして、教職課程を履修しているみなさんは、すでに「教員養成」を受けていることになります。「教員養成」とは、教員としての必要な資質能力と力量の形成をおこない、大学・短期大学・大学院の教育課程を修了し、教職に必要な単位などを修得した者に教員の資格を認めるというものです。

しかし、近年の教育改革では、いわゆる子ども問題に対応するための、教員の資質向上が叫ばれ、教員養成を含む教師教育改革がすすんでいます。例えば、特別非常勤講師や特別免許状をもつ教員などのように、「大学における教員養成」を経なくても、教員になることができるようになりました。そうすると、誰がどこでどのように教員を教育するのか、が問われることになります。学ぶ者の立場からいえば、「何に向けて何をどう学ぶのか」を深く問うことが重要になってきたのです。これらの問題をつきつめていくと、「そもそも教員になるとはどういうことなのか」という問いが大きく立ちはだかることとなります。

以上のような教師になることの問いが、文部科学省による教育改革によって機能不全とさせられ、そのような問いをもたない客体的な教師がつくりだされている現状があります。

その一つの象徴的な教育改革が、中央教育審議会答申「『令和の日本型学校教育』の構築を目指して～全ての子供たちの可能性を引き出す、個別最適な学びと、協働的な学びの実現～（答申）」（2021年１月26日）です。

2　中教審答申「『令和の日本型学校教育』の構築を目指して」を考える

私たちは、この30年あまり、日本国憲法・旧教育基本法・子どもの権利条約の精神をいかして、「子どもたちの声を聴く」や「授業というコミュニケーション」といった、参加と共同の開かれた学校づくりに取り組んできました。その成果は、日本の教職員たちがその実感を持っているところにあらわれています。

今回の中教審答申「『令和の日本型学校教育』の構築を目指して」は、私たちの日常感覚からすれば、その通りのことが書かれていて、批判の必要がないかのように見えます。しかし、この間の政府・文部科学省などによる教育改革の一環として重ねてみた時に、この答申には私たちが取り組んできた参加と共同の教育実践を全面的に否定する考え方があることに、私たちは注目しなければなりません。

この中教審答申はどのような論理をもっているのでしょうか。また、その対決点はどこにあるのでしょうか。その論理は、以下の第五の点を言いたいがために、第一から第五に向かって私たちの日常感覚に訴えかけています。

第一は、「急激に変化する時代の中で育むべき資質・能力」といっていますが、これは、新自由主義時代の学習指導要領の言い換えに他なりません。それに対して、私たちは、平和・人権・環境といった地球時代の教育課題を教育実践の中で深めてきたはずです。

第二は、「日本型学校教育の成り立ちと成果、直面する課題と新たな動きについて」として、世界の教育と日本の教育の違いが強調されていますが、世界に誇るべきは、日本の教職員たちによる教育のつどい（教育研究全国集会）であり、これこそが対置されるべきです。

第三は、「2020年代を通じて実現すべき『令和の日本型学校教育』の姿」として「個別最適な学び」と「協働的な学び」が登場します。「個別最適な学び」については、教育概念を根本から変更しようとしている、と指摘することができます。教育とは本来、組織された複数のいとなみです。今回のICTは教育方法・技術の問題として提案されたのではなく、教育全体のあり方に対して提起されたのです。「協働的な学び」については、すでに学校の中にも活動的で深い学びとして入っていますが、今回改めて提起されたのは、階層化された中での学びを強調するためである、と指摘できます。教育とは、さまざまな違いを認め合いながらもお互いにつながっていくことにその特徴がありますが、それとは反対に、違いを際立たせるために「協働的な学び」が提起されたのです。そして、この二つは、相互に関連するのではなく、ICTで個別化された「勉強のできない」子どもが、「勉強のできない」子どもたち同士で「協働的な学び」をおこなう、というおそろしい論理をとっています。このことからすれば、ICT教育の導入が、日本の教職員がこれまで取り組んできた教育実践を根本から否定していることは、明らかです。

第四は、「『令和の日本型学校教育』の構築に向けた今後の方向性」ですが、これによって新自由主義教育改革が完成すると読めます。このような中で、日常の教育実践を基盤とした私たちの教育改革・学校改革をどのように構想するのかは、極めて重要となってきます。

第五は、「『令和の日本型学校教育』の構築に向けたICTの活用に関する基本的な考え方」ですが、管理と統制の対象としての、国家に支配された新しい教職の専門性の定義のし直しとなるのです。

このように、第五に向かって、第一からの論理が積み重ねられているのです。このようなICT教育に対して、決して無批判に現状を肯定する仕方で受け入れることなく、いまこそ私たちはこれまでの教育実践の成果の上に立って、声を上げなければなりません。

このように中教審答申を読むことは、深読みのし過ぎではないか、と思われる先生方もいるかもしれません。しかし、教員養成では、答申に書かれているようなことは、すでに導入・実現されています。例えば、若い先生たちが学習指導要領に対して何の疑問も持たずに効率よく教科書を教え、文部科学省の方針という理由だけでICTやアクティブ・ラーニングなどをいち早く取り入れるような姿を見れば、そのことはわかると思います。

この中教審答申が実現するならば、いま取り組んでいる教育実践が取り組めなくなる時代がやってくることになります。私たちには、日常感覚を大切にしながらも、日々の教育実践を通して、子どもの権利のために、「教育とは何か」・「学校とは何か」・「教師とは何か」といった教育の本質と任務をくりかえし問いなおすことが、いま、求められているのです。

3 国民の教育権の学校論・公教育論としての人格＝認識形成学校と開かれた学校づくり

教育の本質と任務を問い直そうとする時、「国民の教育権論」は、極めて重要な教育学理論です。

国民の教育権論とは、「子ども・親・教師、国民、国家等の、教育に関する権利・義務、責任と権限の関係の総体」[1] のことを言います。それは、子どもの権利を基軸とした生涯にわたる発達と学習の権利である日本国憲法第26条［教育を受ける権利］の教育学的解釈です。その代表的研究者である堀尾輝久は、国民の教育権論の学校論的・公教育論的展開として、「人格形成学校」を構想しています。人格形成学校とは、「総合学習を含む教科の教授＝学習と自治的諸活動を通しての」[2] 現代の学校のことです。その課題は、「社会的統制機能と自治能力の形成」・「人材配分機能と進路選択」・「教育と福祉の統一」の三点が指摘されています。宮盛邦友はそれをさらに展開するべく、「教養と指導を要として総合学習を軸とする、学習活動と自治的諸活動を組織化した総合的な現代学校」[3]として、「人格＝認識形成学校」を提起しました。そして、その具体的形態は、浦野東洋一の発案による、「教師、子ども、保護者、住民（地域の機関を含む）の学校参加」[4]である「開かれた学校づくり」に求められました。

開かれた学校づくりとは、日本国憲法・新旧教育基本法・子どもの権利条約の理念である子どもの権利と学校の公共性を基本原理とする、三者協議会や学校フォーラムなどの子ども・親・教師の学校参加という基本計画をもった、「開かれた教職の専門性」の創造をめざす取り組みです。高知・土佐の教育改革、長野・辰野高校の三者協議会やフォーラム、埼玉・草加東高校の学校評価連絡協議会などが有名です[5]。（詳しくは、本書第Ⅳ章をご覧下さい。）

このように、中教審答申に見られるような新自由主義教育改革に対抗できる学校論・公教育論は、「人格＝認識形成学校としての開かれた学校づくり」以外にはないのではないでしょうか。

4　現代学校改革としての開かれた学校づくりと学びの共同体

こうした開かれた学校づくりと親和的な学校論・公教育論の構想に、「学びの共同体」があります。学びの共同体は、佐藤学が1990年頃から提唱している、学びの質と平等を同時に追求する現代学校改革の構想です。

そのヴィジョンを定義するならば、「学びの共同体の学校は、子どもたちが学び育ち合う学校であり、教師たちも教育の専門家として学び育ち合う学校であり、さらに保護者や市民も学校の改革に協力し参加して学び育ち合う学校である」[6]、となります。

この構想は、三つの哲学によって基礎づけられ、三つの活動システムによって構成されています。その三つの哲学とは、「公共性の哲学（public philosophy）」・「民主主義（democracy）の哲学」・「卓越性（excellence）の哲学」[7]であり、その三つの活動システムとは、「教室における協同的学び（collaborative learning)」・「職員室における教師の学びの共同体（professional learning community）と同僚性（collegiality）の構築」・「保護者や市民が改革に参加する学習参加」[8] です。

この改革を通して、次の三つの教育概念の再定義が提唱されています。第一は、「『学び』の再定義：学びは認知的（文化的)、対人的（社会的)、実存的（倫理的）実践である」、第二は、「『教師』の再定義：教師は「教える専門家」であると同時に『学びの専門家』である」、第三は、「『公共性・カリキュラム』の再定義：公共性は審議民主主義である。カリキュラムは『言語の教育』『探究の教育』『アートの教育』『市民性の教育』の四つの基本領域でデザインし実践する」[9]、です。

学びの共同体は、現代学校改革の構想と表現していますが、新潟・小千谷小学校や神奈川・茅ヶ崎浜之郷小学校をパイロット・スクールとして、すでに、小学校約1500校、中学校約2000校、高等学校約300校で挑戦されており、また、韓国・メキシコ・アメリカ・中国・シンガポール・インドネシア・ベトナム・インド・台湾などの諸外国にも拡大しており、改革化しています。その意味において、学びの共同体は、これまでの佐藤の教育理論を教育実践に適用した結果ではなく、多くの教師とともに教育実践から教育理論を紡ぎ出した結晶なのです。

また、学びの共同体は、新しいタイプの学校改革のように見えますが、戦後日本の教師論・教育実践論との連関も明確に有していることに注意をしておく必要があります。それは、佐藤の教師・教育実践をフィールド研究する際の方法的な自覚から分析されていると理解しなければなりません。

このように書くと、学びの共同体は、実践に埋没しているように見えますが、理論的な根拠を明確に有していることにも注目をする必要があります。「子どもたちの声を聴く」ということは、私－あなた関係の教育学的表現なのですが、佐藤は、宮澤賢治の私論[10] によってそれを掘り下げ、また、「地域を創る」ということは、コミュニティの教育学的表現なのですが、佐藤は、ジョン・デューイの公共圏の政治哲学[11]によって、それを掘り下げています。これは、佐藤の学校を思想研究する際の方法的な自覚から分析されていると理解しなければなりません。その意味で、学びの共同体は、革新と伝統を相互に行き交う現代学校改革の構想だといえるでしょう。

つまり、現代学校改革の構想である学びの共同体は、21世紀のホリスティックな学校改革なのです。

ここで、「開かれた学校づくり」の理論と実践から、「学びの共同体」をさらに深めてみましょう。

開かれた学校づくりを形成・構成する子どもの権利・学校の公共性・開かれた教職の専門性は、学びの共同体における学びの快楽（授業の臨床的研究）・カリキュラムの批評（カリキュラム史研究）・教師というアポリア（教師文化研究）、と合致しています。あえていうならば、学びの共同体は、学習活動から学校全体へと共同的な改革をめざしているのに対して、開かれた学校づくりは、自治的諸活動から学校全体へと開かれた改革をめざしています。その意味において、あるものの見方の違いではありますが、共通の現代学校改革を指し示しているといえるのです。

5　現代学校改革の焦点としての開かれた教職の専門性

その中でも、特に深めるべきは、やはり、「開かれた教職の専門性」についてです。

佐藤のいう「反省的実践家（reflective practitioner）」という表現は、ドナルド・ショーンに由来しています。その内実は、「実践的認識論は、技術的な問題解決を省察的探究というより広い文脈の中へ位置づけ、『行為の中の省察』が独自の意味において厳密なものになりうることを示し、不確実性と独自性における実践の技法を、科学者の研究の技法と結びつける認識論である」[12]、といいます。ここからは、学校臨床学的な発想から教職の専門性を問いなおそうとする思考をみることができます。

また、佐藤のいう「同僚性（collegiality）」は、勝野正章のいう協同・同僚性との共通性をもっています。それは、「同僚教師が与えてくれるさまざまな支援のなかでとくに重要なのは『褒めること』と『認めること』である」・「同僚性とは、理念や目的だけではなく、空間や時間や感情を同僚教師が『共有すること』であって、そのような関係を成り立たせているのが、『話すこと』と『聴くこと』なのである」[13]、といいます。ここからは、教育人間学的な発想から教職の専門性を問いなおそうとする思考をみることができます。

このような観点から、開かれた教職の専門性を再把握すると、開かれた教職の専門性における省察と同僚性は、現代学校改革の要というべき教育学理論だということができるのです。この点を現代学校論・公教育論として深化させることが、いま、求められているのではないでしょうか。

6　本書の構成

本書は、現代学校改革の原理と計画のための文章と資料から成り立っています。

第１部では、現代学校改革に関する原理について論じます。具体的には、開かれた学校づくりの基本理念である、子どもの権利の判例研究、学校の公共性の政策文書研究、開かれた教職の専門性の国際教育法制研究、を取り上げています。

第２部では、現代学校改革に関する計画について論じます。具体的には、国民の教育権論と開かれた学校づくりの理論研究、を取り上げています。

第３部では、現代学校改革に関する対話をおこなっています。具体的には、人格＝認識形成学校の研究課題である、精神医学・憲法学・教育学の実践研究、を取り上げています。

総じて、現代における学校・公教育の事実に基づいて、未来に向けての私と私たちの教育の規範をつくることをめざしています。

〈注〉

(１) 堀尾輝久「国民の教育権の構造」『人権としての教育』岩波現代文庫，1989年，119頁。
(２) 堀尾輝久「教育とは何か」『教育入門』岩波新書，1989年，123頁。
(３) 宮盛邦友「学習活動と自治的諸活動の組織化としての人格＝認識形成学校」『現代の教師と教育実践【第２版】』学文社，2019年，50頁。
(４) 浦野東洋一「教育改革と学校づくり」『開かれた学校づくり』同時代社，2003年，17頁。
(５) 詳しくは、浦野東洋一・神山正弘・三上昭彦編『開かれた学校づくりの実践と理論　全国交流集会10年の歩みをふりかえる』同時代社，2010年11月、浦野東洋一・勝野正章・中田康彦・宮下与兵衛編『校則、授業を変える生徒たち　開かれた学校づくりの実践と研究　全国交流集会Ⅱ期10年をふりかえる』同時代社，2021年、宮盛邦友「子ども参加と学校づくり」前掲『現代の教師と教育実践【第２版】』、など参照。
(６) 佐藤学「学びの共同体のヴィジョンと哲学」『学校を改革する　学びの共同体の構想と実践』岩波ブックレット，2012年，17頁。
(７) 同上，18-20頁。
(８) 佐藤学「協同的学びによる授業改革」・「教師間の同僚性の構築」・「保護者との連帯、教育委員会との連携」前掲『学校を改革する』25-49頁。
(９) 佐藤学「学びの共同体としての学校――学校再生への哲学」『学校改革の哲学』東京大学出版会，2012年，135-136頁。
(10) 佐藤学「死者の祀りとしての『私』――宮澤賢治の言葉と身体」同上、参照。
(11) 佐藤学「公共圏の政治学――両大戦間のデューイ」同上、参照。
(12) ドナルド・ショーン著，佐藤学・秋田喜代美訳「『技術的合理性』から『行為の中の省察』へ」『専門家の知恵　反省的実践家は行為しながら考える』ゆみる出版，2001年，121頁。
(13) 勝野正章「現代における教師の仕事」田中孝彦・藤田和也・教育科学研究会編『現実と向きあう教育学――教師という仕事を考える25章――』大月書店，2010年，185頁。

資　料

日本国憲法

（昭和二一年一一月三日・公布
昭和二二年　五月三日・施行）

日本国民は、正当に選挙された国会における代表者を通じて行動し、われらとわれらの子孫のために、諸国民との協和による成果と、わが国全土にわたつて自由のもたらす恵沢を確保し、政府の行為によつて再び戦争の惨禍が起ることのないやうにすることを決意し、ここに主権が国民に存することを宣言し、この憲法を確定する。そもそも国政は、国民の厳粛な信託によるものであつて、その権威は国民に由来し、その権力は国民の代表者がこれを行使し、その福利は国民がこれを享受する。これは人類普遍の原理であり、この憲法は、かかる原理に基くものである。われらは、これに反する一切の憲法、法令及び詔勅を排除する。

日本国民は、恒久の平和を念願し、人間相互の関係を支配する崇高な理想を深く自覚するのであつて、平和を愛する諸国民の公正と信義に信頼して、われらの安全と生存を保持しようと決意した。われらは、平和を維持し、専制と隷従、圧迫と偏狭を地上から永遠に除去しようと努めてゐる国際社会において、名誉ある地位を占めたいと思ふ。われらは、全世界の国民が、ひとしく恐怖と欠乏から免かれ、平和のうちに生存する権利を有することを確認する。

われらは、いづれの国家も、自国のことのみに専念して他国を無視してはならないのであつて、政治道徳の法則は、普遍的なものであり、この法則に従ふことは、自国の主権を維持し、他国と対等関係に立たうとする各国の責務であると信ずる。

日本国民は、国家の名誉にかけ、全力をあげてこの崇高な理想と目的を達成することを誓ふ。

第一章　天皇

第一条［天皇の地位と主権在民］　天皇は、日本国の象徴であり日本国民統合の象徴であつて、この地位は、主権の存する日本国民の総意に基く。

第二条［皇位の世襲］　皇位は、世襲のものであつて、国会の議決した皇室典範の定めるところにより、これを継承する。

第三条［内閣の助言と承認及び責任］　天皇の国事に関するすべての行為には、内閣の助言と承認を必要とし、内閣が、その責任を負ふ。

第四条［天皇の権能と権能行使の委任］　天皇は、この憲法の定める国事に関する行為のみを行ひ、国政に関する権能を有しない。

２　天皇は、法律の定めるところにより、その国事に関する行為を委任することができる。

第五条［摂政］　皇室典範の定めるところにより摂政を置くときは、摂政は、天皇の名でその国事に関する行為を行ふ。この場合には、前条第一項の規定を準用する。

第六条［天皇の任命行為］　天皇は、国会の指名に基いて、内閣総理大臣を任命する。

２　天皇は、内閣の指名に基いて、最高裁判所の長たる裁判官を任命する。

第七条［天皇の国事行為］　天皇は、内閣の助言と承認により、国民のために、左の国事に関する行為を行ふ。

一　憲法改正、法律、政令及び条約を公布すること。
二　国会を召集すること。
三　衆議院を解散すること。
四　国会議員の総選挙の施行を公示すること。
五　国務大臣及び法律の定めるその他の官吏の任免並びに全権委任状及び大使及び公使の信任状を認証すること。
六　大赦、特赦、減刑、刑の執行の免除及び復権を認証すること。
七　栄典を授与すること。
八　批准書及び法律の定めるその他の外交文書を認証すること。
九　外国の大使及び公使を接受すること。
十　儀式を行ふこと。

第八条［財産授受の制限］　皇室に財産を譲り渡し、又は皇室が、財産を譲り受け、若しくは賜与することは、国会の議決に基かなければならない。

第二章　戦争の放棄

第九条［戦争の放棄と戦力及び交戦権の否認］
日本国民は、正義と秩序を基調とする国際平和を誠実に希求し、国権の発動たる戦争と、武力による威嚇又は武力の行使は、国際紛争を解決する手段としては、永久にこれを放棄する。
2　前項の目的を達するため、陸海空軍その他の戦力は、これを保持しない。国の交戦権は、これを認めない。

第三章　国民の権利及び義務

第一〇条［国民たる要件］　日本国民たる要件は、法律でこれを定める。
第一一条［基本的人権］　国民は、すべての基本的人権の享有を妨げられない。この憲法が国民に保障する基本的人権は、侵すことのできない永久の権利として、現在及び将来の国民に与へられる。
第一二条［自由及び権利の保持義務と公共福祉性］　この憲法が国民に保障する自由及び権利は、国民の不断の努力によつて、これを保持しなければならない。又、国民は、これを濫用してはならないのであつて、常に公共の福祉のためにこれを利用する責任を負ふ。
第一三条［個人の尊重と公共の福祉］　すべて国民は、個人として尊重される。生命、自由及び幸福追求に対する国民の権利については、公共の福祉に反しない限り、立法その他の国政の上で、最大の尊重を必要とする。
第一四条［平等原則、貴族制度の否認及び栄典の限界］　すべて国民は、法の下に平等であつて、人種、信条、性別、社会的身分又は門地により、政治的、経済的又は社会的関係において、差別されない。
2　華族その他の貴族の制度は、これを認めない。
3　栄誉、勲章その他の栄典の授与は、いかなる特権も伴はない。栄典の授与は、現にこれを有し、又は将来これを受ける者の一代に限り、その効力を有する。
第一五条［公務員の選定罷免権、公務員の本質、普通選挙の保障及び投票秘密の保障］　公務員を選定し、及びこれを罷免することは、国民固有の権利である。
2　すべて公務員は、全体の奉仕者であつて、一部の奉仕者ではない。
3　公務員の選挙については、成年者による普通選挙を保障する。
4　すべて選挙における投票の秘密は、これを侵してはならない。選挙人は、その選択に関し公的にも私的にも責任を問はれない。
第一六条［請願権］　何人も、損害の救済、公務員の罷免、法律、命令又は規則の制定、廃止又は改正その他の事項に関し、平穏に請願する権利を有し、何人も、かかる請願をしたためにいかなる差別待遇も受けない。
第一七条［公務員の不法行為による損害の賠償］　何人も、公務員の不法行為により、損害を受けたときは、法律の定めるところにより、国又は公共団体に、その賠償を求めることができる。
第一八条［奴隷的拘束及び苦役の禁止］　何人も、いかなる奴隷的拘束も受けない。又、犯罪に因る処罰の場合を除いては、その意に反する苦役に服させられない。
第一九条［思想及び良心の自由］　思想及び良心の自由は、これを侵してはならない。
第二〇条［信教の自由］　信教の自由は、何人に対してもこれを保障する。いかなる宗教団体も、国から特権を受け、又は政治上の権力を行使してはならない。
2　何人も、宗教上の行為、祝典、儀式又は行事に参加することを強制されない。
3　国及びその機関は、宗教教育その他いかなる宗教的活動もしてはならない。
第二一条［集会、結社及び表現の自由と通信秘密の保護］　集会、結社及び言論、出版その他一切の表現の自由は、これを保障する。
2　検閲は、これをしてはならない。通信の秘密は、これを侵してはならない。
第二二条［居住、移転、職業選択、外国移住及び国籍離脱の自由］　何人も、公共の福祉に反しない限り、居住、移転及び職業選択の自由を有する。
2　何人も、外国に移住し、又は国籍を離脱する自由を侵されない。

第二三条［学問の自由］ 学問の自由は、これを保障する。

第二四条［家族関係における個人の尊厳と両性の平等］ 婚姻は、両性の合意のみに基いて成立し、夫婦が同等の権利を有することを基本として、相互の協力により、維持されなければならない。

２ 配偶者の選択、財産権、相続、住居の選定、離婚並びに婚姻及び家族に関するその他の事項に関しては、法律は、個人の尊厳と両性の本質的平等に立脚して、制定されなければならない。

第二五条［生存権及び国民生活の社会的進歩向上に努める国の義務］ すべて国民は、健康で文化的な最低限度の生活を営む権利を有する。

２ 国は、すべての生活部面について、社会福祉、社会保障及び公衆衛生の向上及び増進に努めなければならない。

第二六条［教育を受ける権利と受けさせる義務］ すべて国民は、法律の定めるところにより、その能力に応じて、ひとしく教育を受ける権利を有する。

２ すべて国民は、法律の定めるところにより、その保護する子女に普通教育を受けさせる義務を負ふ。義務教育は、これを無償とする。

第二七条［勤労の権利と義務、勤労条件の基準及び児童酷使の禁止］ すべて国民は、勤労の権利を有し、義務を負ふ。

２ 賃金、就業時間、休息その他の勤労条件に関する基準は、法律でこれを定める。

３ 児童は、これを酷使してはならない。

第二八条［勤労者の団結権及び団体行動権］ 勤労者の団結する権利及び団体交渉その他の団体行動をする権利は、これを保障する。

第二九条［財産権］ 財産権は、これを侵してはならない。

２ 財産権の内容は、公共の福祉に適合するやうに、法律でこれを定める。

３ 私有財産は、正当な補償の下に、これを公共のために用ひることができる。

第三〇条［納税の義務］ 国民は、法律の定めるところにより、納税の義務を負ふ。

第三一条［生命及び自由の保障と科刑の制約］ 何人も、法律の定める手続によらなければ、その生命若しくは自由を奪はれ、又はその他の刑罰を科せられない。

第三二条［裁判を受ける権利］ 何人も、裁判所において裁判を受ける権利を奪はれない。

第三三条［逮捕の制約］ 何人も、現行犯として逮捕される場合を除いては、権限を有する司法官憲が発し、且つ理由となつてゐる犯罪を明示する令状によらなければ、逮捕されない。

第三四条［抑留及び拘禁の制約］ 何人も、理由を直ちに告げられ、且つ、直ちに弁護人に依頼する権利を与へられなければ、抑留又は拘禁されない。又、何人も、正当な理由がなければ、拘禁されず、要求があれば、その理由は、直ちに本人及びその弁護人の出席する公開の法廷で示されなければならない。

第三五条［侵入、捜索及び押収の制約］ 何人も、その住居、書類及び所持品について、侵入、捜索及び押収を受けることのない権利は、第三十三条の場合を除いては、正当な理由に基いて発せられ、且つ捜索する場所及び押収する物を明示する令状がなければ、侵されない。

２ 捜索又は押収は、権限を有する司法官憲が発する各別の令状により、これを行ふ。

第三六条［拷問及び残虐な刑罰の禁止］ 公務員による拷問及び残虐な刑罰は、絶対にこれを禁ずる。

第三七条［刑事被告人の権利］ すべて刑事事件においては、被告人は、公平な裁判所の迅速な公開裁判を受ける権利を有する。

２ 刑事被告人は、すべての証人に対して審問する機会を充分に与へられ、又、公費で自己のために強制的手続により証人を求める権利を有する。

３ 刑事被告人は、いかなる場合にも、資格を有する弁護人を依頼することができる。被告人が自らこれを依頼することができないときは、国でこれを附する。

第三八条［自白強要の禁止と自白の証拠能力の限界］ 何人も、自己に不利益な供述を強要されない。

２ 強制、拷問若しくは脅迫による自白又は不当に長く抑留若しくは拘禁された後の自白は、これを証拠とすることができない。

３ 何人も、自己に不利益な唯一の証拠が本人の自白である場合には、有罪とされ、又は刑罰を科せられない。

第三九条［遡及処罰、二重処罰等の禁止］ 何人も、実行の時に適法であつた行為又は既に無罪とされた行為については、刑事上の責任を問はれない。又、同一の犯罪について、重ねて刑事上の責任を問はれない。

第四〇条［刑事補償］ 何人も、抑留又は拘禁された後、無罪の裁判を受けたときは、法律の定めるところにより、国にその補償を求めることができる。

第四章　国会

第四一条［国会の地位］ 国会は、国権の最高機関であつて、国の唯一の立法機関である。

第四二条［二院制］ 国会は、衆議院及び参議院の両議院でこれを構成する。

第四三条［両議院の組織］ 両議院は、全国民を代表する選挙された議員でこれを組織する。

２　両議院の議員の定数は、法律でこれを定める。

第四四条［議員及び選挙人の資格］ 両議院の議員及びその選挙人の資格は、法律でこれを定める。但し、人種、信条、性別、社会的身分、門地、教育、財産又は収入によつて差別してはならない。

第四五条［衆議院議員の任期］ 衆議院議員の任期は、四年とする。但し、衆議院解散の場合には、その期間満了前に終了する。

第四六条［参議院議員の任期］ 参議院議員の任期は、六年とし、三年ごとに議員の半数を改選する。

第四七条［議員の選挙］ 選挙区、投票の方法その他両議院の議員の選挙に関する事項は、法律でこれを定める。

第四八条［両議院議員相互兼職の禁止］ 何人も、同時に両議院の議員たることはできない。

第四九条［議員の歳費］ 両議院の議員は、法律の定めるところにより、国庫から相当額の歳費を受ける。

第五〇条［議員の不逮捕特権］ 両議院の議員は、法律の定める場合を除いては、国会の会期中逮捕されず、会期前に逮捕された議員は、その議院の要求があれば、会期中これを釈放しなければならない。

第五一条［議員の発言表決の無答責］ 両議院の議員は、議院で行つた演説、討論又は表決について、院外で責任を問はれない。

第五二条［常会］ 国会の常会は、毎年一回これを召集する。

第五三条［臨時会］ 内閣は、国会の臨時会の召集を決定することができる。いづれかの議院の総議員の四分の一以上の要求があれば、内閣は、その召集を決定しなければならない。

第五四条［総選挙、特別会及び緊急集会］ 衆議院が解散されたときは、解散の日から四十日以内に、衆議院議員の総選挙を行ひ、その選挙の日から三十日以内に、国会を召集しなければならない。

２　衆議院が解散されたときは、参議院は、同時に閉会となる。但し、内閣は、国に緊急の必要があるときは、参議院の緊急集会を求めることができる。

３　前項但書の緊急集会において採られた措置は、臨時のものであつて、次の国会開会の後十日以内に、衆議院の同意がない場合には、その効力を失ふ。

第五五条［資格争訟］ 両議院は、各々その議員の資格に関する争訟を裁判する。但し、議員の議席を失はせるには、出席議員の三分の二以上の多数による議決を必要とする。

第五六条［議事の定足数と過半数議決］ 両議院は、各々その総議員の三分の一以上の出席がなければ、議事を開き議決することができない。

２　両議院の議事は、この憲法に特別の定のある場合を除いては、出席議員の過半数でこれを決し、可否同数のときは、議長の決するところによる。

第五七条［会議の公開と会議録］ 両議院の会議は、公開とする。但し、出席議員の三分の二以上の多数で議決したときは、秘密会を開くことができる。

２　両議院は、各々その会議の記録を保存し、秘密会の記録の中で特に秘密を要すると認められるもの以外は、これを公表し、且つ一般に頒布しなければならない。

３　出席議員の五分の一以上の要求があれば、各議員の表決は、これを会議録に記載しなければばならない。

第五八条［役員の選任及び議院の自律権］ 両議院は、各々その議長その他の役員を選任する。

２ 両議院は、各々その会議その他の手続及び内部の規律に関する規則を定め、又、院内の秩序をみだした議員を懲罰することができる。但し、議員を除名するには、出席議員の三分の二以上の多数による議決を必要とする。

第五九条［法律の成立］ 法律案は、この憲法に特別の定のある場合を除いては、両議院で可決したとき法律となる。

２ 衆議院で可決し、参議院でこれと異なつた議決をした法律案は、衆議院で出席議員の三分の二以上の多数で再び可決したときは、法律となる。

３ 前項の規定は、法律の定めるところにより、衆議院が、両議院の協議会を開くことを求めることを妨げない。

４ 参議院が、衆議院の可決した法律案を受け取つた後、国会休会中の期間を除いて六十日以内に、議決しないときは、衆議院は、参議院がその法律案を否決したものとみなすことができる。

第六〇条［衆議院の予算先議権及び予算の議決］ 予算は、さきに衆議院に提出しなければならない。

２ 予算について、参議院で衆議院と異なつた議決をした場合に、法律の定めるところにより、両議院の協議会を開いても意見が一致しないとき、又は参議院が、衆議院の可決した予算を受け取つた後、国会休会中の期間を除いて三十日以内に、議決しないときは、衆議院の議決を国会の議決とする。

第六一条［条約締結の承認］ 条約の締結に必要な国会の承認については、前条第二項の規定を準用する。

第六二条［議院の国政調査権］ 両議院は、各々国政に関する調査を行ひ、これに関して、証人の出頭及び証言並びに記録の提出を要求することができる。

第六三条［国務大臣の出席］ 内閣総理大臣その他の国務大臣は、両議院の一に議席を有すると有しないとにかかはらず、何時でも議案について発言するため議院に出席することができる。又、答弁又は説明のため出席を求められたときは、出席しなければならない。

第六四条［弾劾裁判所］ 国会は、罷免の訴追を受けた裁判官を裁判するため、両議院の議員で組織する弾劾裁判所を設ける。

２ 弾劾に関する事項は、法律でこれを定める。

第五章　内閣

第六五条［行政権の帰属］ 行政権は、内閣に属する。

第六六条［内閣の組織と責任］ 内閣は、法律の定めるところにより、その首長たる内閣総理大臣及びその他の国務大臣でこれを組織する。

２ 内閣総理大臣その他の国務大臣は、文民でなければならない。

３ 内閣は、行政権の行使について、国会に対し連帯して責任を負ふ。

第六七条［内閣総理大臣の指名］ 内閣総理大臣は、国会議員の中から国会の議決で、これを指名する。この指名は、他のすべての案件に先だつて、これを行ふ。

２ 衆議院と参議院とが異なつた指名の議決をした場合に、法律の定めるところにより、両議院の協議会を開いても意見が一致しないとき、又は衆議院が指名の議決をした後、国会休会中の期間を除いて十日以内に、参議院が、指名の議決をしないときは、衆議院の議決を国会の議決とする。

第六八条［国務大臣の任免］ 内閣総理大臣は、国務大臣を任命する。但し、その過半数は、国会議員の中から選ばれなければならない。

２ 内閣総理大臣は、任意に国務大臣を罷免することができる。

第六九条［不信任決議と解散又は総辞職］ 内閣は、衆議院で不信任の決議案を可決し、又は信任の決議案を否決したときは、十日以内に衆議院が解散されない限り、総辞職をしなければならない。

第七〇条［内閣総理大臣の欠缺又は総選挙施行による総辞職］ 内閣総理大臣が欠けたとき、又は衆議院議員総選挙の後に初めて国会の召集があつたときは、内閣は、総辞職をしなければならない。

第七一条［総辞職後の職務続行］ 前二条の場

合には、内閣は、あらたに内閣総理大臣が任命されるまで引き続きその職務を行ふ。

第七二条［内閣総理大臣の職務権限］　内閣総理大臣は、内閣を代表して議案を国会に提出し、一般国務及び外交関係について国会に報告し、並びに行政各部を指揮監督する。

第七三条［内閣の職務権限］　内閣は、他の一般行政事務の外、左の事務を行ふ。

一　法律を誠実に執行し、国務を総理すること。

二　外交関係を処理すること。

三　条約を締結すること。但し、事前に、時宜によつては事後に、国会の承認を経ることを必要とする。

四　法律の定める基準に従ひ、官吏に関する事務を掌理すること。

五　予算を作成して国会に提出すること。

六　この憲法及び法律の規定を実施するために、政令を制定すること。但し、政令には、特にその法律の委任がある場合を除いては、罰則を設けることができない。

七　大赦、特赦、減刑、刑の執行の免除及び復権を決定すること。

第七四条［法律及び政令への署名と連署］　法律及び政令には、すべて主任の国務大臣が署名し、内閣総理大臣が連署することを必要とする。

第七五条［国務大臣訴追の制約］　国務大臣は、その在任中、内閣総理大臣の同意がなければ、訴追されない。但し、これがため、訴追の権利は、害されない。

第六章　司法

第七六条［司法権の機関と裁判官の職務上の独立］　すべて司法権は、最高裁判所及び法律の定めるところにより設置する下級裁判所に属する。

２　特別裁判所は、これを設置することができない。行政機関は、終審として裁判を行ふことができない。

３　すべて裁判官は、その良心に従ひ独立してその職権を行ひ、この憲法及び法律にのみ拘束される。

第七七条［最高裁判所の規則制定権］　最高裁判所は、訴訟に関する手続、弁護士、裁判所の内部規律及び司法事務処理に関する事項について、規則を定める権限を有する。

２　検察官は、最高裁判所の定める規則に従はなければならない。

３　最高裁判所は、下級裁判所に関する規則を定める権限を、下級裁判所に委任することができる。

第七八条［裁判官の身分の保障］　裁判官は、裁判により、心身の故障のために職務を執ることができないと決定された場合を除いては、公の弾劾によらなければ罷免されない。裁判官の懲戒処分は、行政機関がこれを行ふことはできない。

第七九条［最高裁判所の構成及び裁判官任命の国民審査］　最高裁判所は、その長たる裁判官及び法律の定める員数のその他の裁判官でこれを構成し、その長たる裁判官以外の裁判官は、内閣でこれを任命する。

２　最高裁判所の裁判官の任命は、その任命後初めて行はれる衆議院議員総選挙の際国民の審査に付し、その後十年を経過した後初めて行はれる衆議院議員総選挙の際更に審査に付し、その後も同様とする。

３　前項の場合において、投票者の多数が裁判官の罷免を可とするときは、その裁判官は、罷免される。

４　審査に関する事項は、法律でこれを定める。

５　最高裁判所の裁判官は、法律の定める年齢に達した時に退官する。

６　最高裁判所の裁判官は、すべて定期に相当額の報酬を受ける。この報酬は、在任中、これを減額することができない。

第八〇条［下級裁判所の裁判官］　下級裁判所の裁判官は、最高裁判所の指名した者の名簿によつて、内閣でこれを任命する。その裁判官は、任期を十年とし、再任されることができる。但し、法律の定める年齢に達した時には退官する。

２　下級裁判所の裁判官は、すべて定期に相当額の報酬を受ける。この報酬は、在任中、これを減額することができない。

第八一条［最高裁判所の法令審査権］　最高裁判所は、一切の法律、命令、規則又は処分が憲法に適合するかしないかを決定する権限を有する終審裁判所である。

第八二条［対審及び判決の公開］　裁判の対審

及び判決は、公開法廷でこれを行ふ。
２　裁判所が、裁判官の全員一致で、公の秩序又は善良の風俗を害する虞があると決した場合には、対審は、公開しないでこれを行ふことができる。但し、政治犯罪、出版に関する犯罪又はこの憲法第三章で保障する国民の権利が問題となつてゐる事件の対審は、常にこれを公開しなければならない。

第七章　財政

第八三条［財政処理の要件］　国の財政を処理する権限は、国会の議決に基いて、これを行使しなければならない。
第八四条［課税の要件］　あらたに租税を課し、又は現行の租税を変更するには、法律又は法律の定める条件によることを必要とする。
第八五条［国費支出及び債務負担の要件］　国費を支出し、又は国が債務を負担するには、国会の議決に基くことを必要とする。
第八六条［予算の作成］　内閣は、毎会計年度の予算を作成し、国会に提出して、その審議を受け議決を経なければならない。
第八七条［予備費］　予見し難い予算の不足に充てるため、国会の議決に基いて予備費を設け、内閣の責任でこれを支出することができる。
２　すべて予備費の支出については、内閣は、事後に国会の承諾を得なければならない。
第八八条［皇室財産及び皇室費用］　すべて皇室財産は、国に属する。すべて皇室の費用は、予算に計上して国会の議決を経なければならない。
第八九条［公の財産の用途制限］　公金その他の公の財産は、宗教上の組織若しくは団体の使用、便益若しくは維持のため、又は公の支配に属しない慈善、教育若しくは博愛の事業に対し、これを支出し、又はその利用に供してはならない。
第九〇条［会計検査］　国の収入支出の決算は、すべて毎年会計検査院がこれを検査し、内閣は、次の年度に、その検査報告とともに、これを国会に提出しなければならない。
２　会計検査院の組織及び権限は、法律でこれを定める。
第九一条［財政状況の報告］　内閣は、国会及び国民に対し、定期に、少くとも毎年一回、国の財政状況について報告しなければならない。

第八章　地方自治

第九二条［地方自治の本旨の確保］　地方公共団体の組織及び運営に関する事項は、地方自治の本旨に基いて、法律でこれを定める。
第九三条［地方公共団体の機関］　地方公共団体には、法律の定めるところにより、その議事機関として議会を設置する。
２　地方公共団体の長、その議会の議員及び法律の定めるその他の吏員は、その地方公共団体の住民が、直接これを選挙する。
第九四条［地方公共団体の権能］　地方公共団体は、その財産を管理し、事務を処理し、及び行政を執行する権能を有し、法律の範囲内で条例を制定することができる。
第九五条［一の地方公共団体のみに適用される特別法］　一の地方公共団体のみに適用される特別法は、法律の定めるところにより、その地方公共団体の住民の投票においてその過半数の同意を得なければ、国会は、これを制定することができない。

第九章　改正

第九六条［憲法改正の発議、国民投票及び公布］
この憲法の改正は、各議院の総議員の三分の二以上の賛成で、国会が、これを発議し、国民に提案してその承認を経なければならない。この承認には、特別の国民投票又は国会の定める選挙の際行はれる投票において、その過半数の賛成を必要とする。
２　憲法改正について前項の承認を経たときは、天皇は、国民の名で、この憲法と一体を成すものとして、直ちにこれを公布する。

第十章　最高法規

第九七条［基本的人権の由来特質］　この憲法が日本国民に保障する基本的人権は、人類の多年にわたる自由獲得の努力の成果であつて、これらの権利は、過去幾多の試錬に堪へ、現在及び将来の国民に対し、侵すことのできない永久の権利として信託されたものである。
第九八条［憲法の最高性と条約及び国際法規の

遵守] この憲法は、国の最高法規であつて、その条規に反する法律、命令、詔勅及び国務に関するその他の行為の全部又は一部は、その効力を有しない。
2　日本国が締結した条約及び確立された国際法規は、これを誠実に遵守することを必要とする。
第九九条［憲法尊重擁護の義務］ 天皇又は摂政及び国務大臣、国会議員、裁判官その他の公務員は、この憲法を尊重し擁護する義務を負ふ。

第十一章　補則

第一〇〇条［施行期日と施行前の準備行為］
この憲法は、公布の日から起算して六箇月を経過した日から、これを施行する。
2　この憲法を施行するために必要な法律の制定、参議院議員の選挙及び国会召集の手続並びにこの憲法を施行するために必要な準備手続は、前項の期日よりも前に、これを行ふことができる。
第一〇一条［参議院成立前の国会］ この憲法施行の際、参議院がまだ成立してゐないときは、その成立するまでの間、衆議院は、国会としての権限を行ふ。
第一〇二条［参議院議員の任期の経過的特例］
この憲法による第一期の参議院議員のうち、その半数の者の任期は、これを三年とする。その議員は、法律の定めるところにより、これを定める。
第一〇三条［公務員の地位に関する経過規定］
この憲法施行の際現に在職する国務大臣、衆議院議員及び裁判官並びにその他の公務員で、その地位に相応する地位がこの憲法で認められてゐる者は、法律で特別の定をした場合を除いては、この憲法施行のため、当然にはその地位を失ふことはない。但し、この憲法によつて、後任者が選挙又は任命されたときは、当然その地位を失ふ。

教育基本法（旧法）

（昭和二二年三月三一日・法律二五号）

われらは、さきに、日本国憲法を確定し、民主的で文化的な国家を建設して、世界の平和と人類の福祉に貢献しようとする決意を示した。この理想の実現は、根本において教育の力にまつべきものである。

われらは、個人の尊厳を重んじ、真理と平和を希求する人間の育成を期するとともに、普遍的にしてしかも個性ゆたかな文化の創造をめざす教育を普及徹底しなければならない。

ここに、日本国憲法の精神に則り、教育の目的を明示して、新しい日本の教育の基本を確立するため、この法律を制定する。

第一条（教育の目的） 教育は、人格の完成をめざし、平和的な国家及び社会の形成者として、真理と正義を愛し、個人の価値をたつとび、勤労と責任を重んじ、自主的精神に充ちた心身ともに健康な国民の育成を期して行われなければならない。
第二条（教育の方針） 教育の目的は、あらゆる機会に、あらゆる場所において実現されなければならない。この目的を達成するためには、学問の自由を尊重し、実際生活に即し、自発的精神を養い、自他の敬愛と協力によつて、文化の創造と発展に貢献するように努めなければならない。
第三条（教育の機会均等） すべて国民は、ひとしく、その能力に応ずる教育を受ける機会を与えられなければならないものであつて、人種、信条、性別、社会的身分、経済的地位又は門地によつて、教育上差別されない。
②　国及び地方公共団体は、能力があるにもかかわらず、経済的理由によつて修学困難な者に対して、奨学の方法を講じなければならない。
第四条（義務教育） 国民は、その保護する子女に、九年の普通教育を受けさせる義務を負う。
②　国又は地方公共団体の設置する学校における義務教育については、授業料は、これを徴収しない。
第五条（男女共学） 男女は、互いに敬重し、協力しあわなければならないものであつて、教育

上男女の共学は、認められなければならない。

第六条（学校教育） 法律に定める学校は、公の性質をもつものであつて、国又は地方公共団体の外、法律に定める法人のみが、これを設置することができる。

② 法律に定める学校の教員は、全体の奉仕者であつて、自己の使命を自覚し、その職責の遂行に努めなければならない。このためには、教員の身分は、尊重され、その待遇の適正が、期せられなければならない。

第七条（社会教育） 家庭教育及び勤労の場所その他社会において行われる教育は、国及び地方公共団体によつて奨励されなければならない。

② 国及び地方公共団体は、図書館、博物館、公民館等の施設の設置、学校の施設の利用その他適当な方法によつて教育の目的の実現に努めなければならない。

第八条（政治教育） 良識ある公民たるに必要な政治的教養は、教育上これを尊重しなければならない。

② 法律に定める学校は、特定の政党を支持し、又はこれに反対するための政治教育その他政治的活動をしてはならない。

第九条（宗教教育） 宗教に関する寛容の態度及び宗教の社会生活における地位は、教育上これを尊重しなければならない。

② 国及び地方公共団体が設置する学校は、特定の宗教のための宗教教育その他宗教的活動をしてはならない。

第一〇条（教育行政） 教育は、不当な支配に服することなく、国民全体に対し直接に責任を負って行われるべきものである。

② 教育行政は、この自覚のもとに、教育の目的を遂行するに必要な諸条件の整備確立を目標として行われなければならない。

第一一条（補則） この法律に掲げる諸条項を実施するために必要がある場合には、適当な法令が制定されなければならない。

附則

この法律は、公布の日から、これを施行する。

教育基本法（新法）

（平成一八年一二月二二日・法律一二〇号）

教育基本法（昭和二十二年法律第二十五号）の全部を改正する。

我々日本国民は、たゆまぬ努力によって築いてきた民主的で文化的な国家を更に発展させるとともに、世界の平和と人類の福祉の向上に貢献することを願うものである。

我々は、この理想を実現するため、個人の尊厳を重んじ、真理と正義を希求し、公共の精神を尊び、豊かな人間性と創造性を備えた人間の育成を期するとともに、伝統を継承し、新しい文化の創造を目指す教育を推進する。

ここに、我々は、日本国憲法の精神にのっとり、我が国の未来を切り拓く教育の基本を確立し、その振興を図るため、この法律を制定する。

第一章　教育の目的及び理念

（教育の目的）

第一条 教育は、人格の完成を目指し、平和で民主的な国家及び社会の形成者として必要な資質を備えた心身ともに健康な国民の育成を期して行われなければならない。

（教育の目標）

第二条 教育は、その目的を実現するため、学問の自由を尊重しつつ、次に掲げる目標を達成するよう行われるものとする。

一　幅広い知識と教養を身に付け、真理を求める態度を養い、豊かな情操と道徳心を培うとともに、健やかな身体を養うこと。

二　個人の価値を尊重して、その能力を伸ばし、創造性を培い、自主及び自律の精神を養うとともに、職業及び生活との関連を重視し、勤労を重んずる態度を養うこと。

三　正義と責任、男女の平等、自他の敬愛と協力を重んずるとともに、公共の精神に基づき、主体的に社会の形成に参画し、その発展に寄与する態度を養うこと。

四　生命を尊び、自然を大切にし、環境の保全に寄与する態度を養うこと。

五　伝統と文化を尊重し、それらをはぐくんできた我が国と郷土を愛するとともに、他国を尊重し、国際社会の平和と発展に寄与する態度を養うこと。

（生涯学習の理念）

第三条　国民一人一人が、自己の人格を磨き、豊かな人生を送ることができるよう、その生涯にわたって、あらゆる機会に、あらゆる場所において学習することができ、その成果を適切に生かすことのできる社会の実現が図られなければならない。

（教育の機会均等）

第四条　すべて国民は、ひとしく、その能力に応じた教育を受ける機会を与えられなければならず、人種、信条、性別、社会的身分、経済的地位又は門地によって、教育上差別されない。

２　国及び地方公共団体は、障害のある者が、その障害の状態に応じ、十分な教育を受けられるよう、教育上必要な支援を講じなければならない。

３　国及び地方公共団体は、能力があるにもかかわらず、経済的理由によって修学が困難な者に対して、奨学の措置を講じなければならない。

第二章　教育の実施に関する基本

（義務教育）

第五条　国民は、その保護する子に、別に法律で定めるところにより、普通教育を受けさせる義務を負う。

２　義務教育として行われる普通教育は、各個人の有する能力を伸ばしつつ社会において自立的に生きる基礎を培い、また、国家及び社会の形成者として必要とされる基本的な資質を養うことを目的として行われるものとする。

３　国及び地方公共団体は、義務教育の機会を保障し、その水準を確保するため、適切な役割分担及び相互の協力の下、その実施に責任を負う。

４　国又は地方公共団体の設置する学校における義務教育については、授業料を徴収しない。

（学校教育）

第六条　法律に定める学校は、公の性質を有するものであって、国、地方公共団体及び法律に定める法人のみが、これを設置することができる。

２　前項の学校においては、教育の目標が達成されるよう、教育を受ける者の心身の発達に応じて、体系的な教育が組織的に行われなければならない。この場合において、教育を受ける者が、学校生活を営む上で必要な規律を重んずるとともに、自ら進んで学習に取り組む意欲を高めることを重視して行われなければならない。

（大学）

第七条　大学は、学術の中心として、高い教養と専門的能力を培うとともに、深く真理を探究して新たな知見を創造し、これらの成果を広く社会に提供することにより、社会の発展に寄与するものとする。

２　大学については、自主性、自律性その他の大学における教育及び研究の特性が尊重されなければならない。

（私立学校）

第八条　私立学校の有する公の性質及び学校教育において果たす重要な役割にかんがみ、国及び地方公共団体は、その自主性を尊重しつつ、助成その他の適当な方法によって私立学校教育の振興に努めなければならない。

（教員）

第九条　法律に定める学校の教員は、自己の崇高な使命を深く自覚し、絶えず研究と修養に励み、その職責の遂行に努めなければならない。

２　前項の教員については、その使命と職責の重要性にかんがみ、その身分は尊重され、待遇の適正が期せられるとともに、養成と研修の充実が図られなければならない。

（家庭教育）

第一〇条　父母その他の保護者は、子の教育について第一義的責任を有するものであって、生活のために必要な習慣を身に付けさせるとともに、自立心を育成し、心身の調和のとれた発達を図るよう努めるものとする。

２　国及び地方公共団体は、家庭教育の自主性を尊重しつつ、保護者に対する学習の機会及び情報の提供その他の家庭教育を支援するために必要な施策を講ずるよう努めなければならない。

（幼児期の教育）

第一一条　幼児期の教育は、生涯にわたる人格形成の基礎を培う重要なものであることにかんがみ、国及び地方公共団体は、幼児の健やかな成長に資する良好な環境の整備その他適当な方法によって、その振興に努めなければならない。
（社会教育）
第一二条　個人の要望や社会の要請にこたえ、社会において行われる教育は、国及び地方公共団体によって奨励されなければならない。
２　国及び地方公共団体は、図書館、博物館、公民館その他の社会教育施設の設置、学校の施設の利用、学習の機会及び情報の提供その他の適当な方法によって社会教育の振興に努めなければならない。
（学校、家庭及び地域住民等の相互の連携協力）
第一三条　学校、家庭及び地域住民その他の関係者は、教育におけるそれぞれの役割と責任を自覚するとともに、相互の連携及び協力に努めるものとする。
（政治教育）
第一四条　良識ある公民として必要な政治的教養は、教育上尊重されなければならない。
２　法律に定める学校は、特定の政党を支持し、又はこれに反対するための政治教育その他政治的活動をしてはならない。
（宗教教育）
第一五条　宗教に関する寛容の態度、宗教に関する一般的な教養及び宗教の社会生活における地位は、教育上尊重されなければならない。
２　国及び地方公共団体が設置する学校は、特定の宗教のための宗教教育その他宗教的活動をしてはならない。

第三章　教育行政

（教育行政）
第一六条　教育は、不当な支配に服することなく、この法律及び他の法律の定めるところにより行われるべきものであり、教育行政は、国と地方公共団体との適切な役割分担及び相互の協力の下、公正かつ適正に行われなければならない。
２　国は、全国的な教育の機会均等と教育水準の維持向上を図るため、教育に関する施策を総合的に策定し、実施しなければならない。
３　地方公共団体は、その地域における教育の振興を図るため、その実情に応じた教育に関する施策を策定し、実施しなければならない。
４　国及び地方公共団体は、教育が円滑かつ継続的に実施されるよう、必要な財政上の措置を講じなければならない。
（教育振興基本計画）
第一七条　政府は、教育の振興に関する施策の総合的かつ計画的な推進を図るため、教育の振興に関する施策についての基本的な方針及び講ずべき施策その他必要な事項について、基本的な計画を定め、これを国会に報告するとともに、公表しなければならない。
２　地方公共団体は、前項の計画を参酌し、その地域の実情に応じ、当該地方公共団体における教育の振興のための施策に関する基本的な計画を定めるよう努めなければならない。

第四章　法令の制定

第一八条　この法律に規定する諸条項を実施するため、必要な法令が制定されなければならない。

附則〔抄〕

（施行期日）
１　この法律は、公布の日から施行する。

児童の権利に関する条約（子どもの権利条約）

（1989年11月20日採択）

前文
　この条約の締約国は、
　国際連合憲章において宣明された原則によれば、人類社会のすべての構成員の固有の尊厳及び平等のかつ奪い得ない権利を認めることが世界における自由、正義及び平和の基礎を成すものであることを考慮し、
　国際連合加盟国の国民が、国際連合憲章において、基本的人権並びに人間の尊厳及び価値に関する信念を改めて確認し、かつ、一層大きな自由の中で社会的進歩及び生活水準の向上を促進することを決意したことに留意し、
　国際連合が、世界人権宣言及び人権に関する国際規約において、すべての人は人種、皮膚の色、性、言語、宗教、政治的意見その他の意

見、国民的若しくは社会的出身、財産、出生又は他の地位等によるいかなる差別もなしに同宣言及び同規約に掲げるすべての権利及び自由を享有することができることを宣明し及び合意したことを認め、

国際連合が、世界人権宣言において、児童は特別な保護及び援助についての権利を享有することができることを宣明したことを想起し、

家族が、社会の基礎的な集団として、並びに家族のすべての構成員、特に、児童の成長及び福祉のための自然な環境として、社会においてその責任を十分に引き受けることができるよう必要な保護及び援助を与えられるべきであることを確信し、

児童が、その人格の完全なかつ調和のとれた発達のため、家庭環境の下で幸福、愛情及び理解のある雰囲気の中で成長すべきであることを認め、

児童が、社会において個人として生活するため十分な準備が整えられるべきであり、かつ、国際連合憲章において宣明された理想の精神並びに特に平和、尊厳、寛容、自由、平等及び連帯の精神に従って育てられるべきであることを考慮し、

児童に対して特別な保護を与えることの必要性が、1924年の児童の権利に関するジュネーヴ宣言及び1959年11月20日に国際連合総会で採択された児童の権利に関する宣言において述べられており、また、世界人権宣言、市民的及び政治的権利に関する国際規約（特に第23条及び第24条）、経済的、社会的及び文化的権利に関する国際規約（特に第10条）並びに児童の福祉に関係する専門機関及び国際機関の規程及び関係文書において認められていることに留意し、

児童の権利に関する宣言において示されているとおり「児童は、身体的及び精神的に未熟であるため、その出生の前後において、適当な法的保護を含む特別な保護及び世話を必要とする。」ことに留意し、

国内の又は国際的な里親委託及び養子縁組を特に考慮した児童の保護及び福祉についての社会的及び法的な原則に関する宣言、少年司法の運用のための国際連合最低基準規則（北京規則）及び緊急事態及び武力紛争における女子及び児童の保護に関する宣言の規定を想起し、

極めて困難な条件の下で生活している児童が世界のすべての国に存在すること、また、このような児童が特別の配慮を必要としていることを認め、

児童の保護及び調和のとれた発達のために各人民の伝統及び文化的価値が有する重要性を十分に考慮し、

あらゆる国特に開発途上国における児童の生活条件を改善するために国際協力が重要であることを認めて、

次のとおり協定した。

第一部

第一条（児童の定義）　この条約の適用上、児童とは、18歳未満のすべての者をいう。ただし、当該児童で、その者に適用される法律によりより早く成年に達したものを除く。

第二条（差別の禁止） 1　締約国は、その管轄の下にある児童に対し、児童又はその父母若しくは法定保護者の人種、皮膚の色、性、言語、宗教、政治的意見その他の意見、国民的、種族的若しくは社会的出身、財産、心身障害、出生又は他の地位にかかわらず、いかなる差別もなしにこの条約に定める権利を尊重し、及び確保する。

2　締約国は、児童がその父母、法定保護者又は家族の構成員の地位、活動、表明した意見又は信念によるあらゆる形態の差別又は処罰から保護されることを確保するためのすべての適当な措置をとる。

第三条（児童に対する措置の原則） 1　児童に関するすべての措置をとるに当たっては、公的若しくは私的な社会福祉施設、裁判所、行政当局又は立法機関のいずれによって行われるものであっても、児童の最善の利益が主として考慮されるものとする。

2　締約国は、児童の父母、法定保護者又は児童について法的に責任を有する他の者の権利及び義務を考慮に入れて、児童の福祉に必要な保護及び養護を確保することを約束し、このため、すべての適当な立法上及び行政上の措置をとる。

3　締約国は、児童の養護又は保護のための施設、役務の提供及び設備が、特に安全及び健康

の分野に関し並びにこれらの職員の数及び適格性並びに適正な監督に関し権限のある当局の設定した基準に適合することを確保する。

第四条（締約国の義務）　締約国は、この条約において認められる権利の実現のため、すべての適当な立法措置、行政措置その他の措置を講ずる。締約国は、経済的、社会的及び文化的権利に関しては、自国における利用可能な手段の最大限の範囲内で、また、必要な場合には国際協力の枠内で、これらの措置を講ずる。

第五条（父母等の責任、権利及び義務の尊重）

締約国は、児童がこの条約において認められる権利を行使するに当たり、父母若しくは場合により地方の慣習により定められている大家族若しくは共同体の構成員、法定保護者又は児童について法的に責任を有する他の者がその児童の発達しつつある能力に適合する方法で適当な指示及び指導を与える責任、権利及び義務を尊重する。

第六条（生命に対する固有の権利）１　締約国は、すべての児童が生命に対する固有の権利を有することを認める。

２　締約国は、児童の生存及び発達を可能な最大限の範囲において確保する。

第七条（登録、氏名及び国籍等に関する権利）

１　児童は、出生の後直ちに登録される。児童は、出生の時から氏名を有する権利及び国籍を取得する権利を有するものとし、また、できる限りその父母を知りかつその父母によって養育される権利を有する。

２　締約国は、特に児童が無国籍となる場合を含めて、国内法及びこの分野における関連する国際文書に基づく自国の義務に従い、１の権利の実現を確保する。

第八条（国籍等身元関係事項を保持する権利）

１　締約国は、児童が法律によって認められた国籍、氏名及び家族関係を含むその身元関係事項について不法に干渉されることなく保持する権利を尊重することを約束する。

２　締約国は、児童がその身元関係事項の一部又は全部を不法に奪われた場合には、その身元関係事項を速やかに回復するため、適当な援助及び保護を与える。

第九条（父母からの分離についての手続及び児童が父母との接触を維持する権利）１　締約国は、児童がその父母の意思に反してその父母から分離されないことを確保する。ただし、権限のある当局が司法の審査に従うことを条件として適用のある法律及び手続に従いその分離が児童の最善の利益のために必要であると決定する場合は、この限りでない。このような決定は、父母が児童を虐待し若しくは放置する場合又は父母が別居しており児童の居住地を決定しなければならない場合のような特定の場合において必要となることがある。

２　すべての関係当事者は、１の規定に基づくいかなる手続においても、その手続に参加しかつ自己の意見を述べる機会を有する。

３　締約国は、児童の最善の利益に反する場合を除くほか、父母の一方又は双方から分離されている児童が定期的に父母のいずれとも人的な関係及び直接の接触を維持する権利を尊重する。

４　３の分離が、締約国がとった父母の一方若しくは双方又は児童の抑留、拘禁、追放、退去強制、死亡（その者が当該締約国により身体を拘束されている間に何らかの理由により生じた死亡を含む。）等のいずれかの措置に基づく場合には、当該締約国は、要請に応じ、父母、児童又は適当な場合には家族の他の構成員に対し、家族のうち不在となっている者の所在に関する重要な情報を提供する。ただし、その情報の提供が児童の福祉を害する場合は、この限りでない。締約国は、更に、その要請の提出自体が関係者に悪影響を及ぼさないことを確保する。

第一〇条（家族の再統合に対する配慮）１　前条１の規定に基づく締約国の義務に従い、家族の再統合を目的とする児童又はその父母による締約国への入国又は締約国からの出国の申請については、締約国が積極的、人道的かつ迅速な方法で取り扱う。締約国は、更に、その申請の提出が申請者及びその家族の構成員に悪影響を及ぼさないことを確保する。

２　父母と異なる国に居住する児童は、例外的な事情がある場合を除くほか定期的に父母との人的な関係及び直接の接触を維持する権利を有する。このため、前条１の規定に基づく締約国の義務に従い、締約国は、児童及びその父母がいずれの国（自国を含む。）からも出国し、かつ、自国に入国する権利を尊重する。出国する権利は、法律で定められ、国の安全、公の秩序、公衆の健康若しくは道徳又は他の者の権利及び自由を保護するために必要であり、かつ、この条約において認められる他の権利と両立する制限にのみ従う。

第一一条（児童の不法な国外移送、帰還できない事態の除去）１　締約国は、児童が不法に国外へ移送されることを防止し及び国外から帰還することができない事態を除去するための措置を講ずる。

２　このため、締約国は、二国間若しくは多数国間の協定の締結又は現行の協定への加入を促進する。

第一二条（意見を表明する権利）１　締約国は、自己の意見を形成する能力のある児童がその児童に影響を及ぼすすべての事項について自由に自己の意見を表明する権利を確保する。この場合において、児童の意見は、その児童の年齢及び成熟度に従って相応に考慮されるものとする。

２　このため、児童は、特に、自己に影響を及ぼすあらゆる司法上及び行政上の手続において、国内法の手続規則に合致する方法により直接に又は代理人若しくは適当な団体を通じて聴取される機会を与えられる。

第一三条（表現の自由）１　児童は、表現の自由についての権利を有する。この権利には、口頭、手書き若しくは印刷、芸術の形態又は自ら選択する他の方法により、国境とのかかわりなく、あらゆる種類の情報及び考えを求め、受け及び伝える自由を含む。

２　１の権利の行使については、一定の制限を課することができる。ただし、その制限は、法律によって定められ、かつ、次の目的のために必要とされるものに限る。

（ａ）　他の者の権利又は信用の尊重

（ｂ）　国の安全、公の秩序又は公衆の健康若しくは道徳の保護

第一四条（思想、良心及び宗教の自由）１　締約国は、思想、良心及び宗教の自由についての児童の権利を尊重する。

２　締約国は、児童が１の権利を行使するに当たり、父母及び場合により法定保護者が児童に対しその発達しつつある能力に適合する方法で指示を与える権利及び義務を尊重する。

３　宗教又は信念を表明する自由については、法律で定める制限であって公共の安全、公の秩序、公衆の健康若しくは道徳又は他の者の基本的な権利及び自由を保護するために必要なもののみを課することができる。

第一五条（結社及び集会の自由）１　締約国は、結社の自由及び平和的な集会の自由についての児童の権利を認める。

２　１の権利の行使については、法律で定める制限であって国の安全若しくは公共の安全、公の秩序、公衆の健康若しくは道徳の保護又は他の者の権利及び自由の保護のため民主的社会において必要なもの以外のいかなる制限も課することができない。

第一六条（私生活等に対する不法な干渉からの保護）１　いかなる児童も、その私生活、家族、住居若しくは通信に対して恣意的に若しくは不法に干渉され又は名誉及び信用を不法に攻撃されない。

２　児童は、１の干渉又は攻撃に対する法律の保護を受ける権利を有する。

第一七条（多様な情報源からの情報及び資料の利用）　締約国は、大衆媒体（マス・メディア）の果たす重要な機能を認め、児童が国の内外の多様な情報源からの情報及び資料、特に児童の社会面、精神面及び道徳面の福祉並びに心身の健康の促進を目的とした情報及び資料を利用することができることを確保する。このため、締約国は、

（ａ）　児童にとって社会面及び文化面において有益であり、かつ、第29条の精神に沿う情報及び資料を大衆媒体（マス・メディア）が普及させるよう奨励する。

（ｂ）　国の内外の多様な情報源（文化的にも多様な情報源を含む。）からの情報及び資料の作成、交換及び普及における国際協力を奨励する。

（ｃ）　児童用書籍の作成及び普及を奨励する。

（ｄ）　少数集団に属し又は原住民である児童の言語上の必要性について大衆媒体（マス・メディア）が特に考慮するよう奨励する。

（ｅ）　第13条及び次条の規定に留意して、児童の福祉に有害な情報及び資料から児童を保護

するための適当な指針を発展させることを奨励する。

第一八条（児童の養育及び発達についての父母の責任と国の援助） 1　締約国は、児童の養育及び発達について父母が共同の責任を有するという原則についての認識を確保するために最善の努力を払う。父母又は場合により法定保護者は、児童の養育及び発達についての第一義的な責任を有する。児童の最善の利益は、これらの者の基本的な関心事項となるものとする。

2　締約国は、この条約に定める権利を保障し及び促進するため、父母及び法定保護者が児童の養育についての責任を遂行するに当たりこれらの者に対して適当な援助を与えるものとし、また、児童の養護のための施設、設備及び役務の提供の発展を確保する。

3　締約国は、父母が働いている児童が利用する資格を有する児童の養護のための役務の提供及び設備からその児童が便益を受ける権利を有することを確保するためのすべての適当な措置をとる。

第一九条（監護を受けている間における虐待からの保護） 1　締約国は、児童が父母、法定保護者又は児童を監護する他の者による監護を受けている間において、あらゆる形態の身体的若しくは精神的な暴力、傷害若しくは虐待、放置若しくは怠慢な取扱い、不当な取扱い又は搾取（性的虐待を含む。）からその児童を保護するためすべての適当な立法上、行政上、社会上及び教育上の措置をとる。

2　1の保護措置には、適当な場合には、児童及び児童を監護する者のために必要な援助を与える社会的計画の作成その他の形態による防止のための効果的な手続並びに1に定める児童の不当な取扱いの事件の発見、報告、付託、調査、処置及び事後措置並びに適当な場合には司法の関与に関する効果的な手続を含むものとする。

第二〇条（家庭環境を奪われた児童等に対する保護及び援助） 1　一時的若しくは恒久的にその家庭環境を奪われた児童又は児童自身の最善の利益にかんがみその家庭環境にとどまることが認められない児童は、国が与える特別の保護及び援助を受ける権利を有する。

2　締約国は、自国の国内法に従い、1の児童のための代替的な監護を確保する。

3　2の監護には、特に、里親委託、イスラム法のカファーラ、養子縁組又は必要な場合には児童の監護のための適当な施設への収容を含むことができる。解決策の検討に当たっては、児童の養育において継続性が望ましいこと並びに児童の種族的、宗教的、文化的及び言語的な背景について、十分な考慮を払うものとする。

第二一条（養子縁組に際しての保護）　養子縁組の制度を認め又は許容している締約国は、児童の最善の利益について最大の考慮が払われることを確保するものとし、また、

（a）　児童の養子縁組が権限のある当局によってのみ認められることを確保する。この場合において、当該権限のある当局は、適用のある法律及び手続に従い、かつ、信頼し得るすべての関連情報に基づき、養子縁組が父母、親族及び法定保護者に関する児童の状況にかんがみ許容されること並びに必要な場合には、関係者が所要のカウンセリングに基づき養子縁組について事情を知らされた上での同意を与えていることを認定する。

（b）　児童がその出身国内において里親若しくは養家に託され又は適切な方法で監護を受けることができない場合には、これに代わる児童の監護の手段として国際的な養子縁組を考慮することができることを認める。

（c）　国際的な養子縁組が行われる児童が国内における養子縁組の場合における保護及び基準と同等のものを享受することを確保する。

（d）　国際的な養子縁組において当該養子縁組が関係者に不当な金銭上の利得をもたらすことがないことを確保するためのすべての適当な措置をとる。

（e）　適当な場合には、二国間又は多数国間の取極又は協定を締結することによりこの条の目的を促進し、及びこの枠組みの範囲内で他国における児童の養子縁組が権限のある当局又は機関によって行われることを確保するよう努める。

第二二条（難民の児童等に対する保護及び援助）

1　締約国は、難民の地位を求めている児童又は適用のある国際法及び国際的な手続若しくは

国内法及び国内的な手続に基づき難民と認められている児童が、父母又は他の者に付き添われているかいないかを問わず、この条約及び自国が締約国となっている人権又は人道に関する他の国際文書に定める権利であって適用のあるものの享受に当たり、適当な保護及び人道的援助を受けることを確保するための適当な措置をとる。
2　このため、締約国は、適当と認める場合には、1の児童を保護し及び援助するため、並びに難民の児童の家族との再統合に必要な情報を得ることを目的としてその難民の児童の父母又は家族の他の構成員を捜すため、国際連合及びこれと協力する他の権限のある政府間機関又は関係非政府機関による努力に協力する。その難民の児童は、父母又は家族の他の構成員が発見されない場合には、何らかの理由により恒久的又は一時的にその家庭環境を奪われた他の児童と同様にこの条約に定める保護が与えられる。
第二三条（心身障害を有する児童に対する特別の養護及び援助）1　締約国は、精神的又は身体的な障害を有する児童が、その尊厳を確保し、自立を促進し及び社会への積極的な参加を容易にする条件の下で十分かつ相応な生活を享受すべきであることを認める。
2　締約国は、障害を有する児童が特別の養護についての権利を有することを認めるものとし、利用可能な手段の下で、申込みに応じた、かつ、当該児童の状況及び父母又は当該児童を養護している他の者の事情に適した援助を、これを受ける資格を有する児童及びこのような児童の養護について責任を有する者に与えることを奨励し、かつ、確保する。
3　障害を有する児童の特別な必要を認めて、2の規定に従って与えられる援助は、父母又は当該児童を養護している他の者の資力を考慮して可能な限り無償で与えられるものとし、かつ、障害を有する児童が可能な限り社会への統合及び個人の発達（文化的及び精神的な発達を含む。）を達成することに資する方法で当該児童が教育、訓練、保健サービス、リハビリテーション・サービス、雇用のための準備及びレクリエーションの機会を実質的に利用し及び享受することができるように行われるものとする。
4　締約国は、国際協力の精神により、予防的な保健並びに障害を有する児童の医学的、心理学的及び機能的治療の分野における適当な情報の交換（リハビリテーション、教育及び職業サービスの方法に関する情報の普及及び利用を含む。）であってこれらの分野における自国の能力及び技術を向上させ並びに自国の経験を広げることができるようにすることを目的とするものを促進する。これに関しては、特に、開発途上国の必要を考慮する。
第二四条（健康を享受すること等についての権利）1　締約国は、到達可能な最高水準の健康を享受すること並びに病気の治療及び健康の回復のための便宜を与えられることについての児童の権利を認める。締約国は、いかなる児童もこのような保健サービスを利用する権利が奪われないことを確保するために努力する。
2　締約国は、1の権利の完全な実現を追求するものとし、特に、次のことのための適当な措置をとる。
（a）幼児及び児童の死亡率を低下させること。
（b）基礎的な保健の発展に重点を置いて必要な医療及び保健をすべての児童に提供することを確保すること。
（c）環境汚染の危険を考慮に入れて、基礎的な保健の枠組みの範囲内で行われることを含めて、特に容易に利用可能な技術の適用により並びに十分に栄養のある食物及び清潔な飲料水の供給を通じて、疾病及び栄養不良と闘うこと。
（d）母親のための産前産後の適当な保健を確保すること。
（e）社会のすべての構成員特に父母及び児童が、児童の健康及び栄養、母乳による育児の利点、衛生（環境衛生を含む。）並びに事故の防止についての基礎的な知識に関して、情報を提供され、教育を受ける機会を有し及びその知識の使用について支援されることを確保すること。
（f）予防的な保健、父母のための指導並びに家族計画に関する教育及びサービスを発展させること。
3　締約国は、児童の健康を害するような伝統的な慣行を廃止するため、効果的かつ適当なすべての措置をとる。

４　締約国は、この条において認められる権利の完全な実現を漸進的に達成するため、国際協力を促進し及び奨励することを約束する。これに関しては、特に、開発途上国の必要を考慮する。

第二五条（児童の処遇等に関する定期的審査）

締約国は、児童の身体又は精神の養護、保護又は治療を目的として権限のある当局によって収容された児童に対する処遇及びその収容に関連する他のすべての状況に関する定期的な審査が行われることについての児童の権利を認める。

第二六条（社会保障からの給付を受ける権利）

１　締約国は、すべての児童が社会保険その他の社会保障からの給付を受ける権利を認めるものとし、自国の国内法に従い、この権利の完全な実現を達成するための必要な措置をとる。

２　１の給付は、適当な場合には、児童及びその扶養について責任を有する者の資力及び事情並びに児童によって又は児童に代わって行われる給付の申請に関する他のすべての事項を考慮して、与えられるものとする。

第二七条（相当な生活水準についての権利）

１　締約国は、児童の身体的、精神的、道徳的及び社会的な発達のための相当な生活水準についてのすべての児童の権利を認める。

２　父母又は児童について責任を有する他の者は、自己の能力及び資力の範囲内で、児童の発達に必要な生活条件を確保することについての第一義的な責任を有する。

３　締約国は、国内事情に従い、かつ、その能力の範囲内で、１の権利の実現のため、父母及び児童について責任を有する他の者を援助するための適当な措置をとるものとし、また、必要な場合には、特に栄養、衣類及び住居に関して、物的援助及び支援計画を提供する。

４　締約国は、父母又は児童について金銭上の責任を有する他の者から、児童の扶養料を自国内で及び外国から、回収することを確保するためのすべての適当な措置をとる。特に、児童について金銭上の責任を有する者が児童と異なる国に居住している場合には、締約国は、国際協定への加入又は国際協定の締結及び他の適当な取決めの作成を促進する。

第二八条（教育についての権利）

１　締約国は、教育についての児童の権利を認めるものとし、この権利を漸進的にかつ機会の平等を基礎として達成するため、特に、

（ａ）　初等教育を義務的なものとし、すべての者に対して無償のものとする。

（ｂ）　種々の形態の中等教育（一般教育及び職業教育を含む。）の発展を奨励し、すべての児童に対し、これらの中等教育が利用可能であり、かつ、これらを利用する機会が与えられるものとし、例えば、無償教育の導入、必要な場合における財政的援助の提供のような適当な措置をとる。

（ｃ）　すべての適当な方法により、能力に応じ、すべての者に対して高等教育を利用する機会が与えられるものとする。

（ｄ）　すべての児童に対し、教育及び職業に関する情報及び指導が利用可能であり、かつ、これらを利用する機会が与えられるものとする。

（ｅ）　定期的な登校及び中途退学率の減少を奨励するための措置をとる。

２　締約国は、学校の規律が児童の人間の尊厳に適合する方法で及びこの条約に従って運用されることを確保するためのすべての適当な措置をとる。

３　締約国は、特に全世界における無知及び非識字の廃絶に寄与し並びに科学上及び技術上の知識並びに最新の教育方法の利用を容易にするため、教育に関する事項についての国際協力を促進し、及び奨励する。これに関しては、特に、開発途上国の必要を考慮する。

第二九条（教育の目的）

１　締約国は、児童の教育が次のことを指向すべきことに同意する。

（ａ）　児童の人格、才能並びに精神的及び身体的な能力をその可能な最大限度まで発達させること。

（ｂ）　人権及び基本的自由並びに国際連合憲章にうたう原則の尊重を育成すること。

（ｃ）　児童の父母、児童の文化的同一性、言語及び価値観、児童の居住国及び出身国の国民的価値観並びに自己の文明と異なる文明に対する尊重を育成すること。

（ｄ）　すべての人民の間の、種族的、国民的及び宗教的集団の間の並びに原住民である者の

理解、平和、寛容、両性の平等及び友好の精神に従い、自由な社会における責任ある生活のために児童に準備させること。

（e）　自然環境の尊重を育成すること。

2　この条又は前条のいかなる規定も、個人及び団体が教育機関を設置し及び管理する自由を妨げるものと解してはならない。ただし、常に、1に定める原則が遵守されること及び当該教育機関において行われる教育が国によって定められる最低限度の基準に適合することを条件とする。

第三〇条（少数民族に属し又は原住民である児童の文化、宗教及び言語についての権利）　種族的、宗教的若しくは言語的少数民族又は原住民である者が存在する国において、当該少数民族に属し又は原住民である児童は、その集団の他の構成員とともに自己の文化を享有し、自己の宗教を信仰しかつ実践し又は自己の言語を使用する権利を否定されない。

第三一条（休息、余暇及び文化的生活に関する権利）1　締約国は、休息及び余暇についての児童の権利並びに児童がその年齢に適した遊び及びレクリエーションの活動を行い並びに文化的な生活及び芸術に自由に参加する権利を認める。

2　締約国は、児童が文化的及び芸術的な生活に十分に参加する権利を尊重しかつ促進するものとし、文化的及び芸術的な活動並びにレクリエーション及び余暇の活動のための適当かつ平等な機会の提供を奨励する。

第三二条（経済的搾取からの保護、有害となるおそれのある労働への従事から保護される権利）

1　締約国は、児童が経済的な搾取から保護され及び危険となり若しくは児童の教育の妨げとなり又は児童の健康若しくは身体的、精神的、道徳的若しくは社会的な発達に有害となるおそれのある労働への従事から保護される権利を認める。

2　締約国は、この条の規定の実施を確保するための立法上、行政上、社会上及び教育上の措置をとる。このため、締約国は、他の国際文書の関連規定を考慮して、特に、

（a）　雇用が認められるための1又は2以上の最低年齢を定める。

（b）　労働時間及び労働条件についての適当な規則を定める。

（c）　この条の規定の効果的な実施を確保するための適当な罰則その他の制裁を定める。

第三三条（麻薬の不正使用等からの保護）　締約国は、関連する国際条約に定義された麻薬及び向精神薬の不正な使用から児童を保護し並びにこれらの物質の不正な生産及び取引における児童の使用を防止するための立法上、行政上、社会上及び教育上の措置を含むすべての適当な措置をとる。

第三四条（性的搾取、虐待からの保護）　締約国は、あらゆる形態の性的搾取及び性的虐待から児童を保護することを約束する。このため、締約国は、特に、次のことを防止するためのすべての適当な国内、二国間及び多数国間の措置をとる。

（a）　不法な性的な行為を行うことを児童に対して勧誘し又は強制すること。

（b）　売春又は他の不法な性的な業務において児童を搾取的に使用すること。

（c）　わいせつな演技及び物において児童を搾取的に使用すること。

第三五条（児童の誘拐、売買等からの保護）

締約国は、あらゆる目的のための又はあらゆる形態の児童の誘拐、売買又は取引を防止するためのすべての適当な国内、二国間及び多数国間の措置をとる。

第三六条（他のすべての形態の搾取からの保護）

締約国は、いずれかの面において児童の福祉を害する他のすべての形態の搾取から児童を保護する。

第三七条（拷問等の禁止、自由を奪われた児童の取扱い）　締約国は、次のことを確保する。

（a）　いかなる児童も、拷問又は他の残虐な、非人道的な若しくは品位を傷つける取扱い若しくは刑罰を受けないこと。死刑又は釈放の可能性がない終身刑は、18歳未満の者が行った犯罪について科さないこと。

（b）　いかなる児童も、不法に又は恣意的にその自由を奪われないこと。児童の逮捕、抑留又は拘禁は、法律に従って行うものとし、最後の解決手段として最も短い適当な期間のみ用いること。

（ｃ） 自由を奪われたすべての児童は、人道的に、人間の固有の尊厳を尊重して、かつ、その年齢の者の必要を考慮した方法で取り扱われること。特に、自由を奪われたすべての児童は、成人とは分離されないことがその最善の利益であると認められない限り成人とは分離されるものとし、例外的な事情がある場合を除くほか、通信及び訪問を通じてその家族との接触を維持する権利を有すること。

（ｄ） 自由を奪われたすべての児童は、弁護人その他適当な援助を行う者と速やかに接触する権利を有し、裁判所その他の権限のある、独立の、かつ、公平な当局においてその自由の剥奪の合法性を争い並びにこれについての決定を速やかに受ける権利を有すること。

第三八条（武力紛争における児童の保護）

１ 締約国は、武力紛争において自国に適用される国際人道法の規定で児童に関係を有するものを尊重し及びこれらの規定の尊重を確保することを約束する。

２ 締約国は、15歳未満の者が敵対行為に直接参加しないことを確保するためのすべての実行可能な措置をとる。

３ 締約国は、15歳未満の者を自国の軍隊に採用することを差し控えるものとし、また、15歳以上18歳未満の者の中から採用するに当たっては、最年長者を優先させるよう努める。

４ 締約国は、武力紛争において文民を保護するための国際人道法に基づく自国の義務に従い、武力紛争の影響を受ける児童の保護及び養護を確保するためのすべての実行可能な措置をとる。

第三九条（搾取、虐待、武力紛争等による被害を受けた児童の回復のための措置） 締約国は、あらゆる形態の放置、搾取若しくは虐待、拷問若しくは他のあらゆる形態の残虐な、非人道的な若しくは品位を傷つける取扱い若しくは刑罰又は武力紛争による被害者である児童の身体的及び心理的な回復及び社会復帰を促進するためのすべての適当な措置をとる。このような回復及び復帰は、児童の健康、自尊心及び尊厳を育成する環境において行われる。

第四〇条（刑法を犯したと申し立てられた児童等の保護） １ 締約国は、刑法を犯したと申し立てられ、訴追され又は認定されたすべての児童が尊厳及び価値についての当該児童の意識を促進させるような方法であって、当該児童が他の者の人権及び基本的自由を尊重することを強化し、かつ、当該児童の年齢を考慮し、更に、当該児童が社会に復帰し及び社会において建設的な役割を担うことがなるべく促進されることを配慮した方法により取り扱われる権利を認める。

２ このため、締約国は、国際文書の関連する規定を考慮して、特に次のことを確保する。

（ａ） いかなる児童も、実行の時に国内法又は国際法により禁じられていなかった作為又は不作為を理由として刑法を犯したと申し立てられ、訴追され又は認定されないこと。

（ｂ） 刑法を犯したと申し立てられ又は訴追されたすべての児童は、少なくとも次の保障を受けること。

（ｉ） 法律に基づいて有罪とされるまでは無罪と推定されること。

（ii） 速やかにかつ直接に、また、適当な場合には当該児童の父母又は法定保護者を通じてその罪を告げられること並びに防御の準備及び申立てにおいて弁護人その他適当な援助を行う者を持つこと。

（iii） 事案が権限のある、独立の、かつ、公平な当局又は司法機関により法律に基づく公正な審理において、弁護人その他適当な援助を行う者の立会い及び、特に当該児童の年齢又は境遇を考慮して児童の最善の利益にならないと認められる場合を除くほか、当該児童の父母又は法定保護者の立会いの下に遅滞なく決定されること。

（iv） 供述又は有罪の自白を強要されないこと。不利な証人を尋問し又はこれに対し尋問させること並びに対等の条件で自己のための証人の出席及びこれに対する尋問を求めること。

（ｖ） 刑法を犯したと認められた場合には、その認定及びその結果科せられた措置について、法律に基づき、上級の、権限のある、独立の、かつ、公平な当局又は司法機関によって再審理されること。

（vi） 使用される言語を理解すること又は話すことができない場合には、無料で通訳の援助を受けること。

(vii)　手続のすべての段階において当該児童の私生活が十分に尊重されること。

3　締約国は、刑法を犯したと申し立てられ、訴追され又は認定された児童に特別に適用される法律及び手続の制定並びに当局及び施設の設置を促進するよう努めるものとし、特に、次のことを行う。

(a)　その年齢未満の児童は刑法を犯す能力を有しないと推定される最低年齢を設定すること。

(b)　適当なかつ望ましい場合には、人権及び法的保護が十分に尊重されていることを条件として、司法上の手続に訴えることなく当該児童を取り扱う措置をとること。

4　児童がその福祉に適合し、かつ、その事情及び犯罪の双方に応じた方法で取り扱われることを確保するため、保護、指導及び監督命令、カウンセリング、保護観察、里親委託、教育及び職業訓練計画、施設における養護に代わる他の措置等の種々の処置が利用し得るものとする。

第四一条（締約国の法律及び締約国について有効な国際法との関係）　この条約のいかなる規定も、次のものに含まれる規定であって児童の権利の実現に一層貢献するものに影響を及ぼすものではない。

(a)　締約国の法律

(b)　締約国について効力を有する国際法

第二部

第四二条（条約の広報）　締約国は、適当かつ積極的な方法でこの条約の原則及び規定を成人及び児童のいずれにも広く知らせることを約束する。

第四三条（児童の権利委員会の設置）

1　この条約において負う義務の履行の達成に関する締約国による進捗の状況を審査するため、児童の権利に関する委員会（以下「委員会」という。）を設置する。委員会は、この部に定める任務を行う。

2　委員会は、徳望が高く、かつ、この条約が対象とする分野において能力を認められた10人の専門家で構成する。委員会の委員は、締約国の国民の中から締約国により選出されるものとし、個人の資格で職務を遂行する。その選出に当たっては、衡平な地理的配分及び主要な法体系を考慮に入れる。（※1995年12月21日、「10人」を「18人」に改める改正が採択され、2002年11月18日に同改正は発効した。）

3　委員会の委員は、締約国により指名された者の名簿の中から秘密投票により選出される。各締約国は、自国民の中から一人を指名することができる。

4　委員会の委員の最初の選挙は、この条約の効力発生の日の後6箇月以内に行うものとし、その後の選挙は、2年ごとに行う。国際連合事務総長は、委員会の委員の選挙の日の遅くとも4箇月前までに、締約国に対し、自国が指名する者の氏名を2箇月以内に提出するよう書簡で要請する。その後、同事務総長は、指名された者のアルファベット順による名簿（これらの者を指名した締約国名を表示した名簿とする。）を作成し、この条約の締約国に送付する。

5　委員会の委員の選挙は、国際連合事務総長により国際連合本部に招集される締約国の会合において行う。これらの会合は、締約国の3の2をもって定足数とする。これらの会合においては、出席しかつ投票する締約国の代表によって投じられた票の最多数で、かつ、過半数の票を得た者をもって委員会に選出された委員とする。

6　委員会の委員は、4年の任期で選出される。委員は、再指名された場合には、再選される資格を有する。最初の選挙において選出された委員のうち5人の委員の任期は、2年で終了するものとし、これらの5人の委員は、最初の選挙の後直ちに、最初の選挙が行われた締約国の会合の議長によりくじ引で選ばれる。

7　委員会の委員が死亡し、辞任し又は他の理由のため委員会の職務を遂行することができなくなったことを宣言した場合には、当該委員を指名した締約国は、委員会の承認を条件として自国民の中から残余の期間職務を遂行する他の専門家を任命する。

8　委員会は、手続規則を定める。

9　委員会は、役員を2年の任期で選出する。

10　委員会の会合は、原則として、国際連合本部又は委員会が決定する他の適当な場所において開催する。委員会は、原則として毎年１回会合する。委員会の会合の期間は、国際連合総会の承認を条件としてこの条約の締約国の会合において決定し、必要な場合には、再検討する。
11　国際連合事務総長は、委員会がこの条約に定める任務を効果的に遂行するために必要な職員及び便益を提供する。
12　この条約に基づいて設置する委員会の委員は、国際連合総会が決定する条件に従い、同総会の承認を得て、国際連合の財源から報酬を受ける。

第四四条（報告の提出義務）

１　締約国は、（ａ）当該締約国についてこの条約が効力を生ずる時から２年以内に、（ｂ）その後は５年ごとに、この条約において認められる権利の実現のためにとった措置及びこれらの権利の享受についてもたらされた進歩に関する報告を国際連合事務総長を通じて委員会に提出することを約束する。
２　この条の規定により行われる報告には、この条約に基づく義務の履行の程度に影響を及ぼす要因及び障害が存在する場合には、これらの要因及び障害を記載する。当該報告には、また、委員会が当該国における条約の実施について包括的に理解するために十分な情報を含める。
３　委員会に対して包括的な最初の報告を提出した締約国は、１（ｂ）の規定に従って提出するその後の報告においては、既に提供した基本的な情報を繰り返す必要はない。
４　委員会は、この条約の実施に関連する追加の情報を締約国に要請することができる。
５　委員会は、その活動に関する報告を経済社会理事会を通じて２年ごとに国際連合総会に提出する。
６　締約国は、１の報告を自国において公衆が広く利用できるようにする。

第四五条（児童の権利委員会の任務）　この条約の効果的な実施を促進し及びこの条約が対象とする分野における国際協力を奨励するため、

（ａ）　専門機関及び国際連合児童基金その他の国際連合の機関は、その任務の範囲内にある事項に関するこの条約の規定の実施についての検討に際し、代表を出す権利を有する。委員会は、適当と認める場合には、専門機関及び国際連合児童基金その他の権限のある機関に対し、これらの機関の任務の範囲内にある事項に関するこの条約の実施について専門家の助言を提供するよう要請することができる。委員会は、専門機関及び国際連合児童基金その他の国際連合の機関に対し、これらの機関の任務の範囲内にある事項に関するこの条約の実施について報告を提出するよう要請することができる。

（ｂ）　委員会は、適当と認める場合には、技術的な助言若しくは援助の要請を含んでおり又はこれらの必要性を記載している締約国からのすべての報告を、これらの要請又は必要性の記載に関する委員会の見解及び提案がある場合は当該見解及び提案とともに、専門機関及び国際連合児童基金その他の権限のある機関に送付する。

（ｃ）　委員会は、国際連合総会に対し、国際連合事務総長が委員会のために児童の権利に関連する特定の事項に関する研究を行うよう同事務総長に要請することを勧告することができる。

（ｄ）　委員会は、前条及びこの条の規定により得た情報に基づく提案及び一般的な性格を有する勧告を行うことができる。これらの提案及び一般的な性格を有する勧告は、関係締約国に送付し、締約国から意見がある場合にはその意見とともに国際連合総会に報告する。

第三部

第四六条（署名）　この条約は、すべての国による署名のために開放しておく。

第四七条（批准）　この条約は、批准されなければならない。批准書は、国際連合事務総長に寄託する。

第四八条（加入）　この条約は、すべての国による加入のために開放しておく。加入書は、国際連合事務総長に寄託する。

第四九条（効力発生）

１　この条約は、20番目の批准書又は加入書が国際連合事務総長に寄託された日の後30日目の日に効力を生ずる。
２　この条約は、20番目の批准書又は加入書が寄託された後に批准し又は加入する国については、その批准書又は加入書が寄託された日の後30日目に効力を生ずる。

第五〇条（改正）１　いずれの締約国も、改正を提案し及び改正案を国際連合事務総長に提出することができる。同事務総長は、直ちに、締約国に対し、その改正案を送付するものとし、締約国による改正案の審議及び投票のための締約国の会議の開催についての賛否を示すよう要請する。その送付の日から４箇月以内に締約国の３分の１以上が会議の開催に賛成する場合には、同事務総長は、国際連合の主催の下に会議を招集する。会議において出席しかつ投票する締約国の過半数によって採択された改正案は、承認のため、国際連合総会に提出する。

２　１の規定により採択された改正は、国際連合総会が承認し、かつ、締約国の３分の２以上の多数が受諾した時に、効力を生ずる。

３　改正は、効力を生じたときは、改正を受諾した締約国を拘束するものとし、他の締約国は、改正前のこの条約の規定（受諾した従前の改正を含む。）により引き続き拘束される。

第五一条（留保）

１　国際連合事務総長は、批准又は加入の際に行われた留保の書面を受領し、かつ、すべての国に送付する。

２　この条約の趣旨及び目的と両立しない留保は、認められない。

３　留保は、国際連合事務総長にあてた通告によりいつでも撤回することができるものとし、同事務総長は、その撤回をすべての国に通報する。このようにして通報された通告は、同事務総長により受領された日に効力を生ずる。

第五二条（廃棄）　締約国は、国際連合事務総長に対して書面による通告を行うことにより、この条約を廃棄することができる。廃棄は、同事務総長がその通告を受領した日の後１年で効力を生ずる。

第五三条（寄託者）　国際連合事務総長は、この条約の寄託者として指名される。

第五四条（正文）　アラビア語、中国語、英語、フランス語、ロシア語及びスペイン語をひとしく正文とするこの条約の原本は、国際連合事務総長に寄託する。

以上の証拠として、下名の全権委員は、各自の政府から正当に委任を受けてこの条約に署名した。

（日本政府訳）

BOOK REVIEW 1

『専門家として教師を育てる――教師教育改革のグランドデザイン』

佐藤学，岩波書店，2015年

教師が、いま、問われている。教職課程の再課程認定において、文部科学省が教員養成の修得すべき資質能力としてコアカリキュラムを策定して、新たな教職の専門性を提示している。

その中にあって、日本の学校教育学を代表する研究者である佐藤学が、「学校現場において教師たちが現実に体験している危機と求められる改革であり、直ちに実現すべき政策と実践の提案」、すなわち、「教師が専門家として育つ筋道を叙述し、二一世紀に対応した教師政策と教師教育改革のグランドデザインを提示」したのが、本書である。

現代の教師をキーワードで説明するならば、佐藤によれば、それは、「知識アプローチ」・「専門性基準」・「専門家アプローチ」・「反省的実践家」・「専門的で実践的な知識と見識」となる。

中でも、教職の専門性と関わって、佐藤は、「専門家教育（専門家の学び）の本質は、『理論と実践の統合』であり、この本質はケース・メソッドによって遂行されてきた」、としている。教職に関する理論だけを学んでも、すぐに役に立つ教職の専門性は身につかず、そうかといって、教職に関する実践だけ学べば、いずれ役に立つ教職の専門性を見落としかねない。現代の教師にとって、授業の事例研究を通しての教職に関する理論と実践を同時に成立させることが、いま、強く求められているのである。

その上で、教職の専門性と教育学の関係が、「『教職の教養』の『知識基礎』の構成が、旧来の教育学の専門分化によるものから、越境的で総合的な構成へと移行している」・「『教職の教養』の『知識基礎』の構成が、問題解決的な実践研究と結合されて再構成されている」・「教師の専門家教育の改革に伴って、教育学研究自体が変容している」というように変化してきているのであるが、これは、教師の権限と責務を成立させる内容を通して、国民の教育権論の再構成の視点を提示している、というように考えることができるのではないだろうか。

佐藤は、これからの時代に求められている教師教育の改革提言を一二点ほど挙げている。その重要性から、列挙しておきたい。

> （1）教師教育の標準レベルを学部レベルから大学院レベルに高度化すること。／（2）大学・大学院の教師教育を専門家教育にふさわしいものへと再構成すること。／（3）国立の教育系大学と教員養成学部の将来像を描き出すこと。／（4）一般大学における教師教育の質を向上させること。／（5）教師教育における免許状主義と単位主義を克服すること。／（6）教職大学院のあり方を再検討し、専門家教育の大学院に改革すること。／（7）研究大学の教育学部と教員養成系大学・教育学部の壁を克服すること。／（8）多様な大学が連携する「地域教員養成機構（仮称）」を構築すること。／（9）多元的な教師教育機関の共存システムを構築すること。／(10) 大学・大学院と学校とのパートナーシップを構築すること。／(11) 大学・大学院と教育委員会との協同を実現すること。／(12) 養成教育・導入教育・現職教育の継続性と一貫性を実現すること。

では、このような教師は、どのような授業に取り組む必要があるのだろうか。

『持続可能な発展の教育学――ともに世界をつくる学び――』

鈴木敏正，東洋館出版社，2013年

いま、教育実践が、問われている。文部科学省が学習指導要領において、主体的・対話的で深い学びであるアクティブ・ラーニングという教え方を導入して、それにふさわしい新たな教えるべき中身が求められている。

そのような中で、日本の社会教育学の第一人者である鈴木敏正は、本書において、「『持続可能な発展のための教育（ESD）』が提起している展望と可能性、それを実現化させる理論的・実践的方向を明らかにすることを目的として」おり、「ＥＳＤの実践をとおして創造される『新しい教育学』が、旧来の社会科学というより学問全体を問い直し、きわめて人間的な実践である教育活動を位置づけた『持続可能な社会』を実現する道を切り開いていくことになるであろう」という主張を展開している。
このような教育への鈴木の迫り方は、次の三つからである。
第一は、「持続可能な発展のための教育（ESD）」である。日本においては、公害学習・環境教育として深められてきた教育実践をESDへとつなげることで、いうなれば、教育の主体形成と地域教育計画の重要性をその課題としてすえようとしている。
第二は、「共生の教育」である。国連における生物多様性を深めることで、いうなれば、地域と地球をつなげた時に見えてくる自己教育をその方法としてすえようとしている。
第三は、「ホリスティック教育」である。開発教育についての豊かな事例を紹介することで、いわば、全体としての教育をその概念としてすえようとしている。
鈴木は、これら三つを通して、「ボトムアップで内発的な地域社会を目ざす『ともに世界をつくる』運動〔中略〕はまさに『実践の論理』であり、ポスト・モダニズムの『批判の論理』というよりもポスト・ポストモダンの『創造の論理』をもった内発的発展と、それに伴う『地域をつくる学び』とそれを援助・組織化する『地域づくり教育』の現段階的展開としての『ESIC（持続可能で包容的な地域づくり教育）』である」ということと、「人間活動の視点から、自然生態系とかかわる社会システムの全体を捉え直すためには、自然科学（とくに生態学と進化論）と社会科学（経済構造にかかわる経済学、政治的国家にかかわる政治学、市民社会にかかわる社会学）、あるいは民俗学や人類学そして文化諸学を含めた学際的な『総合科学』〔中略〕が求められている」ということ、すなわち、「ともに世界をつくる学び」と「人間の社会科学」を展望しているのである。こうした教育学は、現代の教育学構想である「総合的人間学としての教育学」と呼応するものではないだろうか。
こうした鈴木の教育と教育学は、環境教育や開発教育などの持続可能な発展の教育を基本にして、学校教育と社会教育を結合した教育において、現代の教育実践として取り組み、それを社会科学としての教育学へとつなげようとするものである。
では、こうした教育実践は、いかなる教育実践者によって取り組まれなければならないのだろうか。

第 1 部

学校改革の原理

I

教育裁判と子どもの権利・国家

教育法学における事例研究、それは、「教育判例研究」である。教育判例とは、「裁判化された教育実践をとおしてであるが、現代日本の教育実践に対して、きわめてリアルに、しかも原理的（法原理的さらに教育条理的）に光を当て、決定的な判断をしめしている点で重要であり、独自な積極的意義をもっている」（小川利夫）[(1)]、と説明されている。この教育判例は、教育法関係（今橋盛勝）になぞらえていえば、第一の教育法関係（国・自治体、教育行政機関・学校、教員・社会教育職員という教育関係諸機関内部の権能・権限と責任・義務をめぐる法関係）、第二の教育法関係（国・自治体、教育機関と子ども・生徒・学生・父母・住民・研究者・出版社等との法関係）[(2)]に加えて、第三の教育法関係（第二の教育法関係から導き出される当事者性から再構成される、一人称としての第一の教育法関係）[(3)]、という三つに分類することができる。

教育法学において基本となる判例は、第一の教育法関係である「杉本判決」・「学力テスト最高裁判決」と、第三の教育法関係である「難波判決」である。

教育法学理論の基礎には「子どもの権利」がすえられているが、第三の教育法関係における子どもの権利の位置を見定めるうえで、第二の教育法関係である、いわゆる、丸刈り・障害児・三ない原則・内申書・日曜日・剣道などの判決を再検討することは、大変に有益なはずである。

こうした子どもの権利の法理の深化は、学校における憲法上の基本的人権をいかにとらえるのか、という根本問題の掘り下げを意味する。そこで、本章では、現代学校改革のために、これらの子どもの権利に関しての教育判例研究をおこなうことにしたい。

1　教育と公教育

最初に、杉本判決と学力テスト最高裁判決から、教育と公教育の理解の仕方を概観する。

第一の教育について。家永三郎教科書検定訴訟での杉本判決（東京地裁・1970年7月17日判決）では、日本国憲法第26条［教育を受ける権利］を、「生存権的基本権のいわば文化的側面」であり、教育を、「何よりも子ども自らの要求する権利」・「子どもの生来的権利」・「子どもの学習する権利」である、と把握したうえで、教育の本質を、「子どもの学習する権利を充足し、その人間性を開発して人格の完成をめざすとともに、このことを通じて、国民が今日まで築きあげられた文化を次の世代に継承し、民主的、平和的な国家の発展ひいては世界の平和をになう国民を育成する精神的、文化的ないとなみである」、と理解している。旭川学力テスト事件での学力テスト最高裁判決（最高裁・1976年5月21日判決）では、日本国憲法第26条の背後には、「子どもの教育は、教育を施す者の支配的権能ではなく、何よりもまず、子どもの学習する権利に対応し、その充足をはかりうる立場にある者の責務に属すものとしてとらえられている」というとらえ方があり、「子どもの教育が教師と子どもとの間の直接の人格的接触を通じ、その個性に応じて行われなければならないという本質的要請」がある、と理解している。この二つの判例の教育の理解の仕方は共通しているといってよい。旧・教育基本法第1条（教育の目的）における子どもの学習権を軸とした「人格の完成」の教育判例法的解釈でもあり、ここに国民の教育権論の根拠を見出すことができる。つまり、教育の理解の仕方は、関係的な子どもの権利（学習権）として理解する、ということが、教育判例を通して明確化されているのである[4]。

第二の公教育について。杉本判決では、「国家は教育のような人間の内面的価値にかかわる精神活動については、できるだけその自由を尊重してこれに介入するのを避け、児童、生徒の心身の発達段階に応じ、必要かつ適切な教育を施し、教育の機会均等の確保と、教育水準の維持向上のための諸条件の整備確立に努むべきことこそ福祉国家としての責務である」と、学力テスト最高裁判決でも、「教育内容に対する〔中略〕国家的介入についてはできるだけ抑制的であることが要請されるし、殊に個人の基本的自由を認め、その人格の独立を国政上尊重すべきものとしている憲法の下においては、子どもが自由かつ独立の人格として成長することを妨げるような国家的介入〔中略〕は、憲法二六条、一三条の規定からも許されない」が、「国の教育行政機関が法律の授権に基づいて義務教育に属する普通教育の内容及び方法について遵守すべき基準を設定する場合には、〔中略〕教育における機会均等の確保と全国的な一定の水準の維持という目的のために必要かつ合理的と認められる大綱的なそれにとどめられるべきもの」、と指摘されている。これは、教育と教育行政の規定で構成される旧・教育基本法第10条（教育行政）の教育判例法的解釈でもあるが、新・教育基本法第16条（教育行政）第２項「国は、全国的な教育の機会均等と教育水準の維持向上を図るため、教育に関する施策を総合的に策定し、実施しなければならない」では実定法として採用されてもおり、これに、国家の教育権論の根拠を求めている。判例解釈の争点は、まずは、子どもの権利を確認するかどうか、次に、国家の任務が何をもって必要かつ合理的であると決められるのか、にある。つまり、公教育の理解の仕方は、教育の理解の仕方をふまえた子どもの権利を前提としたうえで、必要かつ合理的な教育の機会均等の確保と全国的な一定の教育水準の維持向上という学校の公共性として理解する、ということが、教育判例を通して明確化されているのである[5]。

2　子どもの権利と学校・教師の権限・責務

第一の教育から導き出された概念である子どもの権利をさらに掘り下げるために、子どもの権利に関する第二の教育法関係の教育判例を検討していきたい。

熊本・公立中学校における髪型の規制を問うた丸刈り訴訟の判決（熊本地裁・1985年11月13日判決）には、「頭髪をいかにするかは、本来的に家庭のしつけの範ちゅうに属するものであり、第一義的には子供本人の自己決定権が尊重され親権者たる両親がこれに指導助言をするというのが基本である。〔中略〕学校が親の意向を無視してまで一定のしつけを押しつけることは、到底許されない。このようなしつけの強要は、子供の人格権を奪い、親の教育権を否定し侵害するものである」というように、「子どもの自己決定権」という用語が、初めて判例において使われている。この判例では、子どもの自己決定権を保障・救済するのは、親の義務としての指導・助言であり、それは、教師の権限・責務と対立する、ととらえられている。これが、子どもの権利条約における第12条（意見表明権）と第５条（親の指導・助言）の関係と同じ構図であるところには、注目をしておく必要がある。

障害のある生徒の学校の入学と教育を受ける権利の関係が問われた市立尼崎高校筋ジストロフィー患者入学拒否事件の判決（神戸地裁・1992年３月13日判決）では、「憲法、教育基本法の定める教育を受ける権利は、能力に応じて教育を受ける権利であり、原告はその能力に応じた高校として本件高校を選んだところ、その能力を有するにもかかわらず、本件高校への進学を妨げられたのであるから、教育を受ける権利が侵害されたことは否定できない」というように、障害児として旧・教育基本法第３条（教育の機会均等）を適用するのではなく、人間として日本国憲法第26条［教育を受ける権利］を重視すべきである、との判決が出されている。日本国憲法と教育基本法の関係の把握の仕方として、子どもの教育を受ける「機会」ではなく子どもの教育を受ける「権利」（学習権）の方が、国民と国家の関係をあらわす憲法上の基本的人権として保障されなければならない、というところは、強調して理解されなければならない。

ただし、これらの判決に対して、私立高等学校の校則によるバイクの制限を憲法違反として訴訟にした、三ない原則退学勧告事件（最高裁・1991年９月３日判決）では、「私立学校である被上告人設置に係る高等学校の本件校則及び上告人が本件校則に違反したことを理由の一つとしてされた本件自主退学勧告について、それが直接憲法の右（自由権的――引用者注）基本権保障規定に違反するかどうかを論ずる余地はない」という判決文がみられるが、その法論理からすると、子どもの権利が憲法上の基本的人権として保障・救済されるのは、公立学校のみであることになる。しかし、私立学校も、私学助成という公費助成を受けており、また、日本の公教育の多くの部分を担っていることからすれば、私立学校においても、憲法上の基本的人権としての子どもの権利は保障・救済されなければならないことは明確である。子どもの権利条約からしても、それは当然である。

つまり、子どもの権利の構造とは、まずは、子どもは権利行使の主体であることが確認され、次に、それを保障・救済する主体に親・教師・学校（公立と私立）・国家が位置づけられるが、これら全体が、基本的人権として把握される、ということなのである。そして、日本国憲法・教育基本法・子どもの権利条約法制はこうした構図の中で理解されなければならない。

3　国家と政治性・宗教性の教育

第二の公教育から導き出された概念である学校の公共性を掘り下げるために、政治教育と宗教教育に関する第二の教育法関係の教育判例を検討していきたい。

一方で、内申書の記載内容と生徒の思想・信条の自由の関係を問うた麹町中学校の内申書裁判での判決（最高裁・1988年７月15日判決）では、「表現の自由といえども公共の福祉によって制約を受けるものであるが〔中略〕、かかるビラ等の文書を配付及び落書を自由とすることは、〔中略〕放置できない弊害を発生させる相当の蓋然性があるものということができるのであるから、〔中略〕（麹町中学校の――引用者注）右生徒会規則において生徒の校内における文書の配付を学校当局の許可にかからしめ、その許可のない文書の配付を禁止することは、必要かつ合理的な範囲の制約であって、〔中略〕したがって、仮に、義務教育課程にある中学生について一般人と同様の表現の自由があるものとしても、〔中略〕上告人の右生徒会規則に違反する前記行為及び大学生 ML 派の集会の参加行為を〔中略〕本件調査書に記載し、入学者選抜の資料に供したからといって、上告人の表現の自由を侵し又は違法に制約するものとすることはでき〔中略〕ない」というように、子どもの権利をふまえていない公教育の政治的中立性によって、子どもの学習権としての思想・信条の自由が否定されている。これは、旧・教育基本法第8条（政治教育）における第1項よりも第2項をより重視した判決である、ととらえることができる。

他方で、宗教的理由による学校の授業欠席と生徒の信仰の自由の関係が問われた日曜日授業参観事件での判決（東京地裁・1986年3月20日判決）では、「宗教教団がその宗教的活動として宗教教育の場を設け、集会〔中略〕をもつことは憲法に保障された自由であり、そのこと自体は国民の自由として公教育上も尊重されるべきことはいうまでもない。しかし、公教育をし、これを受けさせることもまた憲法が国家及び国民に対して要請するところであ〔中略〕ることもまた明らかである」としながらも、「宗教行為に参加する児童について公教育の授業日に出席することを免除する〔中略〕ということでは、宗教、宗派ごとに右の重複・競合の日数が異なるところから、結果的に、宗教上の理由によって個々の児童の授業日数に差異を生じることを容認することになって、公教育の宗教的中立性を保つ上で好ましいことではないのみならず、当該児童の公教育上の成果をそれだけ阻害し〔中略〕、そのうえさらに、公教育が集団的教育として挙げるはずの成果をも損なうことにならざるをえず、公教育が失うところは少なくないものがある」というように、やはり、子どもの信仰の自由が子どもの権利をふまえていない公教育の宗教的中立性によって否定されている。これも、旧・教育基本法第9条（宗教教育）における第1項よりも第2項をより重視した判決である、ととらえることができる。

この二つの判例の争点は、そもそも、中立性の観点から公教育をどのようにとらえるのか、こそが問われなければならず、その公教育を理解するうえで、子どもの権利をふまえるかどうか、別の言い方をすれば、公教育を理解する手がかりとしての政治性・宗教性の教育を子どもの権利と把握したうえで、学校の公共性をいかに創りだすか、を課題としなければならない、というところにある。

その点において、剣道の実技の強制・不受講と宗教上の理由に基づく生徒の信教の自由の関係が問われた神戸市立高専事件の判決（最高裁・1996年３月８日判決）では、「公立学校において、学生の信仰を調査せん索し、宗教を序列化して別段の取扱いをすることは許されないものであるが、学生が信仰を理由に剣道実技の履修を拒否する場合に、学校が、その理由の当否を判断するため、単なる怠学のための口実であるか、当事者の説明する宗教上の信条と履修拒否との合理的関連性が認められるかどうかを確認する程度の調査をすることが公教育の宗教的中立性に反するとはいえない」というように、子どもの権利をふまえた公教育、すなわち、子どもの権利を基盤とした学校の公共性の理解を示す判例も見られることには注目しておかなければならない。

つまり、学校の公共性の思想は、子どもの権利をふまえたうえで、日本国憲法から導き出される旧・教育基本法第８条・第９条、および、新・教育基本法第14条（政治教育）・第15条（宗教教育）の各第１項を、子どもの権利（学習権）としての政治性の教育と宗教性の教育として把握する、という必要性が求められているのである。そして、これが教育の中立性論の手がかりとなるのである。

4　第三の教育法関係と教職の専門性

最後に、難波判決から、教職の専門性の根拠を考察する。

国歌（君が代）の起立・斉唱の職務命令と教師の思想・良心の自由の関係を問うた東京都公立学校国旗・国歌訴訟の難波判決（東京地裁・2006年９月21日判決）では、教師の基本的人権について、「原告ら教職員は、思想・良心の自由に基づき、入学式、卒業式等の式典において国歌斉唱の際に国旗に向かって起立し、国歌を斉唱することを拒否する自由、ピアノ伴奏をすることを拒否する自由を有しているところ、違法な本件通達（10.23通達——引用者注）に基づく各校長の職務命令に基づき、上記行為を行う義務を負うことはないものと解するのが相当である」との理解を示している。これは、これまで見てきたような、子どもの権利および学校の公共性をふまえられてこそ導き出される、開かれた教職の専門性であり、そのことがはっきりと主張されているのである[6]。

かくして、教育判例研究においてつねに問われているのは、裁判官の「教育と公教育」観、および、「子どもの権利と国家」の連関、すなわち、公教育において子どもの権利を明確に位置づけるかどうか、である。そのためには、予防訴訟に見られるような、第三の教育法関係に関する教育判例研究を「教育裁判過程研究」として積み重ねる作業がきわめて重要である。そのことを通して、私たちは、教育法学理論である国民の教育権論、および、その実践である人格＝認識形成学校の再構築をめざしていかなければならないのである(7)。

〈注〉

（1）愛知大学教育判例研究会「はじめに」愛知大学教育判例研究会・小川利夫・安井俊夫編『教育裁判判例研究　現代日本の教育実践』亜紀書房，1995年，ⅰ頁。

（2）今橋盛勝「教育法学の構造と方法」『教育法と法社会学』三省堂，1983年，25-26頁。

（3）宮盛は、第三の教育法関係について、国旗・国歌予防訴訟を例としながら、「日の丸・君が代の強制に関する違憲・違法をめぐって、一人ひとりの個人の差異を大事にしながらも集団訴訟に取り組むことで、国家のあり方を問うている」と定義している。宮盛邦友「現代人権における〈教育と公教育〉観の再検討――国旗・国歌訴訟の〈裁判過程〉を中心にして――」藤野美都子・佐藤信行編著『植野妙実子先生古稀記念論文集　憲法理論の再構築』敬文堂，2019年，305頁。

（4）学力テスト最高裁判決には、「当裁判所は、右の二つの見解（国民全体の教育意思の国会の法律制定を通じての決定、および、教育の国民全体の信託の下での直接責任――引用者注）はいずれも極端かつ一方的であり、そのいずれをも全面的に採用することはできない」と言及されている箇所があり、ここを引用しながら国民の教育権論の限界を指摘する論調がみられる。ここでいうところの国家の教育権と国民の教育権とは、教育内容決定権を内実としたそれを指していることから、国民の教育権の一般が最高裁判決によって否定されたわけではない、というのは判例全文に即して正確に理解されなければならない。

（5）学習指導要領の法的拘束力と教師の教育の自由の関係を裁判において問うた伝習館高校事件の最高裁判決（最高裁・1990年1月18日判決）には、「高等学校学習指導要領〔中略〕は法規としての性質を有するとした原審の判断は、正当として是認することができ、右学習指導要領の性質をそのように解することが憲法二三条、二六条に違反するものでないことは、最高裁昭和四三年（あ）第一六一四号同五一年五月二一日大法廷判決〔中略〕（学力テスト最高裁判決――引用者注）の趣旨とするところである」と指摘されている箇所があるが、これが学力テスト最高裁判決のミス・リーディングであることは明白である。ただし、これをもって、この判決を無視してよいわけではないこともまた明らかである。

（6）国旗・国歌予防訴訟の詳細については、宮盛，前掲「現代人権における〈教育と公教育〉観の再検討」、参照。

（7）本章と関連する論稿として、宮盛邦友「子どもの権利論と教育学の課題　子どもの権利と公教育の連関をめぐって」教育科学研究会編集『教育』No.877，かもがわ出版，2019年２月号、など参照。

〈判例一覧〉

○第二次家永三郎教科書検定訴訟第１審：判時604号29頁、判タ251号99頁
○旭川学力テスト事件：判時814号33頁、判タ336号138頁
○伝習館高校事件：判時1337号３頁、判タ719号72頁
○熊本・中学校丸刈り事件：判時1174号48頁、判タ570号33頁
○市立尼崎高校入学不許可事件：判時1414号26頁、判タ780号141頁
○三ない原則退学勧告事件：判時1401号56頁、判タ770号157頁
○麹町中学校内申書事件：判時1287号65頁、判タ675号59頁
○日曜日授業参観事件：判時1185号67頁、判タ592号122頁
○神戸・高専剣道強制事件：判時1564号３頁、判タ906号77頁
○東京都公立学校国旗・国歌予防訴訟：判時1952号44頁、判タ1228号88頁
※判時＝判例時報、判タ＝判例タイムズ

〈参考文献〉

○堀尾輝久『人権としての教育』岩波現代文庫，2019年
○戸波江二・西原博史編著『子ども中心の教育法理論に向けて』エイデル研究所，2006年
○坂田仰編著『学校と法　改訂版』放送大学教育振興会，2016年
○日本教育法学会編『教育法の現代的争点』法律文化社，2014年
○姉崎洋一・荒牧重人・小川正人・金子征史・喜多明人・戸波江二・廣澤明・吉岡直子編『ガイドブック教育法　新訂版』三省堂，2015年
○植野妙実子『基本に学ぶ憲法』日本評論社，2019年
○長谷部恭男・石川健治・宍戸常寿編『憲法判例百選Ⅰ・Ⅱ［第７版］』有斐閣，2019年

資　料

◎杉本判決（1970年）

第二次教科書裁判（検定不合格処分取消訴訟事件）第一審判決〔抄〕

（昭和四五年七月一七日
東京地方裁判所民事第二部）

第四　本案の判断

一　教科書検定制度の違憲、違法性の有無

1　教育を受ける権利および教育の自由を侵害するとの主張について

（一）　教育を受ける権利

（1）　憲法二六条は、〔中略〕と定めているが、この規定は、憲法二五条をうけて、いわゆる生存権的基本権のいわば文化的側面として、国民の一人一人にひとしく教育を受ける権利を保障し、その反面として、国に対し右の教育を受ける権利を実現するための立法その他の措置を講ずべき責務を負わせたものであって、国民とくに子どもについて教育を受ける権利を保障したものということができる。

ところで、憲法がこのように国民ことに子どもに教育を受ける権利を保障するゆえんのものは、民主主義国家が一人一人の自覚的な国民の存在を前提とするものであり、また、教育が次代をになう新しい世代を育成するという国民全体の関心事であることにもよるが、同時に、教育が何よりも子ども自らの要求する権利であるからだと考えられる。すなわち、近代および現代においては、個人の尊厳が確立され、子どもにも当然その人格が尊重され、人権が保障されるべきであるが、子どもは未来における可能性を持つ存在であることを本質とするから、将来においてその人間性を十分に開花させるべく自ら学習し、事物を知り、これによって自らを成長させることが子どもの生来的権利であり、このような子どもの学習する権利を保障するために教育を授けることは国民的課題であるからにほかならないと考えられる。

そして、ここにいう教育の本質は、このような子どもの学習する権利を充足し、その人間性を開発して人格の完成をめざすとともに、このことを通じて、国民が今日まで築きあげられた文化を次の世代に継承し、民主的、平和的な国家の発展ひいては世界の平和をになう国民を育成する精神的、文化的ないとなみであるというべきである。

このような教育の本質にかんがみると、前記の子どもの教育を受ける権利に対応して子どもを教育する責務をになうものは親を中心として国民全体であると考えられる。すなわち、国民は自らの子どもはもとより、次の世代に属するすべての者に対し、その人間性を開発し、文化を伝え、健全な国家および世界の担い手を育成する責務を負うものと考えられるのであって、家庭教育、私立学校の設置などはこのような親をはじめとする国民の自然的責務に由来するものというべきものである。このような国民の教育の責務は、いわゆる国家教育権に対する概念として国民の教育の自由とよばれるが、その実体は右のような責務であると考えられる。かくして、国民は家庭において子どもを教育し、また社会において種々の形で教育を行なうのであるが、しかし現代において、すべての親が自ら理想的に子どもを教育することは不可能であることはいうまでもなく、右の子どもの教育を受ける権利に対応する責務を十分に果たし得ないこととなるので、公教育としての学校教育が必然的に要請されるに至り、前記のごとく、国に対し、子どもの教育を受ける権利を実現するための立法その他の措置を講ずべき責任を負わせ、とくに子どもについて学校教育を保障することになったものと解せられる。

してみれば、国家は、右のような国民の教育責務の遂行を助成するためにもっぱら責任を負うものであって、その責任を果たすために国家に与えられる権能は、教育内容に対する介入を必然的に要請するものではなく、教育を育成するための諸条件を整備することであると考えられ、国家が教育内容に介入することは基本的には許されないというべきである。

この点に関し、義務教育に関する憲法二六条二項の反面から、国家もまた教育する権利を有する旨の見解があるが、しかし、同条項に〔中略〕というのは、上記のような親の子どもに対する教育の責務の遂行を保障したものと解するのが相当であって、この規定の反面から国にいわゆる教育権があるとするのは相当でないというべきである。

(2)　被告は、現代において、公教育は国政の一環として行なわれるものであるから、公教育についても民主主義の原理が妥当し、議会制民主主義をとるわが国においては国民の総意は法律に反映される建前になっており、憲法二六条一項も「法律の定めるところにより」と規定しているから、法律の定めるところにより国が教育内容に関与することは認められている、と主張する。しかしながら、憲法二六条は、前示のとおり教育を受ける権利を実質的に保障するために国が立法その他の積極的な施策を講ずべき旨を定め、また、戦前におけるごとく勅令主義あるいは法律に基づかない恣意的な教育行政を否定し、国の行う教育行政が法律によるべき旨を定めたものではあるが、法律によりさえすればどのような教育内容への介入をしてもよい、とするものではなく、また、教育の外的な事項については、一般の政治と同様に代議制を通じて実現されてしかるべきものであるが、教育の内的事項については、すでに述べたようなその特質からすると、一般の政治とは別個の側面をもつというべきであるから、一般の政治のように政党政治を背景とした多数決によって決せられることに本来的にしたしまず、教師が児童、生徒との人間的なふれあいを通じて、自らの研鑽と努力とによって国民全体の合理的な教育意思を実現すべきものであり、また、このような教師自らの教育活動を通じて直接に国民全体に責任を負い、その信託にこたえるべきものと解せられる（教育基本法一〇条）。

被告は、また、現代のように、政治、経済、社会、文化等の各方面にわたり高度に発達をみている社会においては、国は福祉国家として、社会の有為な構成員や後継者の育成を図るとともに、社会において各人が十分にその人格を向上させ、能力を伸長させることができるよう配慮する責任があり、また、すべての国民の福祉のために、国民に対し健康で文化的な生活を確保することを責務としており、教育はこの意味において欠くことのできない重要な役割をになうものである、すなわち、国は公教育制度を設け、教育の機会均等を確保し、適切な教育を施し、教育水準の維持向上に努めることが要請されているのであって、この要請に基づき、憲法、教育基本法、学校教育法等が定められ、教育内容についても、国の関与を定める法制がとられている旨主張するので、案ずるに、現代国家が福祉国家としてすべての国民に対し健康で文化的な生活を保障すべき責務を負い、教育がこのために欠くことのできない重要な役割をになうものであることはいうまでもない。しかしながら、現代国家の理念とするところは、人間の価値は本来多様であり、また多様であるべきであって、国家は人間の内面的価値に中立であり、個人の内面に干渉し価値判断を下すことをしない、すなわち国家の権能には限りがあり人間のすべてを統制することはできない、とするにあるのであって、福祉国家もその本質は右の国家理念をふまえたうえで、それを実質的に十全ならしめるための措置を講ずべきことであるから、国家は教育のような人間の内面的価値にかかわる精神活動については、できるだけその自由を尊重してこれに介入するのを避け、児童、生徒の心身の発達段階に応じ、必要かつ適切な教育を施し、教育の機会均等の確保と、教育水準の維持向上のための諸条件の整備確立に努むべきことこそ福祉国家としての責務であると考えられる。

(3)　以上のことは、近代および現代における教育に関する思想および教育に関する近代市民国家の憲法その他の教育法制に照らしても、肯定されるところであると思われる。すなわち、近代市民社会の思想は人権の思想であり、個人の尊厳の確立をめざすものであり、したがって当然子どもたちにも人格と人権とが認められたが、さらにまた、ルソーに見られるように、子どもに大人とは違った独自の権利が認識され、子どもは発達の可能態であって、子どもが将来にわたって、その可能性を開花させ、人間的に成長する権利を有することが確認された。そして、この成長・発達する権利を現実に充足するためには、子どもが学習する権利を行使しうるような機会を与えられるべきことが重要な意味を持ち、子どもに教育を受ける権利があまねく保障されなければならないと主張され、そして、それは同時にまた新しい世代の権利であるとも考えられた。また、同時に、近代人権思想は子どもを教育する権利を親の責務としての親権に属するものとして捉え、これに対する権力の干渉を強く排除すべきことをも包含していたのであり、絶対主義的ないし家父長的な教育を否定するものであった。そして、これらの子どもの学習権＝教育を受ける権利と親の責務とが一体となって近代教育思想の中核となり、〔中略〕国の監視のもとにおいてではあるが、教育の自由が規定されるに至った。かくして、一九世紀の末になって、西欧各国に公教育制度が確立してくるのであるが、そこでは、たしかに一面では従来の教育の自由をある面では制限しつつ国家全体の公教育を確立しようとする動きもあったが、近代における教育の自由の原理はその中でも基本的には継承されたといいうるし、さらに二〇世紀に入って、生存権的基本権が各国の憲法において規定されるに至ると、子どもの権利としての教育を受ける権利が確立したといえよう。〔後略〕

こうして、一八世紀末に成立した、子どもの教育を受ける権利と教育の自由を中核とする近代教育思想は現代における実定憲法および公教育法制の中に基本的に生かされて子どもの教育を受ける権利が生存権的基本権の一つとして認められ、国民は子どもないし次の世代を教育する責務を負い、国家はそのために具体的な施策を行なう任務を担うことになったということができよう。

（二）　教育の自由

（1）　公教育としての学校において直接に教育を担当する者は教師であるから、子どもを教育する親ないし国民の責務は、主として教師を通じて遂行されることになる。この関係は、教師はそれぞれの親の信託を受けて児童、生徒の教育に当たるものと考えられる。したがって、教師は、一方で児童、生徒に対し、児童、生徒の学習する権利を十分に育成する職責をになうとともに、他方で親ないし国民全体の教育意思を受けて教育に当たるべき責務を負うものである。しかも、教育はすでに述べたとおり人間が人間に働きかけ、児童、生徒の可能性をひきだすための高度の精神的活動であって、教育に当たって教師は学問、研究の成果を児童、生徒に理解させ、それにより児童、生徒に事物を知りかつ考える力と創造力を得させるべきものであるから、教師にとって学問の自由が保障されることが不可欠であり、児童、生徒の心身の発達とこれに対する教育効果とを科学的にみきわめ、何よりも児童、生徒に対する深い愛情と豊富な経験をもつことが要請される。してみれば、教師に対し教育ないし教授の自由が尊重されなければならないというべきである。そして、この自由は、主として教師という職業に付随した自由であって、その専門性、科学性から要請されるものであるから、自然的な自由とはその性質を異にするけれども、上記のとおり国民の教育の責務に由来し、その信託を受けてその責務を果たすうえのものであるので、教師の教育の自由もまた、親の教育の責務、国民の教育の責務と不可分一体をなすものと考えるべきである。

（2）　叙上のように、教師に教育の自由を保障することは、近代および現代における教育思想および教育法制の発展に基本的に合致し、また、わが国における戦後教育改革の基本的方向と軌を一にするばかりでなく、ことに最近における教育に関する国際世論の動向にも沿うゆえんであると考えられるので、以下、そのもっとも権威あるものとして、教員の地位に関するユネスコ勧告（一九六六年）に触れることとする。〔後略〕

（3）　では、以上述べたような教師の教育ないし教授の自由は、教育思想としての自由または教育政策上認められる自由にとどまるものであるのか、あるいはわが実定法上保障されている自由であるのか。結論的にいえば、教師の教育ないし教授の自由は学問の自由を定めた憲法二三条によって保障されていると解せられる。

けだし、教育は、すでに述べたように、発達可能態としての児童、生徒に対し、主としてその学習する権利（教育を受ける権利）を充足することによって、子どもの全面的な発達を促す精神的活動であり、それを通じて健全な次の世代を育成し、また、文化を次代に継承するいとなみであるが、児童、生徒の学び、知ろうとする権利を正しく充足するためには、必然的に何よりも真理教育が要請される（教育基本法前文、一条参照）。誤った知識や真理に基づかない文化を児童、生徒に与えることは、児童、生徒の学習する権利にこたえるゆえんではなく、また、民主的、平和的な国家は、真理を愛し、正義を希究する個々の国民によって建設せられるものであり、現代に至る文化も真理を追求するすぐれた先人たちによって築かれたものであって、これを正しく次代に継承し、さらに豊かに発展させるためには、真理教育は不可欠であるというべきである。教育基本法二条が〔中略〕としているのも、右のことを明らかにしたものと解せられる。また、下級教育機関において教育を受ける児童、生徒は、いずれも年少であって、大学における学生のように高度の理解能力を有せず、また教えられたところを批判的に摂取する力もないから、これらの児童、生徒に対して、学問研究の結果をそのままに与えることは妥当でなく、したがって、教育は児童、生徒の心身の発達段階に応じ、児童が真に教えられたところを理解し、自らの人間性を開発していくことができるような形でなされなければならず、また、子どもが事物を批判的に考察し、全体として正しい知識を得、真実に近づくような方法がなされなければならないわけであるが、いわゆる教育的配慮は右の点を内容とするものでなければならない。そして、このような教育的配慮が正しくなされるためには、児童、生徒の心身の発達、心理、社会環境との関連等について科学的な知識が不可欠であり、教育学はまさにこのような科学である。すなわち、こうした教育的配慮をなすこと自体が一の学問的実践であり、学問と教育とは本質的に不可分一体というべきである。してみれば、憲法二三条は、教師に対し、学問研究の自由はもちろんのこと学問研究の結果自らの正当とする学問的見解を教授する自由をも保障していると解するのが相当である。もっとも、実際問題として、現在の教師には学問研究の諸条件が整備されているとはいいがたく、したがって教育ないし教授の自由は主として大学における教授（教師）について認められるというべきであろうが、下級教育機関における教師についても、基本的には、教育の自由の保障は否定されていないというべきである（前記「教員の地位に関するユネスコ勧告」六一項参照）。

この点について、下級教育機関における教育はその本質上教材、教課内容、教授方法などの画一化が要求されることがあるから、下級教育機関においては、教授ないし教育の自由は保障されないとする見解がある。たしかに、日本国民が、ひとしく教育を受ける権利を充足するためには、すべての国民がある程度の水準の教育をひとしく与えられるべきものではあるが、しかし、戦後の日本の教育理念は、のちに検討するように、戦前教育の国家権力によって中央集権的に統制された画一性に基因する幣害を除去すべきものとする視点から出発しており、また、すでに述べたように、教育は本質的に自由で創造的な精神活動であって、これに対する国家権力の介入が極力避けらるべきものであり、右の下級教育機関における公教育の画一化の要請にもおのずから限度があるというべきであるし、また下級教育機関における公教育内容の組織化は法的拘束力のある画一的、権力的な方法としては国家としての公教育を維持していく上で必要最少限度の大綱的事項に限られ、それ以外の面については、教師の教育の自由を尊重しつつ、これに対する指導助言、参考文献の発行等の法的拘束力を有しない方法によることが十分可能であり、かつ、これらが実質的に高い識見とすぐれた学問的成果に基づけばこのような方法によっても十分の指導性を発揮することができるのであるから、こうした方法によるべきである。したがって、下級教育機関における教育はその本質上教材、教課内容、教授方法などの画一化が要求されるとの理由で、下級教育機関における教授ないし教育の自由を否定するのは妥当でないというべきである。

以上のとおり、公教育制度としての学校の教師に対し憲法上教育ないし教授の自由が保障されているというべきであるが、しかし、教育ないし教授の自由といっても、児童、生徒にどのような教育を与えてもよいというのではなく、学校における教育はその本質上政治的にも宗教的にも一党一派に偏することなく、いわゆる教育の中立性が守られなければならないことはいうまでもない（教育基本法八条二項、同九条二項、義務教育諸学校における教育の政治的中立の確保に関する臨時措置法三条等）。このことは、先に述べたとおり、教師の教育の自由が子どもの教育を受ける権利に対応する国民（親を含む）の責務に由来するものであることにかんがみ、けだし当然であるというべきであるが、しかしまた、かかる教育の中立性は教師自らの責任において自律的に確保されなければならないものであることも多言を要しないところである。

（４）　かくして、教師の教育ないし教授の自由を以上のように解する限り、教師に児童、生徒にもっとも適した教材および方法を判断する適格が認められるべきであり、教科書の採択についても主要な役割を与えられるべきであるから（前記「教員の地位に関するユネスコ勧告」六一項参照）、国が教師に対し一方的に教科書の使用を義務づけたり〔中略〕、教科書の採択に当たって教師の関与を制限したり、あるいは学習指導要領にしてもその細目にわたってこれを法的拘束力あるものとして現場の教師に強制したりすることは、叙上の教育の自由に照らし妥当ではないといわなければならない。

（三）　教科書検定制度と教育を受ける権利および教育の自由

さて、原告は、憲法二六条は児童、生徒がすぐれた学問研究の成果を自由に学び、これによって個性を尊重され、人間としての全面的な発達を自由に追求しうるような教育を受ける権利を保障したものであって、教科書検定制度は国が教科書の内容に介入し、これを規制することによって、右のような児童、生徒の教育を受ける権利を侵害するものであり、また、憲法はかかる教育を受ける権利を保障するその前提として、現場教師、教科書執筆者等に教育の自由を保障しているものというべきであって、教科書検定制度は国が教科書の内容に権力的に介入し、これら教育の関係者にこれを強制することによって右の教育の自由を侵害するものである旨を主張するのであるが、しかし、原告が本件各検定不合格処分の取消訴訟について有する利益は、前示のとおり、教科書を執筆し、出版するにあって、児童、生徒の教育を受ける権利または教師の教育の自由とは直接の関係がないものであることは上来述べてきたところにより明らかであるから、本訴において、教科書検定制度が右の教育を受ける権利または教育の自由を侵害し、違憲、違法であることを理由として、本件各検定不合格処分の取消しを求めることは許されないというべきである〔中略〕。したがって原告の右主張は採用の由なきものといわざるを得ない。

２　憲法二一条および同二三条違反の主張について

（一）　学問の自由と表現の自由〔省略〕

（二）　教科書検定制度と憲法二一条二項（検閲禁止）〔省略〕

（三）　教科書検定制度と憲法二一条一項〔省略〕

（四）〔省略〕

３　憲法三一条違反および法治主義の原則違反の主張について

（一）　教科書検定制度と憲法三一条（適正手続の保障）〔省略〕

（二）　教科書検定制度と法治主義（法律に基づく行政）の原則〔省略〕

（三）〔省略〕

４　教育基本法一〇条違反の主張について

（一）　戦後の教育改革と教育基本法の成立事情〔省略〕

（二）　教育基本法一〇条の趣旨

（１）　教育基本法一〇条は、〔中略〕と定めている。そして、その趣旨とするところは、前記教育基本法制定の経過に照し、その一、二項を通じ、教育行政ことに国の教育行政は教育目的を遂行するに必要な教育施設の管理、就学義務の監督その他の教育の外的事項についての条件整備の確立を目標として行なう責務を負うが、教育課程その他の教育の内的事項については一定の限度を超えてこれに権力的に介入することは許されず、このような介入は不当な支配に該当するというにあると解するを相当とする。

この点について、被告は、本条一項は「不当な」支配を禁じたものであって、不当であるかどうかはそれが国民全体の意思に基づいているかどうかによって定まるのであり、国会において国民によって正当に選挙された代表者により制定された立法に基づく限り、行政権による教育に対する規制ないし介入が教育の内容面にわたっても、それは不当な支配ではなく、本条一項後段に定めるとおり国民全体に責任を負うべき教育行政としては当然に教育内容についても積極的に行政を行なうべき責務があり、したがって、二項の条件整備についても教育内容以外のものに限られるいわれはなく、また本来公教育制度は当然にそのことを予想していると主張する。

しかしながら、本条一項は、教育行政のみを対象として定められたものではなく、広く教育のあり方を規定したものであって、その意味では同法二条と性格において類似するが、本条全体が（教育行政）と題しているように、主として教育行政との関連において教育のあり方を定めたものであり、このことは、一項の規定が二項を導く基礎となっており、二項では「教育行政は、この自覚のもとに」としていること、また上叙のごとく戦前の教育行政の中央集権的官僚制の弊にかんがみて本条が制定されたことからも明らかである。そして、一項にいう「教育は」というのは、「およそ教育は」という意味であって、家庭教育、社会教育、学校教育のすべてを含むことはいうまでもなく、したがって教育は「不当な支配」に服してはならないということは、とりもなおさず、いやしくも教育に関係するものはすべて「不当な支配」に服すべきでないことを意味するといってよい。ここに「不当な支配」というとき、その主体は主としては政党その他の政治団体、労働組合その他の団体等国民全体でない一部の党派的勢力を指すものと解されるが、しかし同時に本条一項前段は、教育の自主性、自律性を強くうたったものというべきであるから、議院内閣制をとる国の行政当局もまた「不当な支配」の主体たりうることはいうまでもない。さらに本条一項後段で、「教育は、………国民全体に対し直接に責任を負って行われるべきものである。」というのは、同項前段の「不当な支配に服することなく」といわば表裏一体となって、教育における民主主義の原理をうたったものというべきである。すなわち、憲法はその前文において、「そもそも国政は、国民の厳粛な信託によるものであって、その権威は国民に由来し、その権力は国民の代表者がこれを行使し、その福利は国民がこれを享受する。」と定めているが、この民主主義の原理は教育ないし教育行政についてもいいうるところである。したがって、ここで「国民全体」といっているのは、さきに述べた「不当な支配」に服してはならない旨を確認したものと解せられる。このことは、同項において国民全体に対し「直接に」責任を負うと規定していることからも窺われるし、また、前記のように、教育基本法が、戦前の我国教育行政の中央集権的画一的国家的統制に対する批判の上に成り立っており、その成立過程において、米国使節団報告書、教育刷新委員会の建議等で中央集権的画一的国家統制の排除が常に提唱されてきたところからも明らかである。さらに、ここで「責任を負う」ということは、具体的に法的な責任を負うとか、あるいはまた、国民の一般意思を国会に反映させ、国会で制定された法律に基づいて行なわれる行政のルートを通じてのみ、国民に対して責任を負うということを意味するわけではない。ここで「教育は……責任を負う」というのは、教育および教育行政のあるべき姿を定めたものであって、責任というのも行政的な責任を意味するのでなく、教育自体によって「直接に」国民全体に対しいわば文化的ないし教育的意味での責任を負うべき旨を定めたものと解すべきである。けだし、文言のうえからそのように解されるばかりでなく、実質的に考えても、すでに述べたように、国民（親を含む）は子どもの教育を受ける権利に対応して子どもを教育する責務があり、教師は右国民の責務の信託を受けて児童、生徒の教育に当たり、国民に対し責任を負うものというべきであるからである。また、本条二項は、本条一項をうけて、教育行政の任務と限界を明らかにしたものである。すなわち、憲法二六条は国に対し子どもの教育を受ける権利ひいて国民の子どもに対する教育の責務を実質的に保障すべき責務を課したものであることは前叙のとおりであり、本条二項は、このことを前提として、国は教育目的達成のため諸条件の整備確立という任務を果たすべきことを明らかにしているのである。そして、ここに「この自覚のもとに」とは、一項の教育行政のあり方についての規定をうけ、そこで定められた原理を自覚して、という趣旨と解され、また、「教育の目的を達成するに必要な諸条件の整備」とは、右の憲法二六条の趣旨および本法の他の諸規定に明示されたところを具体的に達成するために、各種の諸制度、条件を整備すべきことを意味すると解される。したがって、上記のように、本条一項において教育の自主性、自律性をうたっており、教育行政は「この自覚のもとに」行なわれなければならないのであるから、本条二項にいう「条件整備」とは、教育の内容面に権力的に介入するものであってはならず、教育が自主的、創造的に行なわれるよう教育を守り育てるための諸条件を整えること、いいかえれば、教育は学校教育にあっては教師と生徒との間で両者の人格的、精神的なつながりをもととして行なわれるのであるから、この実際の教育ができるだけ理想的に行なわれるように配慮し、その環境を整えることを意味すると解すべきである。かくて、教育施設の設置管理等のいわゆる教育の「外的事項」については、原則として教育行政の本来の任務とすべきところであり、また、教育課程、教育方法等のいわゆる「内的事項」については、公教育制度の本質にかんがみ、不当な法的支配にわたらない大綱的基準立法あるいは指導助言行政の限度で行政権は権限を有し、義務を負うものと解するのが相当である。したがって被告の前記主張は失当というべきである。

(2)　叙上のとおり、教育基本法一〇条の趣旨は、その一、二項を通じて、教育行政ことに国の教育行政は教育の外的事項について条件整備の責務を負うけれども、教育の内的事項については、指導、助言等は別として、教育課程の大綱を定めるなど一定の限度を超えてこれに権力的に介入することは許されず、このような介入は不当な支配に当たると解すべきであるから、これを教科書に関する行政である教科書検定についてみるに、教科書検定における審査は教科書の誤記、誤植その他の客観的に明らかな誤り、教科書の造本その他教科書についての技術的事項および教科書内容が教育課程の大綱的基準の枠内にあるかの諸点にとどめられるべきものであって、審査が右の限度を超えて、教科書の記述内容の当否にまで及ぶときには、検定は教育基本法一〇条に違反するというべきである。

(三)　教科書検定制度と教育基本法一〇条

さて、原告は、現行の教科書検定制度は、検定の基準として、教育の目標との一致、教科の目標との一致、立場の公正の三項目の絶対条件および取扱内容、正確性、内容の選択、内容の程度、組識・配列・分量・表記・表現、使用の便宜等、地域差、学校差、造本創意工夫等にわたって各教科ごとに設けられた数十項目の必要条件を定めており、これらによって教科書の内容のすみずみにまで立ち入って審査を加え、これに適合しないと認めるときは、当該教科書を不合格とし、あるいは条件付合格として不適当と認める部分の修正を求め、もって教科書の内容を右の検定基準に適合せしめようとするものであって、明らかに文部大臣が設定しうる大綱的基準の範囲を超えて教科書の内容に不当に介入しようとするものであって、教育基本法一〇条に違反し、無効である旨主張するので、案ずるに、原告の主張するとおり、現行の検定基準には前示教育基本法に違背するものがあると認められるし、また、教育基本法は前記認定の事情のもとに成立したものであって、憲法の諸規定をうけ、これを教育において具体化するため教育に関する理念あるいは方針等の基本的なあり方を定めるものであって他の教育諸法規の基本法たる性格をもち、同法一一条がこの法律に掲げる諸条項を実施するために必要がある場合には適当な法令が制定されなければならないとしているのもこのためと解せられるのであるが、しかし、教育基本法の法的効力が他の法律に優越するとはいえないから、学校教育法（二一条、八八条、これらの規定の変遷についてはすでに述べた）に基づく現行教科書検定制度が教育基本法一〇条に違反し無効であるとは断じがたい。それゆえ原告の上記主張もまた採用できないといわざるを得ない。

二　本件各検定不合格処分の違憲、違法性の有無

1　教科書検定制度が違憲または違法であるから本件各検定不合格処分は違憲または違法であるとの主張について〔省略〕

２　本件各検定不合格処分が違憲または違法であるとの主張について〔省略〕

(一)　本件各検定不合格処分の処分理由との関係について〔省略〕

(二)　本件改訂検定の各改訂箇所について〔省略〕

(三)　結語〔省略〕

◎最高裁学テ判決（1976年）

学力テスト旭川事件最高裁判決〔抄〕

（昭和五一年五月二一日 最高裁判所大法廷）

理　由

一　論旨〔省略〕

二　本件学力調査の適法性に関する問題点〔省略〕

三　本件学力調査と地教行法五四条二項（手続上の適法性）〔省略〕

四　本件学力調査と教育法制（実質上の適法性）

原判決は、本件学力調査は、その目的及び経緯に照らし、全体として文部大臣を実質上の主体とする調査であり、市町村教委の実施行為はその一環をなすものにすぎず、したがってその実質上の適否は、右の全体としての調査との関連において判断されなければならないとし、文部大臣の右調査は、教基法一〇条を初めとする現行教育法秩序に違反する実質的違法性をもち、ひいては旭川市教委による調査実施行為も違法であることを免れない、と断じている。本件学力調査は文部大臣において企画、立案し、その要求に応じて実施されたものであり、したがって、当裁判所も、右調査実施行為の実質上の適法性、特に教基法一〇条との関係におけるそれは、右の全体としての調査との関連において検討、判断されるべきものとする原判決の見解は、これを支持すべきものと考える。そこで、以下においては、このような立場から本件学力調査が原判決のいうように教基法一〇条を含む現行の教育法制及びそれから導かれる法理に違反するかどうかを検討することとする。

１　子どもの教育と教育権能の帰属の問題

(一)　子どもの教育は、子どもが将来一人前の大人となり、共同社会の一員としてその中で生活し、自己の人格を完成、実現していく基礎となる能力を身につけるために必要不可欠な営みであり、それはまた、共同社会の存続と発展のためにも欠くことのできないものである。この子どもの教育は、その最も始源的かつ基本的な形態としては、親が子との自然的関係に基づいて子に対して行う養育、監護の作用の一環としてあらわれるのであるが、しかしこのような私事としての親の教育及びその延長としての私的施設による教育をもってしては、近代社会における経済的、技術的、文化的発展と社会の複雑化に伴う教育要求の質的拡大及び量的増大に対応しきれなくなるに及んで、子どもの教育が社会における重要な共通の関心事となり、子どもの教育をいわば社会の公共的課題として公共の施設を通じて組織的かつ計画的に行ういわゆる公教育制度の発展をみるに至り、現代国家においては、子どもの教育は、主としてこのような公共施設としての国公立の学校を中心として営まれるという状態になっている。

ところで、右のような公教育制度の発展に伴って、教育全般に対する国家の関心が高まり、教育に対する国家の支配ないし介入が増大するに至った一方、教育の本質ないしはそのあり方に対する反省も深化し、その結果、子どもの教育は誰が支配し、決定すべきかという問題との関連において、上記のような子どもの教育に対する国家の支配ないし介入の当否及びその限界が極めて重要な問題として浮かびあがるようになった。このことは、世界的な現象であり、これに対する解決も、国によってそれぞれ異なるが、わが国においても戦後の教育改革における基本的問題の一つとしてとりあげられたところである。本件における教基法一〇条の解釈に関する前記の問題の背景には右のような事情があり、したがって、この問題を考察するにあたっては、広く、わが国において憲法以下の教育関係法制が右の基本的問題に対していかなる態度をとっているかという全体的な観察の下で、これを行わなければならない。

(二)　ところで、わが国の法制上子どもの教育の内容を決定する権能が誰に帰属するとされているかについては、二つの極端に対立する見解があり、そのそれぞれが検察官及び弁護人の主張の基底をなしているようにみうけられる。すなわち、一の見解は、子どもの教育は、親を含む国民全体の共通関心事であり、公教育制度は、このような国民の期待と要求に応じて形成、実施されるものであって、そこにおいて支配し、実現されるべきものは国民全体の教育意思であるが、この国民全体の教育意思は、憲法の採用する議会制民主主義の下においては、国民全体の意思の決定の唯一のルートである国会の法律制定を通じて具体化されるべきものであるから、法律は、当然に、公教育における教育の内容及び方法についても包括的にこれを定めることができ、また、教育行政機関も、法律の授権に基づく限り、広くこれらの事項について決定権限を有する、と主張する。これに対し、他の見解は、子どもの教育は、憲法二六条の保障する子どもの教育を受ける権利に対する責務として行われるべきもので、このような責務をになう者は、親を中心とする国民全体であり、公教育としての子どもの教育は、いわば親の教育義務の共同化ともいうべき性格をもつのであって、それ故にまた、教基法一〇条一項も、教育は、国民全体の信託の下に、これに対して直接に責任を負うように行われなければならないとしている、したがって、権力主体としての国の子どもの教育に対するかかわり合いは、右のような国民の教育義務の遂行を側面から助成するための諸条件の整備に限られ、子どもの教育の内容及び方法については、国は原則として介入権能をもたず、教育は、その実施にあたる教師が、その教育専門家としての立場から、国民全体に対して教育的、文化的責任を負うような形で、その内容及び方法を決定、遂行すべきものであり、このことはまた、憲法二三条における学問の自由の保障が、学問研究の自由ばかりでなく、教授の自由をも含み、教授の自由は、教育の本質上、高等教育のみならず、普通教育におけるそれにも及ぶと解すべきことによっても裏付けられる、と主張するのである。

当裁判所は、右の二つの見解はいずれも極端かつ一方的であり、そのいずれをも全面的に採用することはできないと考える。以下に、その理由と当裁判所の見解を述べる。

2　憲法と子どもに対する教育権能

(一)　憲法中教育そのものについて直接の定めをしている規定は憲法二六条であるが、同条は、〔中略〕と定めている。この規定は、福祉国家の理念に基づき、国が積極的に教育に関する諸施設を設けて国民の利用に供する責務を負うことを明らかにするとともに、子どもに対する基礎的教育である普通教育の絶対的必要性にかんがみ、親に対し、その子女に普通教育を受けさせる義務を課し、かつ、その費用を国において負担すべきことを宣言したものであるが、この規定の背後には、国民各自が、一個の人間として、また、一市民として、成長、発達し、自己の人格を完成、実現するために必要な学習をする固有の権利を有すること、特に、みずから学習することのできない子どもは、その学習要求を充足するための教育を自己に施すことを大人一般に対して要求する権利を有するとの観念が存在していると考えられる。換言すれば、子どもの教育は、教育を施す者の支配的権能ではなく、何よりもまず、子どもの学習をする権利に対応し、その充足をはかりうる立場にある者の責務に属するものとしてとらえられているのである。

しかしながら、このように、子どもの教育が、専ら子どもの利益のために、教育を与える者の責務として行われるべきものであるということからは、このような教育の内容及び方法を、誰がいかにして決定すべく、また、決定することができるかという問題に対する一定の結論は、当然には導き出されない。すなわち、同条が、子どもに与えるべき教育の内容は、国の一般的な政治的意思決定手続によって決定されるべきか、それともこのような政治的意思の支配、介入から全く自由な社会的、文化的領域内の問題として決定、処理されるべきかを、直接一義的に決定していると解すべき根拠は、どこにもみあたらないのである。

(二)　次に、学問の自由を保障した憲法二三条により、学校において現実に子どもの教育の任にあたる教師は、教授の自由を有し、公権力による支配、介入を受けないで自由に子どもの教育内容を決定することができるとする見解も、採用することができない。確かに、憲法の保障する学問の自由は、単に学問研究の自由ばかりでなく、その結果を教授する自由をも含むと解されるし、更にまた、専ら自由な学問的探求と勉学を旨とする大学教育に比してむしろ知識の伝達と能力の開発を主とする普通教育の場においても、例えば教師が公権力によって特定の意見のみを教授することを強制されないという意味において、また、子どもの教育が教師と子どもとの間の直接の人格的接触を通じ、その個性に応じて行われなければならないという本質的要請に照らし、教授の具体的内容及び方法につきある程度自由な裁量が認められなければならないという意味においては、一定の範囲における教授の自由が保障されるべきことを肯定できないではない。しかし、大学教育の場合には、学生が一応教授内容を批判する能力を備えていると考えられるのに対し、普通教育においては、児童生徒にこのような能力がなく、教師が児童生徒に対して強い影響力、支配力を有することを考え、また、普通教育においては、子どもの側に学校や教師を選択する余地が乏しく、教育の機会均等をはかる上からも全国的に一定の水準を確保すべき強い要請があること等に思いをいたすときは、普通教育における教師に完全な教授の自由を認めることは、とうてい許されないところといわなければならない。もとより、教師間における討議や親を含む第三者からの批判によって、教授の自由にもおのずから抑制が加わることは確かであり、これに期待すべきところも少なくないけれども、それによって右の自由の濫用等による弊害が効果的に防止されるという保障はなく、憲法が専ら右のような社会的自律作用による抑制のみに期待していると解すべき合理的根拠は、全く存しないのである。

(三)　思うに、子どもはその成長の過程において他からの影響によって大きく左右されるいわば可塑性をもつ存在であるから、子どもにどのような教育を施すかは、その子どもが将来どのような大人に育つかに対して決定的な役割をはたすものである。それ故、子どもの教育の結果に利害と関心をもつ関係者が、それぞれその教育の内容及び方法につき深甚な関心を抱き、それぞれの立場からその決定、実施に対する支配権ないしは発言権を主張するのは、極めて自然な成行きということができる。子どもの教育は、前述のように、専ら子どもの利益のために行われるべきものであり、本来的には右の関係者らがその目的の下に一致協力して行うべきものであるけれども、何が子どもの利益であり、また、そのために何が必要であるかについては、意見の対立が当然に生じうるのであって、そのために教育内容の決定につき矛盾、対立する主張の衝突が起こるのを免れることができない。憲法がこのような矛盾対立を一義的に解決すべき一定の基準を明示的に示していないことは、上に述べたとおりである。そうであるとすれば、憲法の次元におけるこの問題の解釈としては、右の関係者らのそれぞれの主張のよって立つ憲法上の根拠に照らして各主張の妥当すべき範囲を画するのが、最も合理的な解釈態度というべきである。

そして、この観点に立って考えるときは、まず親は、子どもに対する自然的関係により、子どもの将来に対して最も深い関心をもち、かつ、配慮をすべき立場にある者として、子どもの教育に対する一定の支配権、すなわち子女の教育の自由を有すると認められるが、このような親の教育の自由は、主として家庭教育等学校外における教育や学校選択の自由にあらわれるものと考えられるし、また、私学教育における自由や前述した教師の教授の自由も、それぞれ限られた一定の範囲においてこれを肯定するのが相当であるけれども、それ以外の領域においては、一般に社会公共的な問題について国民全体の意思を組織的に決定、実現すべき立場にある国は、国政の一部として広く適切な教育政策を樹立、実施すべく、また、しうる者として、憲法上は、あるいは子ども自身の利益の擁護のため、あるいは子どもの成長に対する社会公共の利益と関心にこたえるため、必要かつ相当と認められる範囲において、教育内容についてもこれを決定する権能を有するものと解さざるをえず、これを否定すべき理由ないし根拠は、どこにもみいだせないのである。もとより、政党政治の下で多数決原理によってされる国政上の意思決定は、さまざまな政治的要因によって左右されるものであるから、本来人間の内面的価値に関する文化的な営みとして、党派的な政治的観念や利害によって支配されるべきでない教育にそのような政治的影響が深く入り込む危険があることを考えるときは、教育内容に対する右のごとき国家的介入についてはできるだけ抑制的であることが要請されるし、殊に個人の基本的自由を認め、その人格の独立を国政上尊重すべきものとしている憲法の下においては、子どもが自由かつ独立の人格として成長することを妨げるような国家的介入、例えば、誤った知識や一方的な観念を子どもに植えつけるような内容の教育を施すことを強制するようなことは、憲法二六条、一三条の規定上からも許されないと解することができるけれども、これらのことは、前述のような子どもの教育内容に対する国の正当な理由に基づく合理的な決定権能を否定する理由となるものではないといわなければならない。

３　教基法一〇条の解釈

次に、憲法における教育に対する国の権能及び親、教師等の教育の自由についての上記のような理解を背景として、教基法一〇条の規定をいかに解釈すべきかを検討する。

(一)　教基法は、憲法において教育のあり方の基本を定めることに代えて、わが国の教育及び教育制度全体を通じる基本理念と基本原理を宣明することを目的として制定されたものであって、戦後のわが国の政治、社会、文化の各方面における諸改革中最も重要な問題の一つとされていた教育の根本的改革を目途として制定された諸立法の中で中心的地位を占める法律であり、このことは、同法の前文の文言及び各規定の内容に徴しても、明らかである。それ故、同法における定めは、形式的には通常の法律規定として、これと矛盾する他の法律規定を無効にする効力をもつものではないけれども、一般に教育関係法令の解釈及び運用については、法律自体に別段の規定がない限り、できるだけ教基法の規定及び同法の趣旨、目的に沿うように考慮が払われなければならないというべきである。

ところで、教基法は、その前文の示すように、憲法の精神にのっとり、民主的で文化的な国家を建設して世界の平和と人類の福祉に貢献するためには、教育が根本的重要性を有するとの認識の下に、個人の尊厳を重んじ、真理と平和を希求する人間の育成を期するとともに、普遍的で、しかも個性豊かな文化の創造をめざす教育が今後におけるわが国の教育の基本理念であるとしている。これは、戦前のわが国の教育が、国家による強い支配の下で形式的、画一的に流れ、時に軍国主義的又は極端な国家主義的傾向を帯びる面があったことに対する反省によるものであり、右の理念は、これを更に具体化した同法の各規定を解釈するにあたっても、強く念頭に置かれるべきものであることは、いうまでもない。

(二)　本件で問題とされている教基法一〇条は、教育と教育行政との関係についての基本原理を明らかにした極めて重要な規定であり、〔中略〕と定めている。この規定の解釈については、検察官の主張と原判決が大筋において採用したと考えられる弁護人の主張との間に顕著な対立があるが、その要点は、(１)第一に、教育行政機関が法令に基づいて行政を行う場合は右教基法一〇条一項にいう「不当な支配」に含まれないと解すべきかどうかであり、(２)第二に、同条二項にいう教育の目的を遂行するに必要な諸条件の整備確立とは、主として教育施設の設置管理、教員配置等のいわゆる教育の外的事項に関するものを指し、教育課程、教育方法等のいわゆる内的事項については、教育行政機関の権限は原則としてごく大綱的な基準の設定に限られ、その余は指導、助言的作用にとどめられるべきものかどうかである、と考えられる。

(三)　まず、(１)の問題について考えるのに、前記教基法一〇条一項は、その文言からも明らかなように、教育が国民から信託されたものであり、したがって教育は、右の信託にこたえて国民全体に対して直接責任を負うように行われるべく、その間において不当な支配によってゆがめられることがあってはならないとして、教育が専ら教育本来の目的に従って行われるべきことを示したものと考えられる。これによってみれば、同条項が排斥しているのは、教育が国民の信託にこたえて右の意味において自主的に行われることをゆがめるような「不当な支配」であって、そのような支配と認められる限り、その主体のいかんは問うところでないと解しなければならない。それ故、論理的には、教育行政機関が行う行政でも、右にいう「不当な支配」にあたる場合がありうることを否定できず、問題は、教育行政機関が法令に基づいてする行為が「不当な支配」にあたる場合がありうるかということに帰着する。思うに、憲法に適合する有効な他の法律の命ずるところをそのまま執行する教育行政機関の行為がここにいう「不当な支配」となりえないことは明らかであるが、上に述べたように、他の教育関係法律は教基法の規定及び同法の趣旨、目的に反しないように解釈されなければならないのであるから、教育行政機関がこれらの法律を運用する場合においても、当該法律規定が特定的に命じていることを執行する場合を除き、教基法一〇条一項にいう「不当な支配」とならないように配慮しなければならない拘束を受けているものと解されるのであり、その意味において、教基法一〇条一項は、いわゆる法令に基づく教育行政機関の行為にも適用があるものといわなければならない。

(四)　そこで、次に、上記(2)の問題について考えるのに、原判決は、教基法一〇条の趣旨は、教育が「国民全体のものとして自主的に行われるべきものとするとともに」、「教育そのものは人間的な信頼関係の上に立ってはじめてその成果をあげうることにかんがみ、教育の場にあって被教育者に接する教員の自由な創意と工夫とに委ねて教育行政機関の支配介入を排し、教育行政機関としては、右の教育の目的達成に必要な教育条件の整備確立を目標とするところにその任務と任務の限界があることを宣明」したところにあるとし、このことから、「教育内容及び教育方法等への(教育行政機関の)関与の程度は、教育機関の種類等に応じた大綱的基準の定立のほかは、法的拘束力を伴わない指導、助言、援助を与えることにとどまると解すべきである。」と判示している。

思うに、子どもの教育が、教師と子どもとの間の直接の人格的接触を通じ、子どもの個性に応じて弾力的に行われなければならず、そこに教師の自由な創意と工夫の余地が要請されることは原判決の説くとおりであるし、また、教基法が前述のように戦前における教育に対する過度の国家的介入、統制に対する反省から生まれたものであることに照らせば、同法一〇条が教育に対する権力的介入、特に行政権力によるそれを警戒し、これに対して抑制的態度を表明したものと解することは、それなりの合理性を有するけれども、このことから、教育内容に対する行政の権力的介入が一切排除されているものであるとの結論を導き出すことは、早計である。さきにも述べたように、憲法上、国は、適切な教育政策を樹立、実施する権能を有し、国会は、国の立法機関として、教育の内容及び方法についても、法律により、直接に又は行政機関に授権して必要かつ合理的な規制を施す権限を有するのみならず、子どもの利益のため又は子どもの成長に対する社会公共の利益のためにそのような規制を施すことが要請される場合もありうるのであり、国会が教基法においてこのような権限の行使を自己限定したものと解すべき根拠はない。むしろ教基法一〇条は、国の教育統制権能を前提としつつ、教育行政の目標を教育の目的の遂行に必要な諸条件の整備確立に置き、その整備確立のための措置を講ずるにあたっては、教育の自主性尊重の見地から、これに対する「不当な支配」となることのないようにすべき旨の限定を付したところにその意味があり、したがって、教育に対する行政権力の不当、不要の介入は排除されるべきであるとしても、許容される目的のために必要かつ合理的と認められるそれは、たとえ教育の内容及び方法に関するものであっても、必ずしも同条の禁止するところではないと解するのが、相当である。

もっとも、原判決も、教育の内容及び方法に対する教育行政機関の介入が一切排除されていると解しているわけではなく、前述のように、権力的介入としては教育機関の種類等に応じた大綱的基準の設定を超えることができないとするにとどまっている。原判決が右にいう大綱的基準としてどのようなものを考えているかは必ずしも明らかでないが、これを国の教育行政機関についていえば、原判決において、前述のような教師の自由な教育活動の要請と現行教育法体制における教育の地方自治の原則に照らして設定されるべき基準は全国的観点からする大綱的なものに限定されるべきことを指摘し、かつ、後述する文部大臣の定めた中学校学習指導要領を右の大綱的基準の限度を超えたものと断じているところからみれば、原判決のいう大綱的基準とは、弁護人の主張するように、教育課程の構成要素、教科名、授業時数等のほか、教科内容、教育方法については、性質上全国的画一性を要する度合が強く、指導助言行政その他国家立法以外の手段ではまかないきれない、ごく大綱的な事項を指しているもののように考えられる。

思うに、国の教育行政機関が法律の授権に基づいて義務教育に属する普通教育の内容及び方法について遵守すべき基準を設定する場合には、教師の創意工夫の尊重等教基法一〇条に関してさきに述べたところのほか、後述する教育に関する地方自治の原則をも考慮し、右教育における機会均等の確保と全国的な一定の水準の維持という目的のために必要かつ合理的と認められる大綱的なそれにとどめられるべきものと解しなければならないけれども、右の大綱的基準の範囲に関する原判決の見解は、狭きに失し、これを採用することはできないと考える。これを前記学習指導要領についていえば、文部大臣は、学校教育法三八条、一〇六条による中学校の教科に関する事項を定める権限に基づき、普通教育に属する中学校における教育の内容及び方法につき、上述のような教育の機会均等の確保等の目的のために必要かつ合理的な基準を設定することができるものと解すべきところ、本件当時の中学校学習指導要領の内容を通覧するのに、おおむね、中学校において地域差、学校差を超えて全国的に共通なものとして教授されることが必要な最小限度の基準と考えても必ずしも不合理とはいえない事項が、その根幹をなしていると認められるのであり、その中には、ある程度細目にわたり、かつ、詳細に過ぎ、また、必ずしも法的拘束力をもって地方公共団体を制約し、又は教師を強制するのに適切でなく、また、はたしてそのように制約し、ないしは強制する趣旨であるかどうか疑わしいものが幾分含まれているとしても、右指導要領の下における教師による創造的かつ弾力的な教育の余地や、地方ごとの特殊性を反映した個別化の余地が十分に残されており、全体としてはなお全国的な大綱的基準としての性格をもつものと認められるし、また、その内容においても、教師に対し一方的な一定の理論ないしは観念を生徒に教え込むことを強制するような点は全く含まれていないのである。それ故、上記指導要領は、全体としてみた場合、教育政策上の当否はともかくとして、少なくとも法的見地からは、上記目的のために必要かつ合理的な基準の設定として是認することができるものと解するのが、相当である。

4　本件学力調査と教基法一〇条

そこで、以上の解釈に基づき、本件学力調査が教基法一〇条一項にいう教育に対する「不当な支配」として右規定に違反するかどうかを検討する。

本件学力調査が教育行政機関である文部大臣において企画、立案し、その要求に応じて実施された行政調査たる性格をもつものであることはさきに述べたとおりであるところ、それが行政調査として教基法一〇条との関係において適法とされうるかどうかを判断するについては、さきに述べたとおり、その調査目的において文部大臣の所掌とされている事項と合理的関連性を有するか、右の目的のために本件のような調査を行う必要性を肯定することができるか、本件の調査方法に教育に対する不当な支配とみられる要素はないか等の問題を検討しなければならない。

(一)　まず、本件学力調査の目的についてみるのに、右調査の実施要綱には、前記二の１の（１）で述べたように、調査目的として四つの項目が挙げられている。このうち、文部大臣及び教育委員会において、調査の結果を、(イ)の教育課程に関する諸施策の樹立及び学習指導の改善に役立たせる資料とすること、(ハ)の学習の改善に役立つ教育条件を整備する資料とすること、(ニ)の育英、特殊教育施設などの拡充強化に役立てる等今後の教育施策を行うための資料とすること等は、文部大臣についていえば、文部大臣が学校教育等の振興及び普及を図ることを任務とし、これらの事項に関する国の行政事務を一体的に遂行する責任を負う行政機関（文部省設置法四条）として、全国中学校における教育の機会均等の確保、教育水準の維持、向上に努め、教育施設の整備、充実をはかる責務と権限を有することに照らし、これらの権限と合理的関連性を有するものと認めることができるし、右目的に附随して、地教委をしてそれぞれの所掌する事項に調査結果を利用させようとすることも、文部大臣の地教委に対する指導、助言的性格のものとして不当ということはできない。また、右四項目中(ロ)の、中学校において、本件学力調査の結果により、自校の学習の到達度を全国的な水準との比較においてみることにより、その長短を知り、生徒の学習の指導とその向上に役立たせる資料とするという項目は、それが文部大臣固有の行政権限に直接関係せず、中学校における教育実施上の目的に資するためのものである点において、調査目的として正当性を有するかどうか問題であるけれども、右は、本件学力調査全体の趣旨、目的からいえば、単に副次的な意義をもつものでしかないと認めるのが相当であるのみならず、調査結果を教育活動上利用すべきことを強制するものではなく、指導、助言的性格のものにすぎず、これをいかに利用するかは教師の良識ある判断にまかされるべきものと考えられるから、右の(ロ)が調査目的の一つに掲げられているからといって、調査全体の目的を違法不当のものとすることはできないというべきである。

(二)　次に、本件学力調査は、原判決の認定するところによれば、文部省が当時の中学校学習指導要領によって試験問題を作成し、二の1で述べたように、全国の中学校の全部において一せいに右問題による試験を行い、各地教委にその結果を集計、報告させる等の方法によって行われたものであって、このような方法による調査が前記の調査目的のために必要と認めることができるかどうか、及び教育に対する不当な支配の要素をもつものでないかどうかは、慎重な検討を要する問題である。

まず、必要性の有無について考えるのに、全国の中学校における生徒の学力の程度がどの程度のものであり、そこにどのような不足ないしは欠陥があるかを知ることは、上記の(イ)、(ハ)、(ニ)に掲げる諸施策のための資料として必要かつ有用であることは明らかであり、また、このような学力調査の方法としては、結局試験によってその結果をみるよりほかにはないのであるから、文部大臣が全国の中学校の生徒の学力をできるだけ正確かつ客観的に把握するためには、全国の中学校の生徒に対し同一試験問題によって同一調査日に同一時間割で一せいに試験を行うことが必要であると考えたとしても、決して不合理とはいえない。それ故、本件学力調査は、その必要性の点において欠けるところはないというべきである。

(三)　問題となるのは、上記のような方法による調査が、その一面において文部大臣が直接教育そのものに介入するという要素を含み、また、右に述べたような調査の必要性によっては正当化することができないほどに教育に対して大きな影響力を及ぼし、これらの点において文部大臣の教育に対する「不当な支配」となるものではないか、ということである。

これにつき原判決は、右のような方法による本件学力調査は教基法一〇条にいう教育に対する「不当な支配」にあたるとし、その理由として、(1)右調査の実施のためには、各中学校において授業計画の変更を必要とするが、これは実質上各学校の教育内容の一部を強制的に変更させる意味をもつものであること、また、(2)右調査は、生徒を対象としてその学習の到達度と学校の教育効果を知るという性質のものである点において、教師が生徒に対する学習指導の結果を試験によって把握するのと異なるところがなく、教育的価値判断にかかわる教育活動としての実質をもっていること、更に、(3)前記の方法による調査を全国の中学校のすべての生徒を対象として実施することは、これらの学校における日常の教育活動を試験問題作成者である文部省の定めた学習指導要領に盛られている方針ないしは意向に沿って行わせる傾向をもたらし、教師の自由な創意と工夫による教育活動を妨げる一般的危険性をもつものであり、現に一部においてそれが現実化しているという現象がみられること、を挙げている。

そこでまず、右(1)及び(2)の点について考えるのに、本件学力調査における生徒に対する試験という方法が、あくまでも生徒の一般的な学力の程度を把握するためのものであって、個々の生徒の成績評価を目的とするものではなく、教育活動そのものとは性格を異にするものであることは、さきに述べたとおりである。もっとも、試験という形態をとる以上、前者の目的でされたものが後者の目的に利用される可能性はあり、現に本件学力調査においても、試験の結果を生徒指導要録に記録させることとしている点からみれば、両者の間における一定の結びつきの存在を否定することはできないけれども、この点は、せっかく実施した試験の結果を生徒に対する学習指導にも利用させようとする指導、助言的性格のものにすぎないとみるべきであるから、以上の点をもって、文部省自身が教育活動を行ったものであるとすることができないのはもちろん、教師に対して一定の成績評価を強制し、教育に対する実質的な介入をしたものとすることも、相当ではない。また、試験実施のために試験当日限り各中学校における授業計画の変更を余儀なくされることになるとしても、右変更が年間の授業計画全体に与える影響についてみるとき、それは、実質上各学校の教育内容の一部を強制的に変更させる意味をもつほどのものではなく、前記のような本件学力調査の必要性によって正当化することができないものではないのである。

次に、(３)の点について考えるのに、原判決は、本件学力調査の結果として、全国の中学校及びその教師の間に、学習指導要領の指示するところに従った教育を行う風潮を生じさせ、教師の教育の自由が阻害される危険性があることをいうが、もともと右学習指導要領自体が全体としてみて中学校の教育課程に関する基準の設定として適法なものであり、これによって必ずしも教師の教育の自由を不当に拘束するものとは認められないことはさきに述べたとおりであるのみならず、本件学力調査は、生徒の一般的な学力の実態調査のために行われたもので、学校及び教師による右指導要領の遵守状況を調査し、その結果を教師の勤務評定にも反映させる等して、間接にその遵守を強制ないしは促進するために行われたものではなく、右指導要領は、単に調査のための試験問題作成上の基準として用いられたにとどまっているのである。もっとも、右調査の実施によって、原判決の指摘するように、中学校内の各クラス間、各中学校間、更には市町村又は都道府県間における試験成績の比較が行われ、それがはねかえってこれらのものの間の成績競争の風潮を生み、教育上必ずしも好ましくない状況をもたらし、また、教師の真に自由で創造的な教育活動を畏縮させるおそれが絶無であるとはいえず、教育政策上はたして適当な措置であるかどうかについては問題がありうべく、更に、前記のように、試験の結果を生徒指導要録の標準検査の欄に記録させることとしている点については、特にその妥当性に批判の余地があるとしても、本件学力調査実施要綱によれば、同調査においては、試験問題の程度は全体として平易なものとし、特別の準備を要しないものとすることとされ、また、個々の学校、生徒、市町村、都道府県についての調査結果は公表しないこととされる等一応の配慮が加えられていたことや、原判決の指摘する危険性も、教師自身を含めた教育関係者、父母、その他社会一般の良識を前提とする限り、それが全国的に現実化し、教育の自由が阻害されることとなる可能性がそれほど強いとは考えられないこと（原判決の挙げている一部の県における事例は、むしろ例外的現象とみるべきである。）等を考慮するときは、法的見地からは、本件学力調査を目して、前記目的のための必要性をもってしては正当化することができないほどの教育に対す強い影響力、支配力をもち、教基法一〇条にいう教育に対する「不当な支配」にあたるものとすることは、相当ではなく、結局、本件学力調査は、その調査の方法において違法であるということはできない。

(四)　以上説示のとおりであって、本件学力調査には、教育そのものに対する「不当な支配」として教基法一〇条に違反する違法があるとすることはできない。

５　本件学力調査と教育の地方自治

なお、原判決は、文部大臣が地教委をして本件のような調査を実施させたことは、現行教育法制における教育の地方自治の原則に反するものを含むとして、この点からも本件学力調査の適法性を問題としているので、最後にこの点について判断を加える。

(一)　思うに、現行法制上、学校等の教育に関する施設の設置、管理及びその他教育に関する事務は、普通地方公共団体の事務とされ（地方自治法二条三項五号)、公立学校における教育に関する権限は、当該地方公共団体の教育委員会に属するとされる(地教行法二三条、三二条、四三条等)等、教育に関する地方自治の原則が採用されているが、これは、戦前におけるような国の強い統制の下における全国的な画一的教育を排して、それぞれの地方の住民に直結した形で、各地方の実情に適応した教育を行わせるのが教育の目的及び本質に適合するとの観念に基づくものであって、このような地方自治の原則が現行教育法制における重要な基本原理の一つをなすものであることは、疑いをいれない。そして、右の教育に関する地方自治の原則からすれば、地教委の有する教育に関する固有の権限に対する国の行政機関である文部大臣の介入、監督の権限に一定の制約が存することも、原判決の説くとおりである。このような制限は、さまざまの関係において問題となりうべく、前記中学校学習指導要領の法的効力に関する問題もその一つであるが、この点についてはすでに触れたので、以下においては、本件学力調査において、文部大臣が地教行法五四条二項によっては地教委にその調査の実施を要求することができないにもかかわらずこれを要求し、地教委をしてその実施に至らせたことが、教育に関する地方自治の原則に反するものとして実質的違法性を生じさせるものであるかどうかを、検討する。

(二)　文部大臣は、地教行法五四条二項によっては地教委に対し本件学力調査の実施をその義務として要求することができないことは、さきに三において述べたとおりであり、このような要求をすることが教育に関する地方自治の原則に反することは、これを否定することができない。しかしながら、文部大臣の右要求行為が法律の根拠に基づかないものであるとしても、そのために右要求に応じて地教委がした実施行為が地方自治の原則に違反する行為として違法となるかどうかは、おのずから別個の問題である。思うに、文部大臣が地教行法五四条二項によって地教委に対し本件学力調査の実施を要求することができるとの見解を示して、地教委にその義務の履行を求めたとしても、地教委は必ずしも文部大臣の右見解に拘束されるものではなく、文部大臣の右要求に対し、これに従うべき法律上の義務があるかどうか、また、法律上の義務はないとしても、右要求を一種の協力要請と解し、これに応ずるのを妥当とするかどうかを、独自の立場で判断し、決定する自由を有するのである。それ故、地教委が文部大臣の要求に応じてその要求にかかる事項を実施した場合には、それは、地教委がその独自の判断に基づきこれに応ずべきものと決定して実行に踏み切ったことに帰着し、したがって、たとえ右要求が法律上の根拠をもたず、当該地教委においてこれに従う義務がない場合であったとしても、地教委が当該地方公共団体の内部において批判を受けることは格別、窮極的にはみずからの判断と意見に基づき、その有する権限の行使としてした実施行為がそのために実質上違法となるべき理はないというべきである。それ故、本件学力調査における調査の実施には、教育における地方自治の原則に反する違法があるとすることはできない。

五　結び

以上の次第であって、本件学力調査には、手続上も実質上も違法はない。〔後略〕

◎難波判決(2006年)

東京都君が代予防訴訟事件(国歌斉唱義務不存在確認等請求事件)第一審判決〔抄〕

(平成一八年九月二一日
東京地方裁判所民事第三六部)

第一　請求〔省略〕

第二　事案の概要〔省略〕

第三　争点に対する判断

一　前提事実〔省略〕

二　争点(1)(本案前の答弁)について〔省略〕

三　争点(2)(入学式、卒業式等の式典において国歌斉唱の際に国旗に向かって起立し、国歌を斉唱する義務、ピアノ伴奏をする義務の存否)について

(1)　国民は、憲法一九条により、思想・良心の自由を有するところ、宗教上の信仰に準ずる世界観、主義、主張等を全人格的にもつことは、それが内心の領域にとどまる限りはこれを制約することは許されず、外部に対して積極的又は消極的な形で表されることにより、他者の権利を侵害するなど公共の福祉に反する場合に限り、必要かつ最小限度の制約に服すると解するのが相当である。

ところで、我が国において、日の丸、君が代は、明治時代以降、第二次世界大戦終了までの間、皇国思想や軍国主義思想の精神的支柱として用いられてきたことがあることは否定し難い歴史的事実であり、国旗・国歌法により、日の丸、君が代が国旗、国歌と規定された現在においても、なお国民の間で宗教的、政治的にみて日の丸、君が代が価値中立的なものと認められるまでには至っていない状況にあることが認められる。このため、国民の間には、公立学校の入学式、卒業式等の式典において、国旗掲揚、国歌斉唱をすることに反対する者も少なからずおり、このような世界観、主義、主張を持つ者の思想・良心の自由も、他者の権利を侵害するなど公共の福祉に反しない限り、憲法上、保護に値する権利というべきである。この点、確かに、入学式、卒業式等の式典において国歌斉唱の際に起立しないこと、国歌斉唱しないこと、ピアノ伴奏をしないことを選択する理由は様々なものが考えられ、教職員に対して、入学式、卒業式等の式典において国歌斉唱の際に、国旗に向かって起立し国歌を斉唱すること、ピアノ伴奏をすることを命じたとしても、特定の思想、良心を抱くことを直接禁止するものとまではいえない。しかし、前記日の丸、君が代に関する現在の状況に照らすと、宗教上の信仰に準ずる世界観、主義、主張に基づいて、入学式、卒業式等の式典において国歌斉唱の際に国旗に向かって起立し、国歌を斉唱することを拒否する者、ピアノ伴奏をすることを拒否する者が少なからずいるのであって、このような世界観、主義、主張を持つ者を含む教職員らに対して、処分をもって上記行為を強制することは、結局、内心の思想に基づいてこのような思想を持っている者に対し不利益を課すに等しいということができる。したがって、教職員に対し、一律に、入学式、卒業式等の式典において国歌斉唱の際に国旗に向かって起立し、国歌を斉唱すること、ピアノ伴奏をすることについて義務を課すことは、思想・良心の自由に対する制約になるものと解するのが相当である。

上記の考え方に対し、被告らは、本件通達に基づき校長が教職員に対し、入学式、卒業式等の式典において、国歌斉唱を命じ、ピアノ伴奏を命じることは、教職員に対し一定の外部的行為を命じるものであり、当該教職員の内心領域における精神活動までを制約するものではなく、思想、良心の自由を侵害していないと主張する。確かに、そのような考え方も成り立ち得ないわけではない。しかし、人の内心領域の精神的活動は外部的行為と密接な関係を有するものであり、これを切り離して考えることは困難かつ不自然であり、入学式、卒業式等の式典において、国旗に向かって起立したくない、国歌を斉唱したくない、或いは国歌をピアノ伴奏したくないという思想、良心を持つ教職員にこれらの行為を命じることは、これらの思想、良心を有する者の自由権を侵害しているというべきであり、上記被告らの主張は採用することができない。

(2)　上記(1)のとおり、教職員に対し、入学式、卒業式等の式典において国歌斉唱の際に国旗に向かって起立し、国歌を斉唱すること、ピアノ伴奏をすることについて義務を課すことが、思想・良心の自由に対する制約になるとしても、思想、良心の自由といえどもそれが外部に対して積極的又は消極的な形で表されることにより、他者の基本的人権を侵害するなど公共の福祉に反する場合には、必要かつ最小限度の制約に服するものと解するのが相当である。そうだとすると、原告らが教職員又は教職員であった者であることから、原告ら教職員に対し、入学式、卒業式等の式典において国歌斉唱の際に、国旗に向かって起立し国歌を斉唱する義務、国歌のピアノ伴奏をする義務を課すことが、公共の福祉による必要かつ最小限度の制約又は教職員の地位に基づく制約として許されるかどうかということが問題となる。

この点に関し、被告らは、原告ら教職員は学習指導要領の国旗・国歌条項に基づき、生徒に対して国歌斉唱の指導を行うため、入学式、卒業式等の式典において国歌斉唱の際に国旗に向かって起立し、国歌を斉唱すること、ピアノ伴奏をすることが職務内容の一部となっており、校長から本件通達に基づいた職務命令を受けた場合には、入学式、卒業式等の式典会場の指定された席で国旗に向かって起立し、国歌を斉唱する義務、ピアノ伴奏をする義務を負っている旨主張する。そこで、以下、原告ら教職員は、学習指導要領の国旗・国歌条項、本件通達及びこれに基づく各校長の本件職務命令により、入学式、卒業式等の式典において国歌斉唱の際に国旗に向かって起立し、国歌を斉唱する義務、国歌斉唱時にピアノ伴奏をする義務を負っているか否か、換言すると、学習指導要領の国旗・国歌条項、本件通達及びこれに基づく各校長の本件職務命令により、原告ら教職員の思想、良心の自由を制約することは公共の福祉による必要かつ最小限の制約として許されるのか否かについて検討することにする。

(3)　学習指導要領の国旗・国歌条項に基づく義務について

ア　まず最初に、原告ら教職員が、学習指導要領の国旗・国歌条項に基づき、入学式、卒業式等の式典において国歌斉唱の際に国旗に向かって起立し、国歌を斉唱する義務、ピアノ伴奏をする義務を負っているか否かについて検討する。この点に関し、教育基本法一〇条〔中略〕と規定していることとの関係で、学習指導要領の国旗・国歌条項が法的効力を有しているのか否かが問題となる。

イ　学習指導要領の法的効力について

国は、憲法上、適切な教育政策を樹立、実施する権能を有し、国会は、国の立法機関として、教育の内容及び方法について、法律により、直接又は行政機関に授権して必要かつ合理的な規制を施す権限を有している。のみならず、国は、子どもの利益のため又は子どもの成長に対する社会公共の利益のため、必要かつ合理的な規制を施すことが要請される場合もあり得るのであって、国会が教育基本法一〇条においてこのような権限の行使を自己限定したものと解することは困難である。むしろ、教育基本法一〇条は、国の教育統制権能を前提としつつ、教育行政の目標を教育の目的の遂行に必要な諸条件の整備確立に置き、その整備確立のための措置を講ずるに当たり、教育の自主性尊重の見地から、これに対する不当な支配とならないようにすべきとの限定を付したものと解するのが相当である。したがって、教育に対する行政権力の不当、不要の介入は排除されるべきであるとしても、許容される目的のために必要かつ合理的と認められる措置は、たとえ教育の内容及び方法に関するものであっても、教育基本法一〇条に反しないものと解するのが相当である。そして、文部科学大臣は、前記争いのない事実等〔中略〕のとおり、学校教育法四三条、七三条に基づき、高等学校及び盲学校、ろう学校及び養護学校高等部の教科に関する事項を定める権限を有しており、上記高等学校等における教育内容及び方法について、それぞれ教育の機会均等の確保等の目的のために必要かつ合理的な基準として、学校教育法施行規則五七条の二、七三条の一〇に基づき、学習指導要領を定めている。したがって、このような目的のもとに定められた学習指導要領は、原則として法規としての性質を有するものと解するのが相当である。もっとも、国の教育行政機関が、法律の授権に基づいて普通教育の内容及び方法について遵守すべき基準を設定する場合には、上記のとおり教育の自主性尊重の見地のほか、教育に関する地方自治の原則をも考慮すると、教育における機会均等の確保と全国的な一定の水準の維持という目的のために必要かつ合理的と認められる大綱的な基準に止めるべきものと解するのが相当である。そうだとすると、学習指導要領の個別の条項が、上記大綱的基準を逸脱し、内容的にも教職員に対し一方的な一定の理論や観念を生徒に教え込むことを強制するようなものである場合には、教育基本法一〇条一項所定の不当な支配に該当するものとして、法規としての性質を否定するのが相当である。（最大判昭和五一年五月二一日〔中略〕、最一判平成二年一月一八日〔中略〕参照）

ウ　これを学習指導要領の国旗・国歌条項についてみてみると、同条項は、日本人としての自覚を養い、国を愛する心を育てるとともに、生徒が将来、国際社会において尊敬され、信頼される日本人として成長していくためには、生徒に国旗、国歌に対する正しい認識を持たせ、それらを尊重する態度を育てることが重要なことであること、入学式、卒業式等は、学校生活に有意義な変化や折り目を付け、厳粛で清新な気分を味わい、新しい生活への動機付けを行い、集団への所属感を深めるうえでよい機会となることから、このような入学式、卒業式等の意義を踏まえたうえで、これらの式典において、国旗を掲揚するとともに、国歌を斉唱するとの趣旨で設けられた規定と解される。このような学習指導要領の国旗・国歌条項の趣旨に照らすと、国旗、国歌に関する定めは、その性質上、全国的になされることが望ましいものといえ、教育における機会均等の確保と全国的な一定の教育水準の維持という目的のために、国旗・国歌条項を学習指導要領の一部として規定する必要性はあるというべきである。そうだとすると、学習指導要領の国旗・国歌条項が、教育の自主性尊重、教育における機会均等の確保と全国的な一定の水準の維持という目的のために必要かつ合理的と認められる大綱的な基準を逸脱するものでなく、内容的にも一方的な一定の理論や理念を生徒に教え込むことを教職員に強制するものでない限り、法的効力を有すると解するのが相当である。

エ　そこで、学習指導要領の国旗・国歌条項をみてみるに、同条項は、「入学式や卒業式などにおいては、その意義を踏まえ、国旗を掲揚するとともに、国歌を斉唱するよう指導するものとする。」と規定するのみであって、それ以上に国旗、国歌についてどのような教育をするかについてまでは定めてはいない。また、学習指導要領の国旗・国歌条項は、国旗掲揚・国歌斉唱の具体的方法等について指示するものではなく、入学式、卒業式のほかにどのような行事に国旗掲揚・国歌斉唱を行うかについて、各学校に指示するものでもなく、国旗掲揚・国歌斉唱を実施する行事の選択、国旗掲揚、国歌斉唱の実施方法等については、各学校の判断に委ねており、その内容が一義的なものになっているということはできない。さらに、学習指導要領の国旗・国歌条項は、教職員が生徒に対して日の丸、君が代を巡る歴史的事実等を教えることを禁止するものではなく、教職員に対し、国旗、国歌について一方的な一定の理論を生徒に教え込むことを強制するものとはいえない。

オ　以上によれば、学習指導要領の国旗・国歌条項は、前記イの学習指導要領全般の法的効力に関する基準に照らしても、法的効力を有すると解するのが相当である。もっとも、学習指導要領の国旗・国歌条項の法的効力は、前記ウのとおり、その内容が教育の自主性尊重、教育における機会均等の確保と全国的な一定水準の維持という目的のために必要かつ合理的と認められる大綱的な基準を定めるものであり、かつ、教職員に対し一方的な一定の理論や理念を生徒に教え込むことを強制しないとの解釈の下で認められるものである。したがって、学習指導要領の国旗・国歌条項が、このような解釈を超えて、教職員に対し、入学式、卒業式等の式典において国歌斉唱の際に国旗に向かって起立し、国歌を斉唱する義務、ピアノ伴奏をする義務を負わせているものであると解することは困難である。

カ　小括

以上の検討結果によれば、学習指導要領の国旗・国歌条項は、法的効力を有しているが、同条項から、原告ら教職員が入学式、卒業式等の式典において国歌斉唱の際に国旗に向かって起立し、国歌を斉唱する義務、ピアノ伴奏をする義務までを導き出すことは困難であるというべきである。

（４）　本件通達に基づく義務について

ア　被告都教委は、地教行法二三条五号に基づき、都立学校の教育課程、学習指導、生徒指導等に関する事項につき管理、執行権限を有し、被告都教委教育長は、同法一七条一項に基づき、上記権限に属する事務をつかさどるところ、Ｙ教育長は、上記権限に基づいて、都立学校の各校長に対する職務命令として本件通達を発したものと認められる。ところで、被告都教委教育長が地教行法一七条一項、二三条五号に基づき発する通達ないし職務命令についても、前記（３）の学習指導要領と同様に、教育基本法一〇条の趣旨である教育に対する行政権力の不当、不要の介入の排除、教育の自主性尊重の見地のほか、教育における機会均等の確保と一定の水準の維持という目的のために必要かつ合理的と認められる大綱的な基準に止めるべきものと解するのが相当である。そうだとすると、被告都教委教育長の発する通達ないし職務命令が、上記大綱的基準を逸脱し、内容的にも教職員に対し一方的な一定の理論や観念を生徒に教え込むことを強制するようなものである場合には、教育基本法一〇条一項所定の不当な支配に該当するものとして違法になるものと解するのが相当である。

イ　以上の観点から、本件通達をみることにする。本件通達は、被告都教委教育長から都立学校の各校長に対して発せられたものであり、教職員に対して発せられたものではない。したがって、原告ら教職員は、本件通達に基づいて、直ちに入学式、卒業式等の式典において国歌斉唱の際に国旗に向かって起立し、国歌を斉唱すること、ピアノ伴奏をすることについて義務を負うことはない。しかし、本件通達の内容は、入学式、卒業式等の式典における国旗掲揚、国歌斉唱の具体的方法等について詳細に指示するものであり(前記争いのない事実等〔中略〕)、国旗掲揚、国歌斉唱の実施方法等については、各学校の裁量を認める余地はほとんどないほどの一義的な内容になっている。また、前記前提事実〔中略〕によれば、①被告都教委は本件通達発令と同時に都立学校の各校長らに対し「適格性に課題のある教育管理職の取扱いに関する要綱」を発表したこと、②被告都教委は、本件通達発令後、都立学校の各校長に対し、入学式、卒業式等の式典における国歌斉唱の実施方法、教職員に対する職務命令の発令方法、教職員の不起立等の現認方法及び被告都教委への報告方法等について詳細な指示を行ったこと、③都立学校の各校長は、被告都教委の指示に従って、教職員に対し、入学式、卒業式等の式典において国歌斉唱の際に起立して国歌を斉唱すること、ピアノ伴奏をするよう職務命令を発したこと、④都立学校の各校長は、教職員が上記職務命令に違反した場合、これを服務事故として被告都教委に報告したこと、⑤被告都教委は、上記職務命令に違反した教職員について、一回目は戒告、二回目及び三回目は減給、四回目は停職との基準で懲戒処分を行うとともに、再発防止研修を受講させたこと、⑥被告都教委は、定年退職後に再雇用を希望する教職員について、入学式、卒業式等の式典において国歌斉唱の際に起立して国歌を斉唱しないなどの職務命令違反があった場合、再雇用を拒否したことが認められる。前記各認定事実に照らすと、本件通達及びこれに関する被告都教委の一連の指導等は、入学式、卒業式等の式典における国旗掲揚、国歌斉唱の実施方法等、教職員に対する職務命令の発令等について、都立学校の各校長の裁量を許さず、これを強制するものと評価することができるうえ、原告ら教職員に対しても、都立学校の各校長の職務命令を介して、入学式、卒業式等の式典において国歌斉唱の際に起立して国歌を斉唱すること、ピアノ伴奏をすることを強制していたものと評価することができる。そうだとすると、本件通達及びこれに関する被告都教委の都立学校の各校長に対する一連の指導等は、教育の自主性を侵害するうえ、教職員に対し一方的な一定の理論や観念を生徒に教え込むことを強制することに等しく、教育における機会均等の確保と一定の水準の維持という目的のために必要かつ合理的と認められる大綱的な基準を逸脱しているとの誹りを免れない。したがって、本件通達及びこれに関する被告都教委の都立学校の各校長に対する一連の指導等は、教育基本法一〇条一項所定の不当な支配に該当するものとして違法と解するのが相当であり、ひいては、原告ら都立学校の教職員の入学式、卒業式等の式典において国歌斉唱の際に、国旗に向かって起立しない自由、国歌を斉唱しない自由、国歌をピアノ伴奏しない自由に対する公共の福祉の観点から許容されている制約とは言い難いというべきである。

なお、国旗・国歌法は、日の丸を国旗、君が代を国歌と規定するのみであって、国旗掲揚、国歌斉唱の実施方法等に関しては何ら規定を置いておらず、前記前提事実〔中略〕によれば、同法の立法過程においても、政府関係者によって、同法が国民生活殊に国旗、国歌の指導にかかわる教職員の職務上の責務に何ら変更を加えるものではないとの説明がされていたことが認められ、同法が教職員に対し、国旗掲揚及び国歌斉唱の義務を課したものと解することはできない。そうだとすると、本件通達及びこれに関する被告都教委の一連の指導等は、国旗・国歌法の立法趣旨にも反した、行き過ぎた指導といわざるを得ない。

ウ　以上のとおり、本件通達及びこれに関する被告都教委の一連の指導等は、教育基本法一〇条に反し、憲法一九条の思想・良心の自由に対し、公共の福祉の観点から許容された制約の範囲を超えているというべきであって、これにより、原告ら教職員が、入学式、卒業式等の式典において国歌斉唱の際に、国旗に向かって起立し、国歌を斉唱する義務、ピアノ伴奏をする義務を負うものと解することはできない。

（５）　校長の職務命令に基づく義務について

ア　都立学校の各校長は、学校教育法二八条三項、五一条、七六条に基づき、校務をつかさどり、所属職員を監督する権限を有しており、所属職員に対して職務命令を発することができ、所属教職員は、原則として、各校長の職務命令に従う義務を負う（地方公務員法三二条）ものの、当該職務命令に重大かつ明白な瑕疵がある場合には、これに従う義務がないものと解するのが相当である（最三小判昭和五三年一一月一四日〔中略〕）。

イ　これを本件についてみてみると、前記（３）ウの学習指導要領の国旗・国歌条項の制定趣旨からすれば、都立学校の卒業式、入学式等の式典において、国旗を掲揚すること、国歌を斉唱することは、生徒らに対する教育の一環ということができ、都立学校においてこのような教育が行われること自体は正当なものということができよう。そうだとすると、原告ら教職員は、「教育をつかさどる者」として（学校教育法二八条三項、五一条、七六条）、生徒に対して、一般的に言って、国旗掲揚、国歌斉唱に関する指導を行う義務を負うものと解されるから、入学式、卒業式等の式典が円滑に進行するよう努力すべきであり、国旗掲揚、国歌斉唱を積極的に妨害するような行為に及ぶこと、生徒らに対して国旗に向かって起立し、国歌を斉唱することの拒否を殊更に煽るような行為に及ぶことなどは、上記義務に照らして許されないものといわなければならない。

しかし、原告ら教職員は、前記（３）、（４）のとおり、国旗・国歌法、学習指導要領の国旗・国歌条項、本件通達により、入学式、卒業式等の式典において国歌斉唱の際に国旗に向かって起立し、国歌を斉唱するまでの義務、ピアノ伴奏をするまでの義務はなく、むしろ思想、良心の自由に基づき、これらの行為を拒否する自由を有しているものと解するのが相当である。また、原告ら教職員が入学式、卒業式等の式典において国歌斉唱の際に国旗に向かって起立すること、国歌を斉唱することを拒否したとしても、格別、式典の進行や国歌斉唱を妨害することはないうえ、生徒らに対して国歌斉唱の拒否を殊更煽るおそれがあるとまではいえず、学習指導要領の国旗・国歌条項の趣旨である入学式、卒業式等の式典における国旗・国歌に対する正しい認識を持たせ、これを尊重する態度を育てるとの教育目標を阻害するおそれがあるとまではいい難い。さらに、原告らのうち音楽科担当教員は、音楽科の授業においてピアノ伴奏をする義務を負っているものの、入学式、卒業式等の式典における国歌斉唱の伴奏は音楽科の授業とは異なり、必ずしもこれをピアノ伴奏で行わなければならないものではないし、仮に音楽科担当教員が国歌斉唱の際のピアノ伴奏を拒否したとしても、他の代替手段も可能と考えられ、当該教員に対し伴奏を拒否するか否かについて予め確認しておけば式典の進行等が滞るおそれもないはずである。そして、原告ら教職員が入学式、卒業式等の式典において国歌斉唱の際に国旗に向かって起立して国歌を斉唱すること、ピアノ伴奏をすることを拒否した場合に、これとは異なる世界観、主義、主張等を持つ者に対し、ある種の不快感を与えることがあるとしても、憲法は相反する世界観、主義、主張等を持つ者に対しても相互の理解を求めているのであって（憲法一三条等参照）、このような不快感等により原告ら教職員の基本的人権を制約することは相当とは思われない。

そうだとすると、原告ら教職員が、入学式、卒業式等の式典において国歌斉唱の際に、国旗に向かって起立し、国歌を斉唱すること、ピアノ伴奏をすることを拒否したとしても、都立学校における教育目標、規律等を害することもなく、生徒、保護者、他の教職員等他者の権利に対する侵害となることもないから、原告らが都立学校の教職員の地位にあることを考慮しても、同人らの上記行為を制約することは、必要かつ最小限度の制約を超えるものであり、憲法19条に違反するものと解するのが相当である。したがって、都立学校の各校長が、本件通達に基づき、原告ら教職員に対し、入学式、卒業式等の式典において国歌斉唱の際に国旗に向かって起立し、国歌を斉唱せよとの職務命令を発することには、重大かつ明白な瑕疵があるというべきである。そうだとすると、原告ら教職員は、本件通達に基づく各校長の職務命令に基づき、入学式、卒業式等の式典において国歌斉唱の際に国旗に向かって起立し、国歌を斉唱する義務、ピアノ伴奏をする義務を負うものと解することはできない。

(6)　小括

以上検討したとおり、原告ら教職員は、思想・良心の自由に基づき、入学式、卒業式等の式典において国歌斉唱の際に国旗に向かって起立し、国歌を斉唱することを拒否する自由、ピアノ伴奏をすることを拒否する自由を有しているところ、違法な本件通達に基づく各校長の職務命令に基づき、上記行為を行う義務を負うことはないものと解するのが相当である。そうすると、被告都教委が、原告ら教職員が本件通達に基づく各校長の職務命令に基づき、入学式、卒業式等の式典において国歌斉唱の際に国旗に向かって起立しないこと、国歌を斉唱しないこと、ピアノ伴奏をしないことを理由として懲戒処分等をすることは、その裁量権の範囲を超え若しくはその濫用になると認められるから、在職中の原告らが上記行為を行う義務のないことの確認のほかに、被告都教委が上記懲戒処分等をしてはならない旨命ずるのが相当である〔中略〕。

原告らの請求は、前記「第一 請求」の第一ないし第四項の記載を文字通り読めば、原告ら教職員は、学校の入学式、卒業式等の式典会場で、およそいかなる場合においても、国旗に向かって起立する義務がないこと、国歌を斉唱する義務がないこと、ピアノ伴奏をする義務がないこと、前記各義務を怠ったために懲戒処分されないことを求めているもののように解される。しかし、上記で検討したとおり、本件通達及びこれに基づく各校長の職務命令が違法なのであって、原告らの請求は、本件通達及びこれに基づく各校長の職務命令に従う義務がないことを求め、また、上記職務命令に違反したことを理由に処分されないことを求める限度で理由があるので、その限度で認容し、その余は理由がなく棄却するのが相当である。

四　争点（3）（国家賠償請求権の存否）について〔省略〕

第四　結論

国旗・国歌法の制定・施行されている現行法下において、生徒に、日本人としての自覚を養い、国を愛する心を育てるとともに、将来、国際社会において尊敬され、信頼される日本人として成長させるために、国旗、国歌に対する正しい認識を持たせ、それらを尊重する態度を育てることは重要なことである。そして、学校における入学式、卒業式等の式典は、生徒に対し、学校生活に有意義な変化や折り目を付け、厳粛で清新な気分を味わさせ、新しい生活への動機付けを行い、集団への所属感を深めさせる意味で貴重な機会というべきである。このような入学式、卒業式等の式典の意義、役割を考えるとき、これら式典において、国旗を掲げ、国歌を斉唱することは有意義なものということができる。しかし、他方で、このような式典において、国旗、国歌に対し、宗教上の信仰に準ずる世界観、主義、主張に基づいて、国旗に向かって起立したくない教職員、国歌を斉唱したくない教職員、国歌のピアノ伴奏をしたくない教職員がいることもまた現実である。このような場合において、起立したくない教職員、斉唱したくない教職員、ピアノ伴奏したくない教職員に対し、懲戒処分をしてまで起立させ、斉唱等させることは、いわば、少数者の思想良心の自由を侵害し、行き過ぎた措置であると思料する次第である。国旗、国歌は、国民に対し強制するのではなく、自然のうちに国民の間に定着させるというのが国旗・国歌法の制度趣旨であり、学習指導要領の国旗・国歌条項の理念と考えられる。これら国旗・国歌法の制度趣旨等に照らすと、本件通達及びこれに基づく各校長の原告ら教職員に対する職務命令は違法であると判断した次第である。〔後略〕

『世阿弥の稽古哲学』

西平直，東京大学出版会，2009年（増補新装版・2020年）

当初、「世阿弥の伝書における稽古の言説に哲学的な検討を加える試み、あるいは、その稽古のダイナミズムを東洋哲学の理論枠組みによって浮き彫りにし、〈無作為の作為・作為の無作為〉の交叉反転を読み解く試み」という長い副題をもっていたこの本は、簡潔にいえば、「稽古論」の本、もう少し正確にいうと、「演者の意識からの稽古論」の本である。

「世阿弥の伝書を読み直し、『無心』『却来』『我意分』『離見の見』といった言葉のうちに、その稽古哲学を読みとく試み」というようにこの本の目的をいわれると、これは教育の本ではない、と決めつけてしまいたくなる。確かに、子どもや学校の問題を扱っているわけではないが、明らかに、子どもの側から見た学習論を想定しているのである。伝書を理解するための補助線として設定されている〈子どもの身体→態（技芸）→無心→二重の見〉という枠組みそれ自体が、学習者の意識という学習プロセスを提示している。

具体的には、例えば、こうである。「子どもの身体は理想的である。しかし、子どもの身体から離れ、意識的な技芸を習得せねばならない。しかし、再び、その技芸から離れ、無心の舞へと越え出てゆく」。演者が型に入ると、演者の動きは固定化されるが、それによって演者に流れが生じる、ということである。子どもが何かを上達するには、型を繰り返し我がものとすることによって、はじめてできるようになる、というのと同構造に見える。それは、あたかも、発達理論の古典であるジャン・ピアジェの同化と調節を型として想起させる。

この理論枠組みは、〈未分節→分節Ⅰ→無分節→分節Ⅱ〉という「井筒俊彦の東洋哲学の構図（共時的構造化）」をモデルとしている。著者である西平は、この構図を理解するに際して、寒天のメタファーを用いている。それはどんなことかというと、固体の寒天を沸騰させて液体のそれにして、その後、冷やして固体になったそれは、沸騰前と後で同じなのか違うのか。面白い問いである。つまり、子どもが何かをできる前と後では、それの失敗は同じなのか違うのか。

この本の焦点となる理論的課題は、世阿弥の伝書を通してみた、東洋哲学における子ども期の理解と発達研究との関連にある。例えば、「子どもの身体」から「態（技芸）」に関わって、子どもからおとなへとなっていく上で、自己と他者をとりまく超越的な何かを位置づけることは決定的に重要なのではないか。「無心」と関わって、自己超越における意識のゼロ・ポイントからすると、型を身につける者のできるという感覚と、自己流の者のできるという感覚では、その差異はどこから生まれるのか。「子どもの身体」と「無心」と関わって、子どもと自己超越というのは、子どもの身体と無心が重なると同時に、子どもの身体と無心が異なり、同時に、子どもの身体から無心になっていくように見えるのであるが、それ自身が発達と関係性の接点を織りなしているのではないだろうか。などなど、いくつもの新たな問題が湧いてくる。

この本は、一つの交響曲を聴いているような、あるいは、絵画を鑑賞しているような、本から私へ語りかけてくる、そんな感覚がある。その意味では、この本もまた、一つのまとまった芸術作品なのだと思う。

Ⅱ 学習指導要領と子どもの権利・学校の公共性

教育政策学における事例研究、それは、「教育政策文書分析研究」である。教育は、「教育実践と教育政策」という枠組みによって全体を把握することができる。教育実践（坂元忠芳）とは、「一定の政治、経済、文化、社会の状況のなかで、さまざまな矛盾を背負って生きている人びとに、直接的、間接的に働きかけて、その人びとの能力と人格を発達させていく目的意識的な営み」(1)、と説明されるが、教育政策とは、それを逆照射して、第一に、子ども・人間の人格・認識の発達に関する国家的ないとなみとして把握し、第二に、それを人間的ないとなみとして再把握する、ということである。

教育政策学において基本となる政策文書は、「学習指導要領」、である。学習指導要領は教育の内的事項と外的事項の接点にあり、教育基本法との関係や法的拘束力の有無をめぐる諸問題をどのように理解するかは、きわめて論争的な主題である。別の言い方をすれば、子どもの権利と学校の公共性の関連は、順接的なのか、それとも、逆接的なのか、という問題を、学習指導要領を手がかりにして解明する、ということである。

このような学習指導要領の理解の仕方は、学校における憲法上の統治機構をいかにとらえるのか、という根本問題の掘り下げを意味する。そこで、本章では、現代学校改革のために、これらの学習指導要領に関しての教育政策文書分析研究をおこなうことにしたい。

1 学習指導要領と教育基本法・国家の教育権

学習指導要領とは、「小・中・高等学校、中等教育学校、及び特別支援学校などの教育内容と教育課程の要領・要点についての文部科学省の文書」[2]、である。2017・2018年告示の小学校・中学校・高等学校の学習指導要領には、「学習指導要領とは、こうした（教育基本法の――引用者注）理念の実現に向けて必要となる教育課程の基準を大綱的に定めるものである。学習指導要領が果たす役割の一つは、公の性質を有する学校における教育水準を全国的に確保することである。また、各学校がその特色を生かして創意工夫を重ね、長年にわたり積み重ねられてきた教育実践や学術研究の蓄積を生かしながら、児童や地域の実態や課題を捉え、家庭や地域社会と協力して、学習指導要領を踏まえた教育活動の更なる充実を図っていくことも重要である」[3] と記述されている。大綱的基準、教育水準の全国的な確保などの用語からは、学習指導要領が学力テスト最高裁判決（1976年）の国権的解釈の具体化であることを示しているように読める。法令としては、学習指導要領は、学校教育法（1947年施行・2019年最終改正）の第33条［教育課程］（小学校）・第48条［教育課程］（中学校）・第52条［学科・教育課程］（高等学校）などを受けての、学校教育法施行規則（1947年施行・2020年最終改正）の第52条［教育課程の基準］（小学校）・第74条［教育課程の基準］（中学校）・第84条［教育課程の基準］（高等学校）など、例えば、「小学校（中学校／高等学校）の教育課程については、この節（章）に定めるもののほか、教育課程の基準として文部科学大臣が別に公示する小学校（中学校／高等学校）学習指導要領によるものとする」に初めて登場する行政用語であり、これが法的拘束力の根拠となっている。なお、戦後改革期に作成された1947年の最初の学習指導要領には、「まずその一般論として、今日のわが国の社会のありさまからみて、どんな教育の目標が考えられるべきかを述べ、新しい教科課程をかかげ、それとともに児童生活の発達と指導方法の一般ならびに指導結果の考査法とを、概説することとした。各教科の指導要領ではそれぞれの教科の指導目標と、その教科を学習して行くために働く児童の能力の発達を述べ、教材のたての関係を見るための単元の一覧表をかかげ、その教科の指導法と指導結果の考査法とを概説することにした。そして各学年の指導内容については単元を分けて、その目標、指導方法、指導結果の考査法について参考となる事項をあげておいた」[4] と記述されており、その性格が戦後史とパラレルな仕方で変貌してきており、また、地球時代の観点は見られない。

このように、現在の学習指導要領は、新・教育基本法（2006年）、特に、第16条（教育行政）第２項の「国は、全国的な教育の機会均等と教育水準の維持向上を図るため、教育に関する施策を総合的に策定し、実施しなければならない」をふまえた上で、学校教育法施行規則に規定されているという理由から、法的拘束力をもちながら、教育の自由をもつ教育実践に大きな影響を与えているのである。その意味において、学習指導要領は、「国家主義の公共性」を創出しているのである。別の言い方をすれば、「国家の教育権」ということができる。

このような学習指導要領の公共性の前提には、主権者教育（シティズンシップ教育）があるはずである。しかし、それを形づくる学習指導要領の目的・目標に関して、学習指導要領には、子どもの学習すべき教育内容を規定しているのか、それとも、習得すべき教育内容を規定しているのか、はたまた、教師が教授すべき教育内容を規定しているのか、について何も書かれていない。また、その法的拘束力に関わっては、学習指導要領における音楽および特別活動には、国旗（日の丸）・国歌（君が代）のことが書かれており、運用上、入学式・卒業式という式典において、国旗を掲揚して国歌を斉唱しないと、東京都教育委員会にみられるように、教師が懲戒処分となるが、子どもはならない。しかし、教科書使用義務をふまえたうえで教科書の内容をすべて教えなかったからという理由で教師が懲戒処分になることはまずないし、子どもも教科書を学んでいなくても違反とはならない。そうすると、法的拘束力は、子どもを対象としているのか、それとも教師を対象にしているのかが不明確であり、また教師におけるそれの違反に対する懲戒処分のあり方が曖昧である、という問題がある。これらをふまえて考えれば、学習指導要領が主権者教育の教育内容や教育方法であるとは言い難い。

こうして、学習指導要領は、教育実践の現場においては当たり前のごとく存在するが、教育政策の理論からすると、何も語っていないに等しい存在なのである。つまり、実践と理論において、学習指導要領は乖離しているのである。

この学習指導要領を難波判決（2006年）においても肯定していることから考えれば、全面的に否定することは難しく、「民衆的・人権的な公共性」として組みかえていくことが、あるいは、国家の統治の道具としての学習指導要領を「子ども・人間の権利・人権」としてのそれとして組みかえることが、教育政策学の研究課題となっているということができるだろう。そうしなければ、学習指導要領は国家による支配の教育しか描くことができず、それとの関係で教師が努力してきた自己教育実践が登場する契機は見出せないからである。

2　学習指導要領の歴史

まずは、１．をふまえたうえでの、学習指導要領の歴史的変遷を概観する。学習指導要領は、おおよそ10年ごとに改訂されている。この改訂のポイントを戦後の日本の歴史の中に投げ込んでみることで、日本社会にとって何が教育課題であったのかを素描したい。なお、ここでの年は、小学校における学習指導要領の実施年度を指している。

最初の学習指導要領は、1947年に「試案」として発表された。戦後改革期に作成されており、戦前への反省から、その内容は、「経験主義」ないしは「生活と教育の結合」をベースとしていた。なお、社会科の作成にあたっては、小学校は上田薫が、中学校・高等学校では勝田守一が関わっており、教育における京都学派の影響をみることができる。

最初の学習指導要領の改訂は、1951年におこなわれた。これは、「経験主義」・「生活と教育の結合」を引き継いでいた。

（1956年には、高等学校の学習指導要領のみ改訂された。）

1961年に開始された学習指導要領（三番目）は、「系統主義」ないしは「科学と教育の結合」をベースとする新しいそれであった。日本国内で見ると、教育のあり方が政治によって大きく変えられようとする「池田・ロバートソン会談」（1953年）や、いわゆる「国家の復権」（丸山眞男）が見られる時期に作成されたことから、「特設道徳」の登場がみられた。

1971年に開始された学習指導要領（四番目）では、引き続き、「教育の現代化」を本格化するものであった。高度経済成長期であって、その中で能力主義教育が展開されていた。国外を見ると、東西冷戦の中で、1957年のソヴィエト連邦によるスプートニク・ショックによって、アメリカが科学技術立国を本格的にめざし始め、日本もアメリカに追従する仕方で、それが学習指導要領に反映されることとなった。

1980年に開始された学習指導要領（五番目）においては、大学紛争・闘争に代表されるような、国民が国家と対決するなかで、日本における教育実践が一つの到達点をみることとなった。「ゆとりと充実」というこの学習指導要領のスローガンに見られるように、「系統主義」・「科学と教育の結合」・「教育の現代化」が行き詰まりを見せた。そういうなかで、日本の教育実践は、系統主義の中で経験主義を実践する、という到達点の下で、多くの教師たちは教育実践に取り組むようになっていった。しかし、これ以降の学習指導要領では、迷走を続けることとなる。

六番目の学習指導要領は、バブル景気の下で作成され、1992年に開始された。その理念は、関心・意欲・態度という「新学力観」であり、特徴としては、「社会科解体」などが挙げられる。つまり、一方で、生活科の新設に見られるような、ある種の「経験主義」への回帰であるが、他方で、戦後教育改革の崩壊を意味するものでもあった。それは、東西冷戦の崩壊とも関連していた。

七番目の学習指導要領は、バブル崩壊の中で、2002年に開始された。その理念は、「生きる力」にあり、その特徴としては、総合学習とは異にする、「総合的な学習の時間の新設」などが挙げられる。しかし、その開始と前後して、例えば、大学生に象徴されるような、いわゆる「学力低下論争」があり、ある種の「経験主義」を否定する動きが見られた。（2003年には、この学習指導要領が一部改正されている。）

八番目の学習指導要領は、長期の不況の中で、2011年に開始された。その理念は、「脱ゆとり」にある。その背景には、OECDの生徒の学習到達度調査であるPISAという学力調査によって、世界の中での日本の子どもたちの学力低下が明らかとなったことがあり、2007年から全国一斉学力テストを実施してきた日本にとっては、大変に大きなショックであった。そのことを受けて、ある種の「系統主義」へと向かっていく動きを見せることとなった。(2018年には、この学習指導要領が一部改正され、「道徳」が「特別の教科　道徳」となった。)

九番目の学習指導要領は、2020年に開始された。その理念は、「主体的・対話的で深い学び」にあり、特徴としては、プログラミング教育などが挙げられる。これが、現在の新しいタイプの学習指導要領であり、教員養成制度とも連動している。

このように、学習指導要領の歴史とは、日本社会において、子ども・人間が探求する、あるいは、国家が要請する、「学力」の歴史でもあったのである。別の言い方をすれば、学力を手がかりとして、子どもの知能の発達の権利か、それとも、国家の教化による支配か、が揺れ動いていたのであった。(5)

3　学習指導要領の構造

次に、1．および2．をふまえたうえでの、学習指導要領の思想的構造を素描する。学習指導要領は法的拘束力を持つことから、教育基本法をとらえる三つの視点と重ねてみることで、その研究課題を明示したい。そうすると、学習指導要領は、三つに時期区分することができる。

第一は、子どもの権利に関わる問題として、戦後改革期における学習指導要領の歴史的意義についてである。戦後改革期の教育は、明らかに、アメリカの新教育、例えば、ジョン・デューイの教育論など、が導入されてスタートした。その内容は、「生活と教育の結合」であった。そのことは、学習指導要領の表紙に、ヨハン・ハインリッヒ・ペスタロッチの絵が描かれていることからも理解することができる。日本国憲法・教育基本法法制の具体化としての学習指導要領ではあったが、学習指導要領には法的拘束力がある、という説明は、文部省関係者はしていなかった。学校基準法案、学校の教育課程及び編成の基準に関する法律案、というような教育内容を法律で規定しようという文部省の動きを考えれば、学習指導要領に法的拘束力がないことは明らかであった。1947年と1951年の学習指導要領の歴史的意義を明らかにすることは、2017・2018年の学習指導要領における「主体的・対話的で深い学び（アクティブ・ラーニング）」の再評価へとつながる。なぜならば、「生活と教育の結合」と順接的なアクティブ・ラーニングは、新しいタイプの教育方法であるが、それに対応する教育内容は示されていないからである。よって、アクティブ・ラーニングに、「生活と教育の結合」を基調とした1947年と1951年の学習指導要領を接続することによって、はじめて、「子どもの権利に即しての教育方法と教育内容の統一」が成立するのである。

第二は、学校の公共性に関わる問題として、戦後史の中の学習指導要領の変質についてである。そのターニング・ポイントとなるのが、1961年に開始された学習指導要領である。その基調は、「科学と教育の結合」である。これには、アメリカにおけるジェローム・ブルーナーに見られるような教育の現代化が大きな影響を与えた。以降、文部省関係者によって、学習指導要領は法的拘束力を持つ、という説明が積極的になされ、伝習館高校事件に代表されるような学習指導要領の法的拘束力や教科書使用義務をめぐる教育紛争が起こることとなった。「科学と教育の結合」とは、「子どもからの視点」ではなく、子どもの外側の視点、すなわち、「社会・国家からの視点」を意味している。別の言い方をすれば、子どもの興味・関心に基づく学習ではなく、教師が自身の子どもの把握を前提にして用意した学習（教育）、ということになる。これが、現在に至るまでの学習指導要領の底流をなしているのである。だから、学習指導要領を前提にして、子どものための教育をおこなう、ということ自体が、矛盾を抱えることとなるのである。こうした国家主義的な公共性をもつ学習指導要領の特質を徹底的に批判することなしに、2017・2018年の学習指導要領に書かれている主体的・対話的で深い学びを「いかす」ことは、絶対にあり得ないのである。

第三は、子どもの権利と学校の公共性に関わる問題として、地球時代からみた学習指導要領の展開についてである。1980年に開始された学習指導要領を前後して、日本における教育実践は、一つの到達点を見た。それは、具体的には、教育・公教育における科学と教育の結合を前提として、生活と教育の結合をどのように展開するか、である。その実践は、例えば、鈴木正気『川口港から外港へ——小学校社会科教育の創造』（草土文化・1978年）や仲本正夫『学力への挑戦　“数学だいきらい”からの旅立ち』（労働旬報社・1979年）、などにみることができ、その理論は、子どもの発達・子どもの権利が支えている。しかし、これ以降、教育学・教育実践において共有されるべき日本の教育を挙げることは、実は、難しい。その理由としては、①社会のあり方が複雑化してきて、誰でも取り組むことができる匿名あるいは共同の教育実践という傾向が強まっていったこと、②アメリカの教育社会学や認知科学が日本にも紹介されることによって、それまでの教育実践とはある断絶が見られるようになったこと、③ポスト・モダンや新自由主義によって人々の価値観が多様化する中で、共有されるべき教育実践を展開することが難しくなったこと、を指摘することができる。よって、日本の教師の多くは、学習指導要領に対する批判的精神を持たずに、自分自身の教育実践を相対化することをしなくなったために、ある一貫性を持った学習指導要領を信仰するようになったのである。しかし、大津和子『社会科＝一本のバナナから』（国土社・1987年）に見られるように、国際比較の観点をもった応用可能な教育実践があることも忘れてはならず、いま求められているのは、アメリカを批判的にとらえながら世界を把握して、「現代」をどう理解するか、という典型的な教育実践と現代の生活綴方としての教師の教育実践記録を、民衆的・人権的な公共性でもって構想することなのではないだろうか。[(6)]

かくして、学習指導要領は、「教育・公教育における〈生活と科学〉」をめぐって、形を変えながらも、時代ごとに、「学力」をめぐって振り子のように揺れ動いている。それらを丁寧に見ていくと、その時代で求められる、ある人間像があるように思われる。例えば、理論的には、地域に根ざす人間、国際社会を担う市民、国家を形成する公民などであり、実践的・政策的には、国民実践要領、期待される人間像、人間らしさあふれる教育をめざして、などである。こうした教育目的・目標としての人間像は、発達的・生成的にとらえられなければならないし、その人間像をもつことなしには、教育という活動をおこなうことはできない。つまり、現代の中で、学習指導要領を無前提とすることなく、私たちが子どもの権利をふまえた学校の公共性のために、子どもの知能の発達と社会の知による支配の接点としての学習指導要領と、それを具体化した教科書をどのように読むのか、ということが問われるのである。(7)

〈注〉

（1）坂元忠芳「実践記録とはなにか」『教育実践記録論』あゆみ出版，1980年，14頁。
（2）水内宏「学習指導要領」平原春好・寺崎昌男編集代表『新版教育小辞典【第３版】』学陽書房，2011年，34頁。
（3）文部科学省『小学校学習指導要領（平成29年告示）』東洋館出版社，2018年，15頁、文部科学省『中学校学習指導要領（平成29年告示）』東山書房，2020年，17頁、文部科学省『高等学校学習指導要領（平成30年告示）』東山書房，2018年，17頁。
（4）文部省『学習指導要領　一般編（試案）』1947年、参照。
（5）学力をどうとらえるか、については、田中昌弥「地球時代の学力」下地秀樹・水崎富美・太田明・堀尾輝久編『地球時代の教育原理』三恵社，2016年、など参照。
（6）戦後日本の教育実践については、「戦後教育実践の紹介と批評――実践記録を手がかりに」教育科学研究会編，田中孝彦・佐貫浩・久冨善之・佐藤広美編集委員『講座教育実践と教育学の再生別巻　戦後日本の教育と教育学』かもがわ出版，2014年、参照。
（7）本章と関連する論稿としては、宮盛邦友「国家と行政は教育内容にいかに関わるか――『教育内容と国家』研究の序論的考察――」『東京大学大学院教育学研究科教育行政学論叢』第26号，2007年、など参照。

〈参考文献〉

○堀尾輝久『人権としての教育』岩波現代文庫，2019年
○堀尾輝久『教育を拓く　教育改革の二つの系譜』青木書店，2005年
○小玉重夫『教育改革と公共性　ボウルズ＝ギンタスからハンナ・アレントへ』東京大学出版会，1999年
○児美川孝一郎『新自由主義と教育改革　日本の教育はどこに向かうのか』ふきのとう書房，2000年
○小川正人・勝野正章編著『教育行政と学校経営　改訂版』放送大学教育振興会，2016年
○宮盛邦友『戦後史の中の教育基本法』八月書館，2017年

資　料

■小学校・中学校・高等学校学習指導要領の目次一覧（1947～2018年）

○一般編（試案）　1947（昭和22）年

序論
一、なぜこの書はつくられたか
二、どんな研究の問題があるか
三、この書の内容
第一章　教育の一般目標
第二章　児童の生活
一、何故児童の生活を知らなくてはならないか
二、年齢による児童生活の発達
第三章　教科過程
一、教科課程はどうしてきめるか
二、小学校の教科と時間数
三、新制中学校の教科と時間数
第四章　学習指導法の一般
一、学習指導は何を目ざすか
二、学習指導法を考えるにどんな問題があるか
三、具体的な指導法はどうして組みたてるべきか
第五章　学習結果の考査
一、なぜ学習結果の考査が必要か
二、いかにして考査するか
附．予備調査及び知能検査

○一般編（試案）　1951（昭和26年）年改訂版

まえがき
序論
1．学習指導要領の目的
2．学習指導要領の使い方
3．この書の内容
Ⅰ　教育の目標
1．教育の目標を定める原理
2．教育の一般目標
3．小学校・中学校・高等学校の目標
4．教科の目標
Ⅱ　教育課程
1．小学校の教科と時間配当
2．中学校の教科と時間配当
3．高等学校の教科と時間配当および単位数
4．各教科の発展的系統
（1）　国語科
（2）　社会科
（3）　算数、数学科
（4）　理科
（5）　音楽科
（6）　図画工作科
（7）　体育、保健体育科
（8）　家庭ならびに職業に関する教科
（9）　外国語（英語）
Ⅲ　学校における教育課程の構成
1．教育課程とは何を意味しているか
2．教育課程はどのように構成すべきであるか
（1）　目標の設定
（2）　児童・生徒の学習経験の構成
3．年間計画と週計画
（1）　年間計画のたて方
（2）　月次計画と週計画のたて方
（3）　小学校・中学校・高等学校の年間計画および週計画
Ⅳ　教育課程の評価
1．教育課程の評価はなぜ必要か
2．教育課程の評価は誰が行なうか
3．評価の着眼点
Ⅴ　学習指導法と学習成果の評価
1．教育課程と学習指導法
2．学習の指導を効果的に行うには、どんな問題を研究すべきであるか
3．学習成果の評価

○高等学校一般編　1956（昭和31）年改訂版・1957（（昭和32）年再訂版・1958（昭和33）年再訂版

まえがき
第1章　高等学校の目標と教育課程
第2章　教科、科目および特別教育活動

第３章　教育課程の編成

○小学校　1958（昭和33）年改訂版施行

第１章　総則
第２章　各教科
第１節　国語
第２節　社会
第３節　算数
第４節　理科
第５節　音楽
第６節　図画工作
第７節　家庭
第８節　体育
第３章　道徳、特別教育活動および学校行事等
第１節　道徳
第２節　特別教育活動
第３節　学校行事等
施行期日

○中学校　1958（昭和33）年改訂版施行

第１章　総則
第２章　各教科
第１節　国語
第２節　社会
第３節　数学
第４節　理科
第５節　音楽
第６節　美術
第７節　保健体育
第８節　技術・家庭
第９節　外国語
第10節　農業
第11節　工業
第12節　商業
第13節　水産
第14節　家庭
第３章　道徳、特別教育活動および学校行事等
第１節　道徳
第２節　特別教育活動
第３節　学校行事等

○高等学校　1960（昭和35）年施行

第１章　総則
第１節　教育課程の編成
第２節　全日制の課程および定時制の課程における教育課程
第３節　通信教育における教育課程
第２章　各教科・科目
第１節　国語
第２節　社会
第３節　数学
第４節　理科
第５節　保健体育
第６節　芸術
第７節　外国語
第８節　家庭
第９節　農業
第10節　工業
第11節　商業
第12節　水産
第13節　音楽
第14節　美術
第３章　特別教育活動および学校行事等
第１節　特別教育活動
第２節　学校行事等
付録１　学校教育法施行規則の一部を改正する省令（抄）
付録２　高等学校教育課程改訂の基本方針
付録３　全日制の課程の普通科における基本的類型

○小学校　1971（昭和46）年施行・1980（昭和55）年施行

第１章　総則
第２章　各教科
第１節　国語
第２節　社会
第３節　算数
第４節　理科
第５節　音楽
第６節　図画工作
第７節　家庭
第８節　体育
第３章　道徳
第４章　特別活動

○中学校　1972（昭和47）年施行

第１章　総則

第２章　各教科
第１節　国語
第２節　社会
第３節　数学
第４節　理科
第５節　音楽
第６節　美術
第７節　保健体育
第８節　技術・家庭
第９節　外国語
第10節　農業
第11節　工業
第12節　商業
第13節　水産
第14節　家庭
第15節　その他特に必要な教科
第３章　道徳
第４章　特別活動
中学校学習指導要領等の改定の要点

○高等学校　1973（昭和48）年施行
第１章　総則
第１節　教育課程の編成
第２節　全日制および定時制の課程における教育課程
第３節　通信制の課程における教育課程
第２章　各教科
第１節　国語
第２節　社会
第３節　数学
第４節　理科
第５節　保健体育
第６節　芸術
第７節　外国語
第８節　家庭
第９節　農業
第10節　工業
第11節　商業
第12節　水産
第13節　看護
第14節　理数
第15節　音楽
第16節　美術
第３章　各教科以外の教育活動

○中学校　1981（昭和56）年施行
第１章　総則
第２章　各教科
第１節　国語
第２節　社会
第３節　数学
第４節　理科
第５節　音楽
第６節　美術
第７節　保健体育
第８節　技術・家庭
第９節　外国語
第10節　その他特に必要な教科
第３章　道徳
第４章　特別活動
中学校学習指導要領等の改訂の要点

○高等学校　1982（昭和57）年施行
第１章　総則
第２章　各教科
第１節　国語
第２節　社会
第３節　数学
第４節　理科
第５節　保健体育
第６節　芸術
第７節　外国語
第８節　家庭
第９節　農業
第10節　工業
第11節　商業
第12節　水産
第13節　看護
第14節　理数
第15節　体育
第16節　音楽
第17節　美術
第18節　英語
第３章　特別活動
附則

○小学校　1992（平成４）年施行・1998（平成10）年施行・2002（平成14）年施行
第１章　総則

第２章　各教科
第１節　国語
第２節　社会
第３節　算数
第４節　理科
第５節　生活
第６節　音楽
第７節　図画工作
第８節　家庭
第９節　体育
第３章　道徳
第４章　特別活動

○中学校　1993（平成５）年施行・1998（平成10）年施行・2002（平成14）年施行

第１章　総則
第２章　各教科
第１節　国語
第２節　社会
第３節　数学
第４節　理科
第５節　音楽
第６節　美術
第７節　保健体育
第８節　技術・家庭
第９節　外国語
第10節　その他特に必要な教科
第３章　道徳
第４章　特別活動

○高等学校　1994（平成６）年施行

第１章　総則
第２章　各教科
第１節　国語
第２節　地理歴史
第３節　公民
第４節　数学
第５節　理科
第６節　保健体育
第７節　芸術
第８節　外国語
第９節　家庭
第10節　農業
第11節　工業
第12節　商業
第13節　水産
第14節　看護
第15節　理数
第16節　体育
第17節　音楽
第18節　美術
第19節　英語
第３章　特別活動
附則

○高等学校　2003（平成15）年

第１章　総則
第２章　普通教育に関する各教科
第１節　国語
第２節　地理歴史
第３節　公民
第４節　数学
第５節　理科
第６節　保健体育
第７節　芸術
第８節　外国語
第９節　家庭
第10節　情報
第３章　専門教育に関する各教科
第１節　農業
第２節　工業
第３節　商業
第４節　水産
第５節　家庭
第６節　看護
第７節　情報
第８節　福祉
第９節　理数
第10節　体育
第11節　音楽
第12節　美術
第13節　英語
第４章　特別活動
附則

○小学校　2008（平成20）年告示

第１章　総則
第２章　各教科

第１節　国語
第２節　社会
第３節　算数
第４節　理科
第５節　生活
第６節　音楽
第７節　図画工作
第８節　家庭
第９節　体育
第３章　道徳
第４章　外国語活動
第５章　総合的な学習の時間
第６章　特別活動

○中学校　2008（平成20）年告示
第１章　総則
第２章　各教科
第１節　国語
第２節　社会
第３節　数学
第４節　理科
第５節　音楽
第６節　美術
第７節　保健体育
第８節　技術・家庭
第９節　外国語
第３章　道徳
第４章　総合的な学習の時間
第５章　特別活動
中等教育学校等関係法令

○高等学校　2009（平成21）年告示
第１章　総則
第２章　各学科に共通する各教科
第１節　国語
第２節　地理歴史
第３節　公民
第４節　数学
第５節　理科
第６節　保健体育
第７節　芸術
第８節　外国語
第９節　家庭
第10節　情報
第３章　主として専門学科において開設される各教科
第１節　農業
第２節　工業
第３節　商業
第４節　水産
第５節　家庭
第６節　看護
第７節　情報
第８節　福祉
第９節　理数
第10節　体育
第11節　音楽
第12節　美術
第13節　英語
第４章　総合的な学習の時間
第５章　特別活動
附則

○小学校　2018（平成30）年一部改正
第１章　総則
第２章　各教科
第１節　国語
第２節　社会
第３節　算数
第４節　理科
第５節　生活
第６節　音楽
第７節　図画工作
第８節　家庭
第９節　体育
第３章　特別の教科　道徳
第４章　外国語活動
第５章　総合的な学習の時間
第６章　特別活動

○中学校　2018（平成30）年告示
第１章　総則
第２章　各教科
第１節　国語
第２節　社会
第３節　数学
第４節　理科
第５節　音楽

第６節　美術
第７節　保健体育
第８節　技術・家庭
第９節　外国語
第３章　特別の教科　道徳
第４章　総合的な学習の時間
第５章　特別活動
中等教育学校等関係法令

○小学校　2017（平成29）年告示

第１章　総則
第２章　各教科
第１節　国語
第２節　社会
第３節　算数
第４節　理科
第５節　生活
第６節　音楽
第７節　図画工作
第８節　家庭
第９節　体育
第10節　外国語
第３章　特別の教科　道徳
第４章　外国語活動
第５章　総合的な学習の時間
第６章　特別活動

○中学校　2017（平成29）年告示

前文
第１章　総則
第２章　各教科
第１節　国語
第２節　社会
第３節　数学
第４節　理科
第５節　音楽
第６節　美術
第７節　保健体育
第８節　技術・家庭
第９節　外国語
第３章　特別の教科　道徳
第４章　総合的な学習の時間
第５章　特別活動
付録（教育基本法他）

○高等学校　2018（平成30）年告示

前文
第１章　総則
第２章　各学科に共通する各教科
第１節　国語
第２節　地理歴史
第３節　公民
第４節　数学
第５節　理科
第６節　保健体育
第７節　芸術
第８節　外国語
第９節　家庭
第10節　情報
第11節　理数
第３章　主として専門学科において開設される各教科
第１節　農業
第２節　工業
第３節　商業
第４節　水産
第５節　家庭
第６節　看護
第７節　情報
第８節　福祉
第９節　理数
第10節　体育
第11節　音楽
第12節　美術
第13節　英語
第４章　総合的な探究の時間
第５章　特別活動
附則

BOOK REVIEW 3

『教育改革のゆくえ――国から地方へ』

小川正人，ちくま新書，2010年

「いま“政治主導”の教育改革に対して、その非を指摘して教育を政治から遠ざけ続けるのではなく、教育課題を政治の真正面の争点に位置づけ国民にその判断と責任を問いながら、政治と教育の調整を図るしくみである新たな教育行財政制度の構築を図る時に来ている」。

教育行政学研究者の立場から中央教育審議会副会長などを歴任してきた著者である小川正人は、教育と政治の関係、および、理論と政策の関係を問いなおすという動機の下、本書を執筆している。その基本的なスタンスは、教育政策形成過程に直接的に関与することで、ダイナミックな教育行政把握を試みようというものである。

本書の目的は、「現行の教育行財政制度を改革することを提案している民主党政権の改革案を、二〇〇〇年以降の自民党政治によって進められてきた教育行財政改革とその下で生起している自治体教育行政の問題を精査しながら検討することである」と書かれているが、教育と政治の関係の再考という観点からすれば、政治と同時に教育も揺れ動くことになるわけであるから、その意味では、現時点においても問題把握の仕方に何ら変わりない。

教育政策・教育政治を分析すると、教育法・教育法制を軽視ないしは無視しているのではないか、という疑問がもたれる。その疑問に対して、本書は、〈法に対する政策・政治〉という視点が、位置づいている。

それは、本書の特徴でもある、「新たな教育行政システム」という制度改革構想を提案しているところに見られる。具体的には、「義務教育財政制度改革案として全額国庫負担の教育特定交付金」と「自治体教育行政の改革案では首長を教育行政の統括責任者とする教育委員会の大幅見直し案」という二つが取り上げられている。義務教育財政制度については、民主党案では、教育一括交付金制度案となっているが、小川は、「現行の義務教育財政制度が抱える問題を是正し、交付税の抜本的な改革と一体化して義務教育の『ナショナル・スタンダード』を確実に確保していく財源保障制度案であると評価することができる」と指摘している。教育委員会制度については、民主党案では、教育監査委員会構想となっているが、小川は、「民主党案の教育委員会制度廃止案を検討してきたが、廃止案に対して指摘される様々な疑義や検討課題を踏まえた時、〔中略〕現行制度の改革案がより適切ではないかと思える」と指摘している。政治との緊張関係の中で、かつ、歴史・国際比較をふまえて提示されるこのような教育改革の提案は、法規範のみよりも、未来へと開かれているという意味において、あるリアリティをもっており、積極的な検討に値するものと思われる。

このような小川が主張する「最もよい」教育制度構想ではない「よりよい」教育制度構想は、日本の教育のある可能性を指し示しているのである。

III

国連子どもの権利委員会勧告・ILO UNESCOセアート報告と子どもの権利・教職の専門性

国際・比較教育学における事例研究、その一つに、「国際教育法制研究」がある。国際教育法（荒牧重人）とは、「教育への権利の国際的保障の法体系」[1]、と説明されている。それは、「子どもの権利条約」をはじめとする、国際連合、UNESCOやILOなどの総会や会議で採択された、数多くの条約・宣言・勧告などによって具体化されている法規範である。

中でも、子どもの権利と教職の専門性を考える上で、子どもの権利条約（1989年）とILO UNESCO教員の地位に関する勧告（1966年）、および、国連・子どもの権利委員会勧告（1998年）とILO UNESCO・セアート報告（2003年）を深めることは、新しい国際・比較教育学の秩序をつくっていく上で、大変重要であると思われる。

そうすると、これらの条約・宣言・勧告が、日本における日本国憲法・教育基本法法制とどのような関係にあるのか、日本の教育にどのような影響があるのか、はきわめて重要な研究課題となってくるはずである。結論的にいえば、それは、「日本国憲法・教育基本法・子どもの権利条約法制」として、日本の教育理念を豊かにしてくれるはずである。

そこで、現代学校改革のために、子どもの権利と開かれた教職の専門性に関しての国際教育法制研究をおこなうことにしたい。

子どもの権利条約（1989年）と国連・子どもの権利委員会の勧告（1998年）

国連・子どもの権利条約 Convention on the rights of the child は、1989年11月20日、国際連合の総会において全会一致で採択された、前文と全54条からなる子どもの権利に関する人権条約である。

子どもの権利に関する国際的な歴史を概観すると、20世紀初頭には、一方で、「子どもから」という自律的な子ども観に基づいて展開された国際新教育運動があり、他方で、1924年の国際連盟・子どもの権利に関するジュネーブ宣言に見られるような児童保護を主たる目的とした社会事業運動があり、その接点に、子どもの権利の思想が誕生した。第二次世界大戦をはさんで、1948年には国連による世界人権宣言が、1959年には国連による子どもの権利宣言が、それぞれ発表された。それらを条約化するために、人権については、1966年には国際人権規約が採択され、子どもの権利については、1979年の国際児童年を契機として、1989年に子どもの権利条約が採択されるに至った。このように、子どもの権利の国際的な歴史とは、「人権から子どもの権利へ」という人権の具体化の流れと「宣言から条約へ」という法規範化という流れによって成り立っていることがわかる。

その上で、子どもの権利とは何か。その前提としては、「子どもとは何か」という問いがある。「子どもは人間である」・「子どもは子どもである」・「子どもは成長・発達しておとなになる存在である」という問いである。このように、子どもを人間・子ども・発達の相においてとらえることが子どもの権利には求められているのである。

このような人間観・子ども観・発達観からすると、法規範力をもつ子どもの権利条約に則していえば、第３条・第５条・第６条・第12条が中核的な条文となる。その条文の内容は、以下の通りである。

第３条（児童の最善の利益）

1　児童に関するすべての措置をとるに当たっては、公的若しくは私的な社会福祉施設、裁判所、行政当局又は立法機関のいずれによって行われるものであっても、児童の最善の利益が主として考慮されるものとする。

2　締約国は、児童の父母、法定保護者又は児童について法的に責任を有する他の者の権利及び義務を考慮に入れて、児童の福祉に必要な保護及び養護を確保することを約束し、このため、すべての適当な立法上及び行政上の措置をとる。

3　締約国は、児童の養護又は保護のための施設、役務の提供及び設備が、特に安全及び健康の分野に関し並びにこれらの職員の数及び適格性並びに適正な監督に関し権限のある当局の設定した基準に適合することを確保する。

第５条（親その他の者の指導の尊重）

締約国は、児童がこの条約において認められる権利を行使するに当たり、父母若しくは場合により地方の慣習により定められている大家族若しくは共同体の構成員、法定保護者又は児童について法的に責任を有する他の者がその児童の発達しつつある能力に適合する方法で適当な指示及び指導を与える責任、権利及び義務を尊重する。

第６条（生命への権利、生存・発達の確保）

1　締約国は、すべての児童が生命に対する固有の権利を有することを認める。

2　締約国は、児童の生存及び発達を可能な最大限の範囲において確保する。

第12条（意見表明権）

1　締約国は、自己の意見を形成する能力のある児童がその児童に影響を及ぼすすべての事項について自由に自己の意見を表明する権利を確保する。この場合において、児童の意見は、その児童の年齢及び成熟度に従って相応に考慮されるものとする。

2　このため、児童は、特に、自己に影響を及ぼすあらゆる司法上及び行政上の手続において、国内法の手続規則に合致する方法により直接に又は代理人若しくは適当な団体を通じて聴取される機会を与えられる。

これらを構造化して法解釈すれば、子どもの最善の利益を前提として、子どもの成長・発達を目的とし、親が指導・助言をしながら、子どもの意見表明権（子どもの声）を親・おとななどが聴くことを通して、子どもの権利を実現する、ということになる。ここで注意をしなければならないのは、子どもの権利条約は、単なる子ども中心主義ではない、というところである。子どもと親・おとなとの人権としてのコミュニケーションを通して、子どもの権利が実現される、というところに、その重要なポイントがあるのである。

このような子どもの権利条約を深める一つの手がかりとして、国連・子どもの権利委員会 Committee on the Rights of the Child が日本政府に対しておこなった最終所見がある。これは、一方で、日本における子どもの権利の法制度的・政策的な状況を日本政府が報告書として国連・子どもの権利委員会に提出し、他方で、市民・NGO が日常の子どもの生活実態を代替報告書として国連・子どもの権利委員会に提出し、国連・子どもの権利委員会がそれらを審査した上で、日本政府に対して改善するよう勧告したものである。

最終所見は、これまでに、第１回は1998年６月、第２回は2004年１月、第３回は2010年６月、第４・５回は2019年３月、の４回出されている。

「教育」領域に関わっては、以下のような内容が勧告されている。

第１回

（過度に競争的な教育制度のもたらす発達のゆがみ、余暇・遊びなどの欠如、学校嫌い）

22. 本委員会は、極めて高い識字率に示されるように、貴国が教育を重要視していることに留意するものの、条約の原則および規定、特に、その第３条、第６条、第12条、第29条および第31条に照らし、過度に競争的な教育制度によるストレスにさらされ、かつ、その結果として余暇、身体的活動および休息を欠くにいたっており、子どもが発達のゆがみをきたしていることを懸念する。

（過度に競争的な教育制度の改革：過度なストレスと不登校の防止）

43. 本委員会は、貴国における過度に競争的な教育制度、および、それが子どもの身体的および精神的健康に与えている否定的な影響に鑑み、条約第３条、第６条、第12条、第29条および第31条に照らし、過度なストレスおよび学校嫌いを防止し、かつ、それらを生み出す教育制度と闘うための適切な措置を執るよう貴国に勧告する。

第２回

49. 本委員会は、締約国による教育制度改革のための努力および、教育制度を本条約によりよく適合させるための努力に留意するが、それにもかかわらず、本委員会は以下のことを懸念する。

ａ）教育制度の過度に競争的な性格が子どもの肉体的および精神的な健康に否定的な影響を及ぼし、かつ、子どもが最大限可能なまでに発達することを妨げていること。

〔後略〕

50. 本委員会は締約国に以下のことを勧告する。

ａ）高校を卒業した全ての者が高等教育に平等にアクセスすることを確保するために、教育の高い質を維持しながら学校制度の競争主義的な性格を抑制することを目的として、生徒、親、および関連する非政府組織の意見を考慮に入れながら、カリキュラムを見直すこと。

〔後略〕

第３回

教育、職業訓練および指導を含む

70. 本委員会は、日本の学校制度が並外れて優れた学力を達成していることを認識するものの、学校および大学の入学をめぐって競争する子どもの数が減少しているにもかかわらず、過度な競争への不満が増加し続けている事に留意し、懸念する。また、高度に競争主義的な学校環境が、就学年齢にある子どもの間のいじめ、精神的障害、不登校・登校拒否、中退および自殺の原因となることを懸念する。

71. 本委員会は、学力的に優秀性と子ども中心の能力形成を統合し、かつ、過度に競争主義的な環境が生み出す学校システム全体を見直すことを締約国政

府に勧告する。　　〔後略〕

第４・５回

職業訓練とガイダンスを含む教育

39. 本委員会は、〔中略〕前回勧告を締約国に想起させ、以下のことを勧告する。

〔中略〕

（b）あまりにも競争的な制度を含むストレスフルな学校環境から子どもを解放することを目的とする措置を強化すること。

〔後略〕

このように、「過度に競争的な教育制度」・「教育制度の過度に競争的な性格」・「高度に競争主義的な学校環境」・「競争的な制度を含むストレスフルな学校環境」という表現に見られるような、日本の学校教育のもつ競争主義的な問題点が日本の子どもたちの発達をゆがめている、という指摘が国連・子どもの権利委員会から日本政府に対してなされているのである。このような勧告を生み出した背景には、日々の生活の中で侵害されている子どもたちの実態を書き込んだ市民・NGO 報告書が重要な役割を果たしていることを挙げないわけにはいかない(2)。

2　教員の地位に関する勧告（1966年）と ILO UNESCO のセアート報告（2003年）

ILO UNESCO・教員の地位に関する勧告 Recommendation concerning the Status of Teachers は、1966年９月21日-10月５日に開催された、ユネスコにおける特別政府間会議おいて採択された、前文と全146条からなる教員の地位に関する勧告である。

「勧告」という法形式は、「条約」とは違って、法規範力をもたないので意味がない、というわけではない。むしろ、教師の教育・教育実践の自由を保障・

救済するために、ユネスコは法規範力をもたない「勧告」という法形式をとった、と理解するのが正しいであろう。

子どもの最善の利益のための教師の仕事について関わる条文については、以下の通りである。

前文

教員の地位に関する特別政府間会議は、

教育を受ける権利が基本的人権であることを想起し、

世界人権宣言第26条、児童の権利に関する宣言第５、第７及び第10の原則並びに諸国民間の平和、相互の尊重及び理解の理想を青少年の間に促進することに関する国際連合の宣言を遂行して、すべての者に適切な教育を与えることに対する国の責任を自覚し、

〔中略〕

教育の発展における教員の本質的役割並びに人類及び近代社会の発展に対する教員の貢献の重要性を認識し、

教員がこの役割にふさわしい地位を享受することを確保することに関心を有し、

〔中略〕

これらの相違にもかかわらず教員の地位に関してすべての国で類似の問題が生じており、また、これらの問題が一連の共通の基準及び措置（これらを明らかにすることがこの勧告の目的である。）の適用を必要としていることを確信し、

〔後略〕

６　教職は、専門職と認められるものとする。教職は、きびしい不断の研究により得られ、かつ、維持される専門的な知識及び技能を教員に要求する公共の役務の一形態であり、また、教員が受け持つ生徒の教育及び福祉について各個人の及び共同の責任感を要求するものである。

９　教員団体は、教育の発展に大いに貢献することができ、したがって、教育政策の策定に参加させられるべき一つの力として認められるものとする。

61　教員は、職責の遂行にあたって学問の自由を享受するものとする。教員は、生徒に最も適した教具及び教授法を判断する資格を特に有しているので、教材の選択及び使用、教科書の選択並びに教育方法の適用にあたって、承認された計画のわく内で、かつ、教育当局の援助を得て、主要な役割が与えられるものとする。

64（１）教員の勤務についてなんらかの直接評定が必要とされる場合には、このような勤務評定は、客観的なものとし、当該教員に知らされるものとする。

（２）教員は、不当と考える勤務評定に対して不服を申し立てる権利を有するものとする。

67　生徒の利益に関して教員と父母との間の緊密な協力を増進するためにあらゆる努力がなされるものとするが、教員は、本質的に教員の職務上の責任である問題についての父母の不当な干渉から守られるものとする。

69　教員は、生徒の事故を避けるために最大の注意を払うものとするが、教員の使用者は、校内において又は校外の学校活動において生ずる生徒の事故に際して、教員が損害賠償を負担させられるおそれがないように教員を保護するものとする。

79　教員の社会生活及び公共生活への参加は、教員自身の向上、教育活動及び社会全体のために助長されるものとする。

80　教員は、市民が一般に享受している市民としてのすべての権利を行使する自由を有し、また、公職につく資格を有するものとする。

この内容を解釈すると、次のようになる。教員の地位の前提には、教育を受ける権利が基本的人権であることが宣言されている。その上で、教員は専門職であり、それを保障しているのが学問の自由である。教員は市民的自由をもっており、社会参加が認められなければならない。学校においては、子どもの最善の利益のために、父母との協力が重要である。教員評価は、教員も参加する権利を持っている。なお、教員の組織化である教員団体（教職員組合）の位置づけも明確化されている。

教員の地位に関する勧告の視点から、日本の教員の実態を見た時に、それがまったくといってよいほど保障されていないことが明白である。そこで、全日本教職員組合（全教）は、2002年６月に「教員の地位に関する勧告」にかかわる申立てをおこない、それに対して文部科学省の見解が出され、さらにそれに対して全教の反論が出されて、結果、「教員の地位勧告」の適用に関する ILO・ユネスコ共同専門家委員会（CEART）報告第８回会議の報告が承認された。その主たる内容は、「教員の指導力」と「勤務評定」にあり、これを日本政府は全教（教職員組合）との対話をおこなうことを通して改善するよう、セアートは勧告したのである[(3)]。

3　子どもの権利と教師の権限・責務、そして、開かれた学校づくりへ

子どもの権利条約は最終所見を通して深められ、教員の地位に関する勧告はセアート報告を通して深められなければならない。それは、子どもの権利条約と教員の地位に関する勧告が絶対的な法規範として国際機関の勧告・報告から日本の教育を変えようとすると理解するのではなく、日本国憲法・教育基本法・子どもの権利条約法制を豊かにするものとして、教育実践や教育政策を通して生かされていかなければならないことを意味している。

これを教育学・教育法学の理論として説明すれば、子どもの権利は、生涯にわたる発達と学習の権利の基礎であると同時に、親・おとなの人権と教師の権限・責務のあり様を問う、現代人権である、といえる。そうすると、子どもの権利と教師の権限・責務は一体のものとして把握されなければならないことになる。

こうした子どもの権利と教師の権限・責務の関係を、教育実践として具体化したのが、子ども・親・教師に「開かれた学校づくり」[(4)] である。開かれた学校づくりにおいては、子どもは権利行使の主体として意見表明権のトレーニングをおこない、教師は開かれた教職の専門性として、その子どもの声に耳を傾けて実現することになる。新自由主義教育改革が吹き荒れる中で、こうした子どもと教師の人権に基づくコミュニケーションを実践していくことは、喫緊の課題ではないだろうか(5)。

〈注〉

（１）荒牧重人「国際教育法」神田修・兼子仁編著『教育法規新事典』北樹出版，1999年、参照。

（２）第４・５回の最終所見の読解に関しては、子どもの権利条約市民・NGO の会編『国連子どもの権利条約と日本の子ども期――第４・５回最終所見を読み解く――』本の泉社，2020年、参照。

（３）報告の読解については、堀尾輝久・浦野東洋一編著『日本の教員評価に対する ILO・ユネスコ勧告』つなん出版，2005年、参照。

（４）開かれた学校づくりについては、浦野東洋一・神山正弘・三上昭彦編『開かれた学校づくりの実践と理論　全国交流集会10年の歩みをふりかえる』同時代社，2010年、浦野東洋一・勝野正章・中田康彦・宮下与兵衛編『校則、授業を変える生徒たち　開かれた学校づくりの実践と研究　全国交流集会Ⅱ期10年をふりかえる』同時代社，2021年、参照。

（５）本章と関連する論稿としては、宮盛邦友「教育における〈政策と運動〉論の再構築――子どもの権利条約第44条【締約国の報告義務】および第45条【委員会の作業方法】に基づく日本政府と市民・NGO 間の〈社会的対話〉を中心に――」『東京大学大学院教育学研究科紀要』第46巻，2007年、参照。

〈参考文献〉

○堀尾輝久『人権としての教育』岩波現代文庫，2019年

○堀尾輝久『地球時代の教養と学力――学ぶとは、わかるとは』かもがわ出版，2005年

○堀尾輝久・浦野東洋一編著『日本の教員評価に対する ILO・ユネスコ勧告，つなん出版，2005年

○勝野正章『教員評価の理念と政策――日本とイギリス――』エイデル研究所，2003年

○小川正人・勝野正章編著『教育行政と学校経営　改訂版』放送大学教育振興会，2016年

○子どもの権利・教育・文化全国センター『ポケット版子どもの権利ノート』20年改訂版，2020年

資　料

◎子どもの権利委員会勧告（1998年）

児童の権利に関する委員会の総括所見：日本（第一回）

（1998年６月５日）
（児童の権利に関する委員会第18会期で採択）

条約第44条の下での締約国により提出された報告の審査

1．委員会は、日本の第１回報告（CRC ／ C ／ 41 ／ Add. 1）を1998年５月27日及び28日に開催された第465回～第467回会合（CRC ／ C ／ SR. 465 to 467）において審査し、以下の総括所見を採択した。（注）

（注）1998年６月５日開催の第477回会合において。

A．序論

2．委員会は、締約国に対し、児童の権利に関する委員会により設定されたガイドラインに従った第１回報告及び質問リスト（CRC ／ C ／ Q ／ JAP. 1）に対する書面回答が提出されたことに謝意を表明する。委員会は、報告の審査の際に代表団により提供された追加情報及び締約国の複数省庁からなる代表団との建設的な対話に留意する。

B．肯定的要素

3．委員会は、締約国による法改革の分野における努力に留意する。委員会は、嫡出でない子のための児童手当の権利を全ての未婚の母が持つことを保障することを目的とした1997年採択の児童福祉法改正及び1998年５月の決定を歓迎する。委員会は、また、日本国籍の児童を養育する外国籍の母親の在留資格に関する、出入国管理のルールが1996年に改訂されたことに留意する。

4．委員会は、締約国が、拷問及びその他の残虐な、非人道的な又は品位を傷つける取扱い又は刑罰の禁止に関する条約の批准について現在検討している旨の代表団からの情報を歓迎する。

5．委員会は、条約第12条の重要な側面を実現するための手段として「子ども国会」の招集という締約国のイニシアティヴを歓迎する。

C．主な懸念事項

6．委員会は、締約国による条約第37条（c）への留保並びに第９条１及び第10条１に関する解釈宣言を懸念をもって留意する。

7．委員会は、児童の権利に関する条約が国内法に優先し国内裁判所で援用できるにもかかわらず、実際には、通常、裁判所がその判決の中で国際人権条約一般、就中、児童の権利に関する条約を直接に適用していないことを懸念をもって留意する。

8．総務庁及び青少年対策推進会議の設立について留意しつつも、委員会は、それにもかかわらず、条約が扱う分野において権限のある各種政府部局間及び中央・地方政府間の効果的な調整を確保するためには、それらの権限が限られており、とられた措置が不十分であることを懸念する。委員会は、これが、政府の行動における調整の欠如のみならず不整合にも帰着し得ることを懸念する。

9．委員会は、児童からの不服の登録に関するデータ及び児童の状況に関するその他の情報、特に障害児、施設に入っている児童及び国民的、種族的少数者に属する児童を含む最も脆弱な集団に属する児童に関するものを含め、細目別の統計データを収集するための措置が不十分であることを懸念をもって留意する。

10．委員会は、児童の権利の実施を監視するための権限を持った独立機関が存在しないことを懸念する。委員会は、「子どもの人権専門委員」という監視システムが、現在の形では、児童の権利の効果的な監視を十分に確保するために必要な政府からの独立性並びに権威及び力を欠いていることに留意する。

11．締約国の努力について認識しつつも、委員会は、条約の原則と規定についての認識、特に条約が権利の完全な主体としての児童の概念に重要性を置いていることについての認識を、社会の全ての部分において、児童及び成人の間で同様に、広く普及し促進するためにとられた措置が不十分であることを懸念する。委員会は、また、条約がいずれの少数言語でも入手可能とされていないこと、及び、児童の権利に関する訓練を関連の職業集団に提供するためとられた措置が不十分であることを懸念する。

12. 児童の権利に関する問題における NGO の積極的な参加を評価をもって留意しつつも、委員会は、政府と NGO の現在の協力段階においては、市民社会の知識と専門性が適切に活用されておらず、それが条約の実施の全ての段階における NGO の不十分な参加に繋がることを懸念する。

13. 委員会は、差別の禁止（第２条）、児童の最善の利益（第３条）及び児童の意見の尊重（第12条）の一般原則が、とりわけアイヌの人々及び韓国・朝鮮人のような国民的、種族的少数者に属する児童、障害児、施設内の又は自由を奪われた児童及び嫡出でない子のように、特に弱者の範疇に属する児童の関連において、児童に関する立法政策及びプログラムに十分に取り入れられていないことを懸念する。委員会は、韓国・朝鮮出身の児童の高等教育施設への不平等なアクセス、及び、児童一般が、社会の全ての部分、特に学校制度において、参加する権利（第12条）を行使する際に経験する困難について特に懸念する。

14. 委員会は、法律が、条約により規定された全ての理由に基づく差別、特に出生、言語及び障害に関する差別から児童を保護していないことを懸念する。委員会は、嫡出でない子の相続権が嫡出子の相続権の半分となることを規定している民法第900条第４項のように、差別を明示的に許容している法律条項、及び、公的文書における嫡出でない出生の記載について特に懸念する。委員会は、また、男児（18歳）とは異なる女児の婚姻最低年齢（16歳）を規定している民法の条項を懸念する。

15. 委員会は、児童のプライバシーの権利、特に家庭、学校及び養護その他の施設におけるこの権利を保障するために締約国によりとられている措置が不十分であることを懸念する。

16. 条約第17条に照らし、委員会は、印刷・電子・視聴覚メディアの有害な影響、特に暴力及びポルノグラフィーから児童を保護するため導入された措置が不十分であることを懸念する。

17. 条約第21条に照らし、委員会は、国際養子縁組の場合における児童の最善の利益を確保するために必要な保護手段が欠けていることを懸念する。

18. 委員会は、施設に入っている児童の数、並びに、特別な援助、養護及び保護を必要とする児童のための家庭環境に代わる手段を提供するために設けられた枠組みが不十分であることを懸念する。

19. 委員会は、家庭内における、性的虐待を含む、児童の虐待及び不当な扱いの増加を懸念する。委員会は、児童の虐待及び不当な扱いに関する全ての事案が適切に調査され、加害者に制裁が加えられ、とられた決定について周知されることを確保するための措置が不十分であることを懸念をもって留意する。委員会は、また、虐待された児童の早期の発見、保護及びリハビリテーションを確保するための措置が不十分であることを懸念する。

20. 障害児に関して、委員会は、1993年の障害者基本法に定められた諸原則にもかかわらず、これらの児童の教育への効果的なアクセスを確保し、社会における十分な包摂を促進するために締約国によりとられている措置が不十分であることを懸念をもって留意する。

21. 先進的な保健制度及び非常に低い乳児死亡率を考慮に入れつつも、委員会は、児童の間の自殺数が多いこと、この現象を防止するためにとられた措置が不十分なこと、及び、学校外を含めリプロダクティヴ・ヘルス教育やカウンセリング・サービスへの十代の児童によるアクセスが不十分なこと、青少年の間で HIV ／ AIDS が発生していることを懸念する。

22. 非常に高い識字率により示されているように締約国により教育に重要性が付与されていることに留意しつつも、委員会は、児童が、高度に競争的な教育制度のストレス及びその結果として余暇、運動、休息の時間が欠如していることにより、発達障害にさらされていることについて、条約の原則及び規定、特に第３条、第６条、第12条、第29条及び第31条に照らし懸念する。委員会は、更に、登校拒否の事例がかなりの数にのぼることを懸念する。

23. 委員会は、条約第29条に従って、人権教育を学校のカリキュラムに体系的な方法で導入するために締約国によりとられた措置が不十分であることを懸念する。

24. 委員会は、学校における暴力の頻度及び程度、特に体罰が幅広く行われていること及び生徒の間のいじめの事例が多数存在することを懸念する。体罰を禁止する法律及びいじめの被害者のためのホットラインなどの措置が存在するものの、委員会は、現行の措置が学校での暴力を防止するためには不十分であることを懸念をもって留意する。

25. 売春又はポルノグラフィーを通じる児童の搾取に関与した国民に対する刑事罰を導入するための、性的搾取に関する法律案に留意し、また、1996年のストックホルムにおける児童の商業的性的搾取に反対する世界会議のフォロー・アップとして開催された会議に留意しつつも、委員会は、児童の売春、児童のポルノグラフィー及び児童の売買を防止し、これと闘うための包括的な行動計画が欠けていることを懸念する。

26. 委員会は、締約国において児童に対してますます影響を与えている薬物及びアルコールの濫用の問題に対処するためにとられている措置が不十分であることを懸念する。

27. 少年司法の運営に関する状況、並びに、その状況と条約の原則・規定就中第37条、第40条及び第39条、及びその他の関連する基準、例えば、北京ルールズ、リヤド・ガイドライン、自由を奪われた少年の保護に関する国連規則との適合性は、委員会にとって懸念事項である。特に、委員会は、独立した監視及び適切な不服申立手続が不十分であること、最後の手段としての拘禁及び裁判前の拘禁の使用に対する代替手段が不十分であることを懸念する。代用監獄の状態も懸念事項である。

D．提案及び勧告

28. 1993年のウィーン宣言及び行動計画に照らし、委員会は、締約国に対し、第37条（c）への留保及び解釈宣言をそれらの撤回の観点から見直すよう勧奨する。

29. 国内法における条約の地位に関し、委員会は、締約国が、児童の権利に関する条約及びその他の人権条約が国内裁判所において援用された事例についての詳細な情報を次回定期報告において提供することを勧告する。

30. 委員会は、締約国が、児童に関する包括的政策を発展させ、条約の実施の効果的な監視及び評価を確保するために、国家及び地方の双方のレヴェルにおいて、児童の権利に関連する各種の政府メカニズム間の調整を強化することを勧告する。

31. 委員会は、締約国が、条約の全ての分野に取組むために、また、一層の行動が必要とされる分野の確認及び達成された進歩の評価を促進するために、データ収集のシステムを発展させ、適切な細目別の指標を確認するための措置をとることを勧告する。

32. 委員会は、締約国が、現在の「子どもの人権専門委員」制度を改良し拡大することにより、あるいは、オンブズパーソン又は児童の権利委員を創設することにより、独立の監視メカニズムを確立するため、必要な措置をとることを勧告する。

33. 委員会は、条約の規定が児童及び成人の双方に広く知られ理解されることを確保するために一層大きな努力が締約国により払われるよう勧告する。警察の構成員、治安部隊及びその他の法執行官、司法職員、弁護士、裁判官、全ての教育段階の教師及び学校管理者、ソーシャルワーカー、中央または地方の行政官、児童養護施設職員、心理学者を含む保健・医療職員を含め、全ての職業集団に対し、児童の権利に関する体系的な訓練及び再訓練のプログラムが組織されるべきである。権利の完全な主体としての児童の地位を強化するため、委員会は、条約が全ての教育機関のカリキュラムに取り入れられるよう勧告する。委員会は、更に、必要な時には翻訳することにより、条約全文を少数言語で入手可能とすることを勧告する。

34. 委員会は、締約国に対し、条約の原則及び規定を実施し監視するにあたり、NGO と緊密に交流し協力するよう勧奨する。

35. 委員会は、条約の一般原則、特に差別の禁止（第２条）、児童の最善の利益（第３条）及び児童の意見の尊重（第12条）の一般原則が、単に政策の議論及び意思決定の指針となるのみでなく、児童に影響を与えるいかなる法改正、司法的・行政的決定においてもまた、全ての事業及びプログラムの発展及び実施においても、適切に反映されることを確保するために一層の努力が払われなければならないとの見解である。特に、嫡出でない子に対して存在する差別を是正するために立法措置が導入されるべきである。委員会は、また、韓国・朝鮮及びアイヌの児童を含む少数者の児童の差別的取扱いが、何時、何処で起ころうと、十分に調査され排除されるように勧告する。更に、委員会は、男児及び女児の婚姻最低年齢を同一にするよう勧告する。
36. 委員会は、締約国が、児童のプライバシーの権利、特に家庭、学校及び児童養護その他の施設におけるこの権利を保障するため、立法的なものを含め追加的な措置を導入することを勧告する。
37. 委員会は、締約国が、印刷・電子・視聴覚メディアの有害な影響、特に暴力及びポルノグラフィーから児童を保護するため、法的なものを含め全ての必要な措置をとることを勧告する。
38. 委員会は、締約国が、国際養子縁組の場合において児童の権利が十分に保護されることを確保するために必要な措置をとり、また、国際養子縁組に関する児童の保護及び協力に関する1993年のヘーグ条約の批准を検討することを勧告する。
39. 委員会は、締約国が、特別な援助、養護及び保護を必要とする児童のための家庭環境に代わる手段を提供するために設けられた枠組みを強化するための措置をとることを勧告する。
40. 委員会は、締約国が、家庭内における、性的虐待を含む、児童の虐待及び不当な取扱いの事案に関する詳細な情報及び統計を収集することを勧告する。委員会は、この現象についての理解を促進するために、児童の虐待及び不当な取扱いの事案が適切に調査され、加害者に制裁が加えられ、とられた決定が周知されるよう、また、これを達成するために、児童にとって容易に利用でき親しみやすい不服申立手続が確立されるよう勧告する。
41. 障害者の機会均等化に関する標準規則（総会決議48／96）に照らし、委員会は、締約国が、現行法の実際的な実施を確保するために一層の努力を払い、障害児の施設への入所に代わる措置をとり、障害児に対する差別を減らすための啓発キャンペーンを考慮し、障害児の社会参加を奨励することを勧告する。
42. 委員会は、締約国が、青少年の間における自殺及びHIV／AIDSの発生を防止するために、情報の収集及び分析、啓発キャンペーンの実施、リプロダクティヴ・ヘルスに関する教育及びカウンセリング・サービスの確立を含め、全ての必要な措置をとることを勧告する。
43. 締約国における高度に競争的な教育制度並びにそれが児童の身体的及び精神的健康に与える否定的な影響に鑑み、委員会は、締約国が、条約第３条、第６条、第12条、第29条及び第31条に照らし、過度なストレス及び登校拒否を予防し、これと闘うために適切な措置をとることを勧告する。
44. 委員会は、締約国が、条約第29条に従って、人権教育を学校のカリキュラムに体系的な方法で含めるために適切な措置をとることを勧告する。
45. 特に条約第３条、第19条及び第28条２に照らし、委員会は、とりわけ体罰及びいじめを除去する目的で、学校における暴力を防止するために包括的なプログラムが考案され、その実施が綿密に監視されるよう勧告する。加えて、委員会は、体罰が家庭及び児童養護その他の施設において法律によって禁止されるよう勧告する。委員会は、また、代替的な形態の懲戒が、児童の人間としての尊厳に合致し条約に適合する方法で行われることを確保するため、啓発キャンペーンが行われるよう勧告する。
46. 委員会は、締約国が、1996年の児童の商業的性的搾取に反対する世界会議の結果に沿って、児童の売春、児童のポルノグラフィー、及び児童の売買を防止し、これと闘うための包括的な行動計画を策定し実施することを勧告する。
47. 委員会は、締約国が、児童の間における薬物濫用を防止し、これと闘うための努力を強化し、学校の内外における広報活動を含め全ての適切な措置をとるよう勧告する。委員会は、また、締約国に対し、薬物濫用の被害児のためのリハビリテーション・プログラムを支援することを勧奨する。

48. 委員会は、締約国が、条約及び少年司法の分野における他の国連の基準、例えば、北京ルールズ、リヤド・ガイドライン、自由を奪われた少年の保護に関する国連規則の原則及び規定に照らして、少年司法制度の見直しを行うことを考慮することを勧告する。拘禁の代替的措置の確立、監視及び不服申立手続、代用監獄における状況に特に注意が払われるべきである。

49. 最後に、委員会は、条約第44条6に照らし、関連するサマリー・レコード及び委員会により採択された総括所見とともに、締約国により提出された第1回報告及び書面による回答が広く国民一般に入手可能とされ、同報告が刊行されるよう勧告する。このような幅広い配布は、政府、議会、及び、関心を有するNGOを含む一般国民において、条約並びにその実施及び監視に関する議論及び認識を引き起こすはずである。

（仮訳注：訳文中の「締約国」は、日本を指す。）

（日本政府仮訳）

◎セアート報告（2003年）

「教員の地位勧告」の適用に関するILO・ユネスコ共同専門家委員会（CEART）第8回会議の報告

（パリ、2003年9月15〜19日）

〜全日本教職員組合（全教）による申し立て〜

経緯

1．全日本教職員組合（全教）は、共同専門家委員会事務局書記に宛てて二〇〇二年六月二八日付け書簡を送付し、教員（の指導力）を評価する制度の導入と実施形態及び新たな勤務評定制度の導入とその運用において、日本政府は一九六六年「教員の地位に関する勧告」の諸条項を遵守していないとする申し立てを行った。

2．全教はさらに二〇〇二年九月二四日前後に申し立てを補強する補足文書を提出し、主張する多くの点について詳細な例証を行った。

3．共同専門家委員会は日本政府の所轄官庁に対し、全教の申し立て及び補足資料に対する見解を示すよう求めた。

4．二〇〇三年三月三日、文部科学省は共同専門家委員会宛てに文書による回答を行った。

5．共同専門家委員会は手続きに則り、全教に対して政府の提出した情報に対する見解及び共同専門家委員会にとって有益であると思われる最近の状況についての追加情報を提供するよう求めた。この求めに応じて、全教は二〇〇三年四月二一日に文章による回答を寄せ、政府の回答内容への反論を行った。さらに、この全教の回答に対する文部科学省の見解及び補足文書が二〇〇三年六月二六日に受理された。

検討結果

6．全教と日本政府が提出した資料は多くの論点と実際の状況に言及しているが、本質的には、いくつかの明確な中心的問題に絞ることができる。文部科学省は近年、指導力不足と思われる教員（学習指導や学級経営を効果的に行うことができないと繰り返し評価された教員）に対応するための制度と優れた業績をあげている教員に対して特別な昇格や直接的な金銭的報奨で報いる制度を新たに導入した。

7．提供された資料を検討すると、詳細な事実関係に関しては双方の間に見解の食い違いが相当あり、これは適切な事実調査団を派遣することによってはじめて解決できると考えられる。しかし、共同専門家委員会はすでに提起されている諸問題を十分に議論する前に事実調査団派遣に踏み切るのは時期尚早であると判断する。

8．上記の二つの制度については、これを別々に検討することが好都合である。しかし、両制度には共通する一つの側面があり、それを最初に明らかにしておくべきであろう。

9．「勧告」九項は、指導的原則として、教員団体は教育の進歩に大きく寄与しうるものであり、したがって教育政策の決定に関与すべき勢力として認められなければならないことをうたっている。これを受けて、さらに一〇項（ｋ）は「教育政策とその明確な目標を決定するためには、権限ある当局と（その他の団体等とならんで）教員団体の間で緊密な協力がなければならない」と述べている。こうした主張は七五項、四九項、四四項、一二四項においても展開されているところである。すなわち、これらの諸項は以下の諸原則を示している。

（ａ）教員がその責任を果たすことができるようにするため、当局は教育政策、学校組織、および教育事業の新しい発展等の問題について教員団体と協議するための承認された手段を確立し、かつ、定期的にこれを運用しなければならない。

（ｂ）教員団体は、懲戒問題を扱う機関の設置にあたって、協議にあずからなければならない。

（ｃ）昇格は、教員団体との協議により定められた、厳密に専門職上の基準に照らし、新しいポストに対する教員の資格の客観的な評価にもとづいて行われなければならない。

（ｄ）給与決定を目的としたいかなる勤務評定制度も、関係教員団体との事前協議及びその承認なしに採用し、あるいは適用されてはならない。

10. 全教は、新しい制度は文部科学省および使用者当局（県教育委員会）と全教の間で適切な協議がなされずに導入されたのみならず、教育当局は全教との対話を「拒否した」と主張している。全教の申立てによれば、指導力不足教員への対応に関する問題について同組合との交渉を求める書面による要求に文部科学省は応じず、また、ほとんどすべての教育委員会も「管理運営事項に関する問題」であるという理由をあげて交渉を拒否した。同様に、教育委員会は「協議を必要としない管理運営事項である」との理由で教員評価制度に関する教員組合との適切な協議を拒否したと全教は主張している。

11. 二つの制度の詳細については後に再び触れるが、日本政府の回答は第一〇段落に記した全教の主張内容については争っていないことに留意すべきである。日本政府からの最初の回答では、指導力不足教員への対応に関する制度の導入に際して、実際に教員組合との間で適切な協議あるいは話し合いが行われたとは述べられていない。日本政府は地方公務員法55条３項を根拠にして、指導力不足教員の問題は「地方公共団体の管理あるいは運営に関する事項に該当」し、「交渉の対象にならない」と主張していた。この立場は二〇〇三年六月二六日付けの回答でも繰り返し表明されている。教員評価に関しては、文部科学省は教員の集団（groups of teachers）から意見を聴取し、話し合いを行ったと述べるにとどまっている。共同専門家委員会は、ここで言われている教員の集団は教員団体（teachers' organizations）を指すものではないと解釈する。

12. 上記の事情から、「勧告」が予定しているようには協議が行われなかったという申立ては妥当であるというのが共同専門家委員会の結論である。この点について、ある事項が管理運営事項にあたると分類することをもって、機械的に「勧告」の適用を免れるとの主張は無益である。「勧告」は教育当局と教員団体の間の「交渉」と「協議」を区別している。争点になっている事項のなかには、（交渉ではなく）協議が求められているものがある。（しかし）共同専門家委員会は、（交渉ではなく）協議が求められるべき性質のものではあっても、教員の労働環境と専門職的責任そして究極的には教員の地位に重要な影響を及ぼす、実に多様な事項にも「勧告」が現に言及していることを強調する。一九六六年「勧告」は管理当局が評価を行うことを否定していないが、教員団体はどのように評価を行い、評価結果をどう用いるかを確定するのに関与すべきものである。二つの制度の導入と現実の運用に上に引用した「勧告」の諸条項がまさしく適用されるものであることについては、まったく疑いの余地がない。

教員の指導力

13. 全教は提出した文書のなかで、批判の対象としている人事管理制度に関する詳細な訴えをいろいろな現実の事例をあげて例証している。日本政府の回答は全教による申立てを否定し、論点の多くは誤解に基づいており、事実が正確に伝えられていないと述べる。すでに述べたように、共同専門家委員会は現時点で詳細な事実関係に関する争いの解決を図ることを提起しない。むしろまず勧告の原則に関する重要な問題をとりあげて共同専門家委員会は検討したい。この勧告の原則に関する問題の解決は将来的には個別事例の解決にも役立つべきものである。

14. 全教による訴えの主なものは次のとおりである。

（a）指導が不適切とされる教員に対する新たな制度が二〇〇二年一月一一日から施行されている。

（b）教育委員会の判断により、教員が授業や学級経営を適切に遂行できないと判断され、必要な措置（現職研修を含む）が講じられても効果がないときには、その教員を教員以外の職へ転職させることができる。代わりの適切な職がない場合には、教員は結局退職を強いられることになる。

（c）判断基準は教育委員会に任されており、県によってまちまちになっている。

（d）本質的に教員の命運は校長が左右することができる（Teachers are essentially in the hands of school principals）。校長が教育委員会に提出する不利益な申請を教員本人は見ることができず、反論する十分な意見陳述の機会も保障されていない。

（e）指導力不足教員という判定に対して不服を申し立て、訂正を求める十分な権利が与えられていない。矯正研修の間、教職を離れた教員が首尾よく研修を修了したとしても、もとの教職への復帰を保障されていない。さらに、研修の内容は教育委員会にゆだねられており、実際に教職とは関係のない内容となっていることもある。

（f）制度は透明性と公正さを欠いている。申請を検討する委員会に教員代表が含まれていない。この委員会の構成はしばしば非公開とされている。教員本人が委員会で意見を述べることは許されてない。

要するに、全教の申立ては、この制度は明らかに適正手続き（デュープロセス）を欠いているというものである。

15. 共同専門家委員会は、文部科学省は東京都教育委員会が二〇〇〇年から実施している制度を支持しており、他県にも推奨しているものと理解している。この制度の基本は、校長等の管理職が指針に示された指導力不足の事例に合致する教員の行状を認めた場合、教員本人に改善に必要な指導と助言を与えるというものである。指導助言の記録及びそれによって達成された結果は、その教員が指導力不足であるとして教育委員会に申請がなされる場合の基礎になる。校長等の管理職が指導力不足と思われる教員について申請しようとする場合、申請がなされる前に当該教員にその旨が知らされ、指導力不足教員として申請されることに対する本人の意見が記録されて、東京都教育委員会への申請に添付される。申請及び教員本人の意見は審査委員会によって検討され、最終的な認定が下される。

文部科学省は、教育委員会に対して指導力不足教員に関する基準に関する指針を通知しており、認定は客観的基準に基づくものであると強調している。

16. 共同専門家委員会は、日本政府の回答にみられる、制度の以下のような特徴に注目する。

（a）指導力不足とされる教員は二段階の支援を受ける。県教育委員会は教員が業務を適切に行う能力がないことを判定する。申請に基づき、当該教員はさらに指導と研修を受ける。児童・生徒に対する指導が適切さを欠き、指導力を向上させるための指導と研修をすでに受けている教員は、教員以外の職があれば、転職させられる。

（b）回答をみる限り、県教育委員会に行われた（指導力不足教員の認定）申請を検討する際の適正手続き（デュープロセス）が十分であるとは言えない。回答では、都道府県教育委員会を対象に行った調査によれば、「指導力不足教員の認定が申請され、審査の対象となっている教員の意見を聴取するつもりはないとした教育委員会はなかった」としているが、申請の内容について十分に知らされ、委員会に出席して意見を述べ、いかなる段階であるにせよ不服を申し立てる普遍的な権利（a general right）が教員に与えられていることを示す証拠はない。ただ、免職、転職、休職の措置に対して人事委員会に不服申立てができるにとどまる。教員の資質能力を向上させるために研修を受けさせる措置については、教員の利益に反するものではなく、人事委員会への不服申し立ての対象にはならないとの見解が表明されている。

（c）校長が教育委員会に対して行う（指導力不足教員の認定）申請に教員本人の意見が添付されている場合、意見を述べる機会をさらに与える必要はないとされている。しかし、申請内容を教員本人が実際にみたうえで意見を述べることができるようにはなっていないように思われる。校長は指導力不足教員に該当するとの意見の内容について、申請に至るまでの指導助言を与える段階で教員本人と話し合っているものとみなされているようである。

（d）文部科学省は、判定委員会の委員名を公表するかどうかは教育委員会の裁量に委ねられるべきであるとしており、委員名の公表が委員本人や家族への圧力をもたらすことなり、公正な判断の妨げとなりうるものと考えている。

17.「勧告」の一連の諸条項が上記の状況に適用される。それらの諸条項は全体として考えられるものであり、その趣旨は次のとおりである。

（a）四五項及び四六項は、教職における雇用の安定と身分保障は教育の利益と個々の教員の利益の双方にとって不可欠であり、また教員はその専門職としての身分とキャリアに影響する専断的な行為から十分に保護されなければならないとしている。

（b）六四項は、いかなる形であれ教員の仕事を直接評価することが必要な場合、その評価は客観的なものでなければならず、その内容は教員本人に知らされなくてはならないと規定している。さらに、教員は不当と思われる評価に対して不服を申し立てる権利を持たなければならないとはっきり述べている。

（c）五〇項は、六四項とあわせて読めば、（教員の指導力に関する）報告・申請においてなされた評価の結果、専門職的行為に対する違反とみなされることから生じる解雇のような、懲戒的性質を伴う措置がとられうることを意味している。同時に、作成された報告・申請書の内容について十分に知らされること、意見を述べる十分な機会、実効的な不服申し立ての権利などの適正手続き（デュープロセス）を予定している。

18. 共同専門家委員会は、文部科学省が叙述するような現行制度では「勧告」の水準を到底満たし得ないと考える。文部科学省が主張するように、上記の過程（指導力不足教員の認定）の当事者となる教員の数は限られているということが事実であっても、それでこの結論が覆されるものではない。現行制度では（指導力不足教員の認定）申請の具体的な内容が教員本人に知らされることが保障されていない。したがって、教員は申請内容について疑義を呈し、反論する実効的な機会も保障されていない。判定委員会に出席して意見を述べる権利はなく、きわめて限定的な範囲でしか、不服申し立てを行う権利が与えられていない。県教育委員会が判定委員会の委員名を明らかにしていない以上、判定の過程は開かれた透明性の高いものであるとはけっして言えない。

19. さらに、共同専門家委員会委員の経験に照らすと、専門職としての教員の指導や能力に関するような非常に重要な決定を行う機関から現職教員が排除されているのは不可解であり、通常認められているやり方に反する。直接的経験を持つ人物が排除されていると、意思決定過程の妥当性が疑問視されることになりかねない。（指導力不足教員の）判定委員会の委員名を非公開とする理由が十分に説得的であるとは言えない。何よりこうしたやり方（非公開）は他国では見られないからである。

20. 以上のことから、共同専門家委員会は指導力不足教員の判定と措置に関する制度が「勧告」の諸規定に合致するよう再検討されるべきことを強く勧告する。共同専門家委員会は、これらのことは地方行政の管理運営事項であり、「勧告」の適用対象外であるという主張を認めることはできない。

勤務評定

21.「勧告」は使用者当局が公正で適切な教員の勤務評定制度を発展させ実施しうること、また評定を昇給の基礎として用いうることを認めていることは明らかである。しかし、すでに引用したとおり、一二四項は給与決定を目的としたいかなる勤務評定制度も関係教員団体との事前協議及びその承認なしに採用され、または適用されてはならないと明確に述べている。これもすでに引用した「勧告」六四項もこのような評定に適用される。同項は客観的基準と明確な不服申し立ての権利を予定している。
22. 共同専門家委員会が知りうる範囲において、過去に実施された多くの勤務評定制度は公正かつ有効に運用されず、結局は廃止されている。これは上記原則の根拠を示すものである。成功の鍵は真に客観的な基準をきわめて慎重に定義することと誰から見ても透明性の高い公正な運用制度を確立することにある。適切な構成員からなる独立した機関に審査を請求し、不服を申し立てることのできる実効的権利など、恣意に対する適切な防禦の保障はその一部である。
23. 全教は申し立てにおいて次のような批判を行っている。

（a）現行の制度は当事者である教職員団体との十分な協議も、またその承認もなく導入されたものである。実際、協議の要求は、勤務評定制度は管理運営事項であり、協議を要しないとの理由により拒否されている。（この点、東京都教育委員会は最近の回答において「教員団体から意見を聴取し、意見を交換する多くの機会を持った」と主張しており、対立がある。）

（b）この制度では教頭及び校長による絶対評価に加えて、教育長が相対評価を行うが、教育長は一万五〇〇〇人もの教員を評価することになる。このことから、きわめて主観的な要素が入り込まざるを得ない。

（c）勤務評定は教員による義務的な「自己申告」から始まるが、校長または教頭はこの「書き換え」を要求することがある。

（d）勤務評定は競争的性質を持つものであるため、教員間の共同的な同僚性を損なう傾向が実際にみられるとともに、生徒の成績に基づく高い評価を得んがために個々の教員の専門職的な教育活動が歪められる恐れが多分にある。

（e）現行制度では評定結果の本人開示が（教育長の）裁量によるものとされ、しかもこれまでに実施されていないのであり、真に透明性の高い制度であるとは言えない。評定結果に対する不服申し立ても制度化されていない。

（f）現行制度に対する教員の信頼は概して得られていない。むしろ、教員の意欲と動機づけに負の効果をもたらしている。評価者である校長と被評価者である教員の間の信頼関係に望ましくない亀裂を生じさせている。
24. 文部科学省は多くの点で全教による批判に反論を試みている。
25. 大前提として、文部科学省は、導入しようとしている勤務成績の評価制度は「勧告」一二四項に言う「給与決定を目的とした勤務評定制度」にはあたらないのであり、同項は適用されないと主張している。文部科学省は、新たな勤務評定制度は教員の能力開発が主な目的であって、人事考課は給与を決定するものではない、したがって同制度は勤務条件と関係がないと断言している。
26. すでに引用したように、人事考課制度は各層の代表から構成される「委員会」によって検討されたものであり、「教員団体から意見を聴取し、意見を交換することに努めた」と文部科学省は主張している。
27. 文部科学省は評価が公正で客観的なものではないという批判に反論している。全管理職員は評価者訓練を受講しており、評価は授業観察に基づくものであると述べる。
28. 評価結果が教員に開示されていないとの批判に対して、文部科学省は「実際には、成果と改善を要する点が教員との個別面接のなかで具体的に話し合われている。面接では、教員の能力開発を促すため、具体的な助言が与えられている。したがって、結果の開示と教員が自分の意見を表明する機会は、事実上、保障されている」と述べている。また、共同専門家委員会は、東京都教育委員会の最終回答において、規則上、本人開示の権利は「現行制度のもとでも保障されている」と述べられていることに注目する。あわせて「人事考課制度の基準と運用に関して、教員、教員団体等は人事委員会に措置要求を行うことができる。この措置要求が却下された場合、違法な行政処分として裁判所に訴えることができる」とも述べている。
29. 最後に、勤務評定制度の実施は管理運営事項であり、したがって「勧告」は適用されないとのいうのが文部科学省の立場であると共同専門家委員会は理解している。
30. 共同専門家委員会は、相対評価の目的が「評価結果を給与、昇任その他人事管理に適切に反映させるため」とされているにも関わらず、新たな勤務評定制度は給与決定を目的とするものではないと文部科学省が主張していることに当惑を覚える。しかも、文部科学省は最近の回答において「優れた業績をあげている教員が適切に認められ、その評価結果が給与を含む処遇に適切に反映されること」が望ましいと、明確に述べているのである。文部科学省は、全教が教員評価に基づく新たな差別的な業績主義給与と人事制度が東京都と香川県で既に導入されていると明確に述べていることに対して具体的な言及をしていない。この事の真偽はおくとしても、少なくとも、現在の制度はまぎれもなく64項の適用対象であることを断言しなくてはならない。その理由がまったくの管理的事項であるというものであれ、他の何であれ、この事案について「勧告」は適用されないとの考えを共同専門家委員会は認めることができない。「勧告」の表現は他の解釈の余地を与えるものではない。

31. 全教と文部科学省の提出した意見から、共同専門家委員会は新たな教員評価制度の導入と実施は以下の点で「勧告」に抵触していると結論する。

（a）「勧告」が予定している教員団体との十分な協議の過程を欠いていた。

（b）重大な影響をもたらす主観的評価が行われることが明らかである。

（c）教員は行われた評価の詳細とその根拠を知る権利を与えられていない。（この点、個別面接において話し合いが行われていると文部科学省は言っているが、それでは上記事項に関する詳細な情報が提供されていることの保障にはまったくならない。教員本人は評価者がどのような最終的評価を行ったかとその根拠について知らされていない。さらに、東京都教育委員会の言う「保障」は個人の評価内容の本人開示についてではなく、基準に対する不服申し立てについてのことであるように思われる。東京都教育委員会は「東京都教育委員会は、教員本人に対する評価結果の開示は原則的に必要であると考えている。現在、本人開示の時期と範囲について検討が行われている。」と別のところで述べており、このことは現在本人開示が実施されていないことを明示している。）

（d）勤務評定の過程に公開性と透明性が欠如していること、また評価の基準と実施方法に関してはともかく、評価自体に関する審査または不服申し立ての明確な権利がまったく存在しないことは明らかである。

32. 共同専門家委員会は、事実に関する争いが解決されていない現時点では、詳細にわたる事項に関してこれ以上言及するのは不適切であると判断する。繰り返しになるが、いずれにせよ善意と適切な対話をもって、主要な「勧告」不遵守の問題が解決されるならば、他の点についての争いも緩和され、全教と関係する行政機関との関係の残念な悪化と思われる問題も回復されうるであろうというのが共同専門家委員会の意見である。このことに関して、文部科学省と関係する教員団体は、相互に受け入れることのできる結論に到達するためにILO及びユネスコから専門的な助言を求めることが有益であることを考慮されたい。

勧告

33. 共同専門家委員会はILO理事会とユネスコ執行機関に対して次のとおり勧告する。

（a）上記の状況に対して注意を払うこと。

（b）上記の検討結果を日本政府及び全教に伝え、「勧告」が遵守されていない領域について建設的な対応を行うために対話を行うことを双方に要求すること。

（c）日本政府及び全教に対し、これらの諸問題の今後の展開についての情報を共同専門家委員会に常に提供するよう要求すること。これらの情報は定められた手続きにしたがい適切な時期に検討されることとなるだろう。

（全日本教職員組合訳）

『余暇・遊び・文化の権利と子どもの自由世界　〜子どもの権利条約第三一条論〜』

増山均，青踏社，2004年

子どもの権利条約の中でユニークな条文なのが、第31条［休息・余暇、遊び、文化的・芸術的生活への参加］である。私たちは、余暇・遊び・文化を権利としてとらえる発想がきわめて薄いが、余暇・遊び・文化の権利は、子どもと学校のあり方を根本から問いなおす規範的・事実的力をもっている重要な権利である。例えば、学校において子どもが学力をつけることは誰しも疑わないが、それがかえって人間と公教育を抑圧していることを見逃してしまう。それに対して、余暇・遊び・文化の権利は、それを行使することを通して、子どもが人間らしい生き方ができるような人間関係・社会関係を、親・おとな・国家に要求することになるのである。

「『子どもの権利条約』第三一条とは何か、どのような内容を提起しているのかを明らかにするとともに、日本の子どもたちの自由世界をひろげ、豊かな心を育てる上での意義について検討する」という目的から本書を読んでいくと、第31条が成立する要件は、次の二つとなる。

第一、〈有用に対する無用〉。心の教育や奉仕活動などをはじめとする教育改革が、子どもの学校教育にとどまることなく、児童福祉や学校外教育にまで及んでおり、ある意味では、社会が学校化している現状がある。そこには、あることのために何かをおこなう、という有用性の発想が根底にあり、無意味と見えるようなものの中にある意味を見つける、という無用性は存在しない。それに対して、「意味のあることだけ求めるのではなく、意味を問わない時間をも保障すること。労働時間の短縮とともに、学校が子どもを拘束している時間を制限し、毎日の暮らしの中で親と子が共同作業を共にし、余暇と文化を共に味わえるようにすることこそ緊急の課題である」という増山の指摘は、子どもの余暇・遊び・文化の哲学を示しているという意味において、第31条を支える基本的視点である。

第二、〈政策に対する運動〉。教育改革において子どもの居場所づくり・文化活動が課題となっているが、そこでは、一方の当事者である子ども・家族、市民・

NGO が創造してきた子どもの居場所づくり・文化が十分に視野に入っていない、という問題点がある。国による教育政策のみが教育実態を変革しており、市民的共同や NPO などの教育運動はそれに反対をしているだけである、という認識である。それに対して、「今日求められている子育ての社会化への対応を豊富なイメージで保障していく主体的な力は、NGO・NPO と市民的共同のさらなる発展の中にあると言える」という増山の指摘は、子どもの余暇・遊び・文化の内容を示しているという意味において、やはり、第31条を支える基本的視点である。

実践的には、子どもの権利条約市民・NGO 報告書をつくる会の展開として、理論的には、国民の教育＝文化権論の発展として位置づく、増山の「アニマシオンの臨床人間学」は、教育をとらえなおす新しい地平を切り拓いているのである。

第 2 部

学校改革の計画

Ⅳ 開かれた学校づくりからみた国民の教育権論の基本問題

1 はじめに

国民の教育権の教育実践的展開、それが「開かれた学校づくり」である。

国民の教育権とは、狭義には「教育する権利（権能ないし権限）」であり、広義には「教育の当事者である子ども、親、教師、国民、国家等の、教育に関する権利・義務、責任と権限の関係の総体」(1) である。開かれた学校づくりとは、「教師、子ども、保護者、住民（地域の機関を含む）の学校参加」(2) である。これからすると、開かれた学校づくりとは、「広義の国民の教育権の学校参加論」、ということができる。「質の良い教育法学の理論と優れた教育実践は結合するはずであ」り、「実践的な教育法学の創造が課題となっている」(3) との指摘からすれば、国民の教育権と開かれた学校づくりが切り結ばれることは、きわめて重要な教育学・教育法学の理論的・実践的課題なのである。

この開かれた学校づくりをリードする浦野東洋一は、開かれた学校づくりを、学校評議員制度や学校運営協議会（コミュニティ・スクール）と比べた時に、「子どもが参加し、子どもが中心に据えられていること」という子どもの権利と「教職員、子ども、保護者、住民は、それぞれの立場や役割は違うが、原理的には人間として対等平等であると認識され、そのような雰囲気に協議会やフォーラムが運営されていること」という学校の公共性でもって、「『教職の専門性』を問い直し、『同僚性』を形成し、④（パートナーシップ（参加協力）——引用者注）の力を飛躍的に強めること」という開かれた教職の専門性を問いなおす(4)、という戦略を提起している。そうすると、校則や授業等の改革から学校の条件整備まで、開かれた学校づくりの視野はかなり広いことになる。それらの内実（実践）については、第Ⅰ期『開かれた学校づくりの実践と理論』および第Ⅱ期『開かれた学校づくりの実践と研究』(5) において論述されている通りである。

ところで、国民の教育権論をめぐっては、きわめて論争的である。その論争の中から「学校改革」・「授業改革」・「教育委員会改革」という三つの論点をとりだして、開かれた学校づくりから見るとそれらはどう見えるのだろうか、というのを、国家主義・新自由主義の教育改革との対抗の中で、素描する、それが本章の主題である。

2　学校改革

国民の教育権論の第一の課題は、「学校改革」である。その学校論構想としては、堀尾輝久によって、「人格形成学校」(6) がすでに理念的に提起されており、その現実的形態が、「開かれた学校づくり」となる。

学校論・公教育論構想としては、大きく把握すると、選択に基づく学校論・公教育論と参加による学校論・公教育論に分けることができる。学校選択論に関しては、黒崎勲などの研究が有名である (7)。ここでは、選択と参加を対立的にとらえながら、国民の教育権論における学校参加論の意義を確かめていくことにしたい。

学校選択論の論点は、勝野正章によって、「市場化・民営化論においては、国家活動の肥大化と福祉国家への『依存』に対する批判とならんで、公共機関を動かしているのは公共性、利他心、専門職的倫理ではなく、官僚制、政治家、専門職の自己利益追求であるとして、官僚制、専門職主義が批判されること」・「親の教育要求の多様性、社会における価値多元性を尊重し、それらを促進しようとする志向性が、市場化・民営化論、公立学校選択論、規範的（権利論的）公共性論のいずれにも共通する」(8)、という二点が指摘されている。つまり、教師の官僚制・専門職主義の抑制、および、それの親の教育要求との均衡、がその論点となっている。

第一の教師の問題については、国民の教育権論の中核的な課題である。これについては、例えば、勝野・黒崎論争によっても、勝野の「国家権力との関係についていえば、教師の教育の自由を尊重することが教育の中立性の『民主主義的』保障であることは、一九五八年の勝田守一・堀尾輝久による『国民教育における「中立性」の問題』以来すでに、理論的には十分論じ尽くされてきたこと」[9]という見解に対して、黒崎の「勝野のなかにある『教師の教育権』の枠組みの絶対化という国民の教育権論の主流的パラダイムから自動的に導き出された理解の躓きを表す」[10]、という反論がなされている通りである。この文脈からは、勝野は国民の教育権擁護論であり、黒崎は国民の教育権批判論であることがわかる。学校選択論では、「抑制と均衡」という原理によって、親の学校選択が教師の専門性を問いなおす、という論理を採用している。しかし、この論理の中には、親がどのような存在であるのか、ということが問われる仕組みがなく、また、親の成長を通して学校を選択する、ということが想定されておらず、場合によっては、親のイチャモンのような親の教育要求に教師の専門性が追随する可能性すらもっている。この点、学校参加論である開かれた学校づくりでは、教職の専門性を問いなおし、同僚性を形成し、パートナーシップ（参加協力）の力を飛躍的に強める、となっている。つまり、子どもの権利や親の教育要求という権利によって、官僚制や専門職主義を乗り越える開かれた教職の専門性は規定される、となっているのである。これは、最初から教師の教育権が規定されている教育法学の主流派の教師の把握の仕方とは異なっている。

第二の親の問題については、今橋盛勝の学校父母会議（父母組合）の構想[11]にある通り、やはり国民の教育権論を支える重要な課題である。これについては、学校選択論は、先に指摘した通り、親を学習・教育主体として位置づけていないが、学校参加論において、勝野は、「日本でも広い意味での学校参加場面における教師の親に対する優位性が指摘されることは少なくなかった」[12]としている。従来の学校参加論では、教師の自己教育活動（研修）が盛んに研究されてきたのに対して、学習権・教育権主体としての親の学習活動の深められ方が不十分であった。この点、学校参加論としての開かれた学校づくりについては、三者協議会や学校フォーラムが子ども・親・教師・地域住民相互にとっての学習活動の機能をもっており、親の学習活動が明確に位置づけられている。つまり、国民の教育権論における親の教育権は、子ども—教師関係だけにとどまらない、新しい教育の公共性の契機をもっている、と解釈できるのである。

さらに、学校選択論には見られない学校参加論の決定的に重要な視点は、開かれた学校づくりでは、権利としての親の学校参加のみならず、権利としての子どもの学校参加を位置づけているところにある。子どもの権利は、結局のところ、教育行政学や静態的教育法規から学校選択論を構想した場合にはまったく登場しない、教育学や動態的教育法学からの学校参加論だからこそ登場する視点なのである。

このように、学校改革としての学校参加論は、子どもを中心とした親・教師・地域住民による国民の教育権論の実践的展開である、ということができる。そして、学校の公共性とは、国民の教育権・開かれた学校づくりでいえば、子ども・親などの人権に根差した公共性、ということになるのである。ここに、新しいタイプの公立学校のような人権を無視した新自由主義的な公共性との決定的な違いがある。

3　授業改革

国民の教育権論の第二の課題は、「授業改革」である。その授業論構想の一端としては、堀尾輝久によって、「生涯にわたる発達と学習の権利」(13) として提起されており、宮下与兵衛たちによって教育実践 (14) として取り組まれている。

授業論構想に関わっては、マクロな視点からではあるが、戸波江二によって、教育内容決定権の重要性が展開されてきた (15)。ミクロな視点である授業については、校則などに比べて、必ずしも十分に深められてきたとは言い難い。ここでは、教育内容決定権に関わる問題を掘り下げながら、国民の教育権論における授業論の意義を確かめていくことにしたい。

教育内容決定権の論点は、戸波によって、「教育内容そのものについて、国家主義や国家イデオロギーの教育への浸透がそもそも許されないことを主張するとともに、あるべき教育としての憲法の基本価値を教えることの重要性を主張していくべきである」と述べられて、「要は、子どもたちの将来の成長と社会の場での活躍にとって、何が必要なのか、何が教えられるべきではないのか、という議論をしっかりと行うことが必要である」[16] と指摘されている。これは、つまり、立憲主義の立場から、子どもの権利としての主権者教育をおこなうべきである、というのである。これに対しては、市川須美子が、間接的にではあるが、「教師権力者論からの教師の教育の自由の否定説は、〔中略〕憲法学・教育学両者に一定の影響力を有し、教育法学内部での論争につながっている。しかし、現在の憲法学説が自明の前提にしている学力テスト事件最高裁判決は、教育法学界のいわば総力戦によって勝ち取られた教育人権宣言判決で、子どもの学習権とともに、〔中略〕教師の教育の自由を承認し、これを、〔中略〕子どもの学習権、人間の尊厳からも裏打ちしている」[17] と反論している。これは、つまり、教育の自由論の立場から、子どもの権利としての人間教育をおこなうべきである、というのである。戸波の主権者教育権論と市川の人間教育権論は、相対立している憲法学と教育法学の論争として読まれるべきであるが、しかし、よく読むと、国民の教育権論の基礎には子どもの権利がある、という点では共通項を有していることがわかる。

では、その子どもの権利とは何なのか。開かれた学校づくりに即してみれば、それは、授業における子どもの権利を見てみるとわかる。開かれた学校づくりと授業づくりの関係について、勝野は、「教師たちが児童・生徒を学校づくりの協同主体（パートナー）として信頼すれば、児童・生徒はその信頼に十分に答えうる」のであり、「教師にとって授業づくりの協同主体である生徒が『よい授業とは何かを』問うことは、決定的に重要なこと」[18] である、と主張している。つまり、授業とは何かと問う子どもの声こそが子どもの権利であり、それに応答するのが、教師の権限と責務ということになるのである。これは、法学では解明できない、教育学が国民の教育権論に貢献できる、学校における教育実践の教育実地研究といったような教育学的研究をふまえた教育条理の解明である。

開かれた学校づくりの実践においては、三者協議会・学校フォーラムにおいて、校則の問題から取り組み、次第に、授業の問題へと、議題が展開していく。それを、浦野は、「話し合いのテーマは、生活指導上の問題（いわゆる校則にかかわる問題）、施設・設備の問題から、授業、学力、進路の問題へと発展する。これは法則的といってよい」[19]と指摘しているが、これを国民の教育権論がどのように組み込むことができるのか、が今後の課題だといえよう[20]。

このように、授業改革論としては、これからも、子どもと教師による関係的・応答的な国民の教育権論の理論的・実践的展開をめざして学習・研究を積み重ねていかなければならない、ということができる。そして、その中軸である子どもの権利とは、国民の教育権・開かれた学校づくりでいえば、子どもが授業を問う人権としての意見表明権、ということになるのである。ここに、主権者教育のような国家主義と親和性をもっている可能性がある子どもの権利との決定的な違いがある。

4　教育委員会改革

国民の教育権論の第三の課題は、「教育委員会改革」である。その教育委員会構想としては、三上昭彦によって、「子ども・保護者・住民・教育関係者等に開かれた『新しい教育委員会制度』の確立」[21]として、開かれた学校づくりに先立つ教育委員会準公選運動をふまえた提起がなされている。また、中田康彦による、開かれた学校づくりをはじめとする教育行政改革実践の事例分析もなされている[22]。

特に、教育委員会構想に関わっては、中央の教育政策に直接に関与している小川正人も教育委員会構想にとどまらない、教育行政制度構想を提起している[23]。ここでは、小川のいう開かれた学校づくり論を手がかりとしながら、国民の教育権論における教育行政論のあり方を模索していくことにしたい。

小川は、「学校・教員と保護者・子どもの法的関係」を考えていく際に、「保護者・子ども全体、あるいは多数の意向を集約してそれを学校の教育活動や学校運営に反映させていくルート・しくみ」として、「『開かれた』学校づくり」[24]を位置づけている。そして、その具体的事例として、学校評議員制度と学校運営協議会を取り上げている。小川は、学校教育法や地方教育行政の組織及び運営に関する法律などの実定法上の学校づくりのみをカッコつきの開かれた学校づくりとしており、浦野が力説するような慣習法上の学校づくりを無視している。例えば、それは、勝野が、「多元的な公共性に基づく『開かれた学校づくり』へ」[25]として、法律に規定された学校づくりにとどまらない議論をしているのとは対照的である。

その上で、小川の問題提起で重要な点に、「教育の民主主義＝誰が教育を統制・管理するのか」[26]がある。なぜならば、開かれた学校づくりは、人権的・民衆的な教育の民主主義を実践しているからである。小川のいう教育の民主主義とは、縦軸に専門統制と行政統制、横軸に国民統制と市場統制をとることで、教育の統制・管理のあり方を類型化しようとするが、開かれた学校づくりは、これのどこにも位置づかないのではないか、と思われる。

では、開かれた学校づくりは、どのような民主主義なのだろうか。開かれた学校づくりは、国民の教育権論の構造からすると、子ども・親・教師・地域住民、そして、教育委員会を含んでの権利・義務関係である、新しいガバナンス論（教育統治論）としてとらえることができるだろう。だから、教育委員会論の柱である地域住民（素人統制）と教育委員会（専門的リーダーシップ）の関係は、開かれた学校づくりにおいては、「原理的には対等平等」[27]として把握すべきなのである。この点では、親（素人統制）と教師（専門的リーダーシップ）の関係と共通する、ととらえる必要がある。

そういった中で、開かれた学校づくりと親和的な「効果のある学校」[28]についてではあるが、小川が、「『効果のある学校』の特徴＝諸要件は、教育行政が学校に『外部』から働きかけることで創り出すことが出来るものなのか、あるいは、そうした『外部』からの働きかけには限度があり、学校内部から校長、教職員、子ども、地域・保護者等の営みで『内生的』『自生的』に生み出されてくるものなのか」[29] という問題提起をして、「後者のような認識の方が正しいように思える」と見解を述べていることに注目しておきたい。この問題提起は、実は、開かれた学校づくりの実践によって後者であることが証明されているのではないだろうか。そうすると、学校評議員制度やコミュニティスクールのように、教育行政が主導している学校改革は、教育行政学としては成立していると見ることはできるが、教育学としてはそこに子どもを中心とした教育的コミュニケーションが不十分である、という意味において不成立だということができるのである。

このように、教育委員会論は、子どもを中心とした国民の教育権のガバナンス論である、ということができる。そして、素人と専門家との関係は、国民の教育権・開かれた学校づくりで言えば、開かれた素人統制と開かれた専門的リーダーシップの同時成立、ということになるのではないだろうか。これは、開かれた教職の専門性とパラレルにとらえなければならないのである。ここに、素人統制の優位あるいは専門的リーダシップの優位との決定的な違いがある。

5　おわりに

本章のまとめをすると、次の三点となる。

第一、「人権と子どもの権利」をより強めていくことが、開かれた学校づくりの実践的課題であり、それが関係的な国民の教育権を実現させていくことになる。

第二、国民の教育権のいう「公共性」にとっては、開かれた学校づくりの三者協議会・学校フォーラムなどでの教育的コミュニケーションがより重要である。

第三、そのためには、国民の教育権の中核である、子どもの権利・親の権利に「開かれた教職の専門性」の内実を、素人統制と専門的リーダーシップと重ねながら、開かれた学校づくりを通して創造していかなければならない。

すなわち、開かれた学校づくりは国民の教育権によって支えられ、国民の教育権は開かれた学校づくりによって実質化される、という円環的な関係なのである。そして、私たち一人ひとりがみんなで当事者性をもって、真の意味においての子どもの権利を中軸として現代学校改革に参加することが、私たちの教育思想を鍛えることになり、いま、国家主義・新自由主義の教育改革に対抗するために、最も大事なことなのである。

〈注〉

（1）堀尾輝久「国民の教育権の構造――子どもの学習権を中軸として」『人権としての教育』岩波現代文庫，2019年，119頁（初出は、刊行委員会編『教育法学の課題――有倉遼吉教授還暦記念論文集――』総合労働研究所，1974年、所収）。
（2）浦野東洋一「教育改革と学校づくり」『開かれた学校づくり』同時代社，2003年，17頁（初出は、全国公立学校教頭会編集・発行『学校運営』No.485，2001年12月号、所収）。
（3）浦野東洋一「教育基本法と子ども・親・教師」，同上，34頁（初出は、日本教育法学会編『講座現代教育法第１巻　教育法学の展開と21世紀の展望』三省堂，2001年、所収）。
（4）浦野東洋一「教育改革と学校経営の基礎基本」浦野東洋一・勝野正章・中田康彦編著『開かれた学校づくりと学校評価』学事出版，2007年，13・16頁。
（5）浦野東洋一・神山正弘・三上昭彦編『開かれた学校づくりの実践と理論　全国交流集会一〇年の歩みをふりかえる』同時代社，2010年、浦野東洋一・勝野正章・中田康彦・宮下世兵衛編『校則、授業を変える生徒たち　開かれた学校づくりの実践と研究――全国交流集会Ⅱ期10年をふりかえる』同時代社，2021年３月、参照。
（6）堀尾輝久「教育とは何か」『教育入門』岩波新書，1989年，123頁（初出は、『講座日本の教育１　教育とはなにか』新日本出版社，1976年、所収）。なお、宮盛邦友「学習活動と自治的諸活動の組織化としての人格＝認識形成学校」『現代の教師と教育実践【第２版】』学文社，2019年、も参照。
（7）黒崎勲『教育の政治経済学［増補版］』同時代社，2006年、など参照。
（8）勝野正章「学校選択と参加」平原春好編『概説教育行政学』東京大学出版会，2009年，158-159頁。
（9）勝野正章「教師の教育権理論の課題――黒崎勲氏の公立学校選択論に対する批判的検討を通して」日本教育法学会編『講座現代教育法２　子ども・学校と教育法』三省堂，2001年，141頁。
（10）黒崎勲「教育法学の動向――勝野正章氏の批判に対する応答」，前掲『教育の政治経済学［増補版］』，304頁
（11）今橋盛勝『いじめ・体罰と父母の教育権』岩波ブックレット，1991年、など参照。
（12）勝野，前掲「学校選択と参加」168頁。

(13) 堀尾輝久「国民の学習権――人権思想の発展的契機としての」，前掲『人権としての教育』（初出は、日本教育法学会編『年報第３号　国民の学習権と教育自治』有斐閣，1974年、所収）。
(14) 宮下与兵衛・濱田郁夫・草川剛人『参加と共同の学校づくり――「開かれた学校づくり」と授業改革の取り組み――』草土文化，2008年、など参照。
(15) 戸波江二「教育法の基礎概念の批判的検討」戸波江二・西原博史編著『子ども中心の教育法理論に向けて』エイデル研究所，2006年、など参照。
(16) 同上，63頁。
(17) 市川須美子「あとがき」『学校教育裁判と教育法』三省堂，2007年，322頁。
(18) 勝野正章「現代社会における『専門職としての教師』――『生徒による授業評価』を手がかりに考える」堀尾輝久・浦野東洋一編著『日本の教員評価に対するILO・ユネスコ勧告』つなん出版，2005年，72・79頁。
(19) 浦野東洋一「『開かれた学校』づくりの実際と展望」宮下与兵衛『学校を変える生徒たち――三者協議会が根づく長野県辰野高校』かもがわ出版，2004年，199-200頁。
(20) その意味からすると、国民の教育権論における教育内容決定権をめぐる諸問題は、教育学からの問題提起を積極的におこなわなければならない、ということになるのである。今後の課題である。
(21) 三上昭彦「教育委員会制度の『再生』――その課題と展望」『教育委員会制度論――歴史的動態と〈再生〉の展望』エイデル研究所，2013年，338-342頁、参照。
(22) 中田康彦「教育改革の経験を総括する　持続的な『われわれの』教育改革に向けて」教育科学研究会編『講座教育実践と教育学の再生５　３・11と教育改革』かもがわ出版，2013年，263-268頁、参照。
(23) 小川正人「新たな教育行政システムに向けて」『教育改革のゆくえ――国から地方へ』ちくま新書，2010年、参照。
(24) 小川正人「『開かれた』学校づくりの動向と課題」小川正人・岩永雅也編著『日本の教育改革』放送大学教育振興会，2015年，124-125・127頁。
(25) 勝野正章「開かれた学校づくり」小川正人・勝野正章『新訂　教育経営論』放送大学教育振興会，2008年，220-222頁、参照。
(26) 小川正人「教育：教育の社会的機能と教育の統制・管理」小川正人・森津太子・山口義枝編著『心理と教育を学ぶために』放送大学教育振興会，2012年，78-83頁、参照。
(27) 浦野，前掲「『開かれた学校』づくりの実際と展望」201頁。
(28) 志水宏吉『学力格差を克服する』ちくま新書，2020年、参照。
(29) 小川正人「おわりに」『市町村の教育改革が学校を変える　教育委員会制度の可能性』岩波書店，2006年，146頁。

資　料

堀尾輝久「学校づくりと国民の教育権」

司会者から私には、この学校づくりの理論的源流、それは戦後教育学の流れの中にあり、そして新しい展開を示しているであろう、その関連について話せという注文がありました。同時に私にはレジメを出せとも言われずに、五人か六人の話を聞いて、何か言えと、こういう注文もあるんですね。

そういうことで、まず、歴史の流れということで自分のやって来たことを話しますと、一九九三年まで東大で教育哲学、教育思想をやっていました。それからその後、中央大学に行って、中央大学では、教育法学と国際教育論を担当するということで、二〇〇三年まで中大にいて、それから、自由の身に……。だけどこの間、民主教育研究所の代表を、今年で一八年目になるわけです。そういうことで現場との関係もあり、それから子どもの権利を軸とした国民の教育権論などもやってきましたので、それなりに問題意識は持っているのですけれども、私の専門はですからここにおられる教育行政や社会教育の専門家とは違ったところでずっとやってきたという経緯があるわけです。

それだけに、この問題についても、やはり、若干違ったスタンスでここにいることは間違いない。

一、戦後教育理論の流れのなかで

その一つ、その源流ということで考えてみますと、私は戦後の教育理論の流れの中で、それは教育実践の総括を含んだ理論ですけれども、この学校づくりに一番関係の深い理論とは何かといえば、国民の教育権論であるというふうに思っています。

昨日、大崎さんが、土佐の改革でうまく行かなかったこと、その一つは、原則が欠けている、原理が欠けている、哲学・思想が欠けていたんじゃないかと、こういう発言をなさいました。私はまさにそうだろうと思うんですね。それでは、その中核になる思想は何かというと、人権としての教育、そして国民の教育権論だと思っているわけです（堀尾『人権としての教育』岩波書店）。

ただ、にも関わらず、昨日からの発言の中、報告の中で、国民の教育権という言葉は、誰からも、一度も出てきていないんですよね。私が最後のところでそういう発言をする、そういう意味では国民の教育権論自身が、ある意味では忘れられた理論というふうにも考えられるし、じゃこれを抜かしているとすれば、この続きは何なんだと。国民の教育権論より参加論のほうが新しいんだと、こういう理論もけっこう八〇年代、九〇年代に聞いたわけですが、にも関わらず、私はそうは思わずに、この学校づくりの新しい

動きなども、実は国民の教育権論の発展だというふうに思っているわけです。

ここのところは、実は浦野さんたちと話をしていて、そういう了解をしあっているところがあって、私はだから、浦野さんがやっていることは、国民の教育権論の発展だということで、自己満足もしていたし、浦野さんもそれを発展させてやるんだというふうな言い方をされていたので、まぁ安心もしているんだけれど、しかし、一般的な学問状況、学会状況や、それから運動状況からすると、国民の教育権という言葉は私たちの仲間うちでもほとんど使われなくなっていることを非常に残念にも思うし、おかしなことだなぁと、実は思っているんです。

当然のことですけれども、その国民の、私は、「学習・教育権」という言葉を意識的に使ってきたわけですけれども、同時にその構造がどういうものなんだということも書いてきていまして、その枠組みそのものは、ある意味では、昨日からの議論がここに当てはまるなという思いと、それからそれを発展させているな、という思いと、二つの思いで実はずっと参加してきたわけですね。ですからこれまでの教育権論が十全であるわけはないんだけれども、少なくともそれを発展させるという仕方での展開があるはず。その場合の発展させなければならない、それは外側の条件も含めてなんですけれども、それは一方では、子どもの成長、発達、そして学び、それに対する深い洞察を含んで教師の専門性が問い直される。そして子どもが学校だけではなくて、地域で育っているという、そういう現実の中で国民の教育権論をどういった形で構築するかという課題があり、他方で、大きな、外側の枠組みからいうと、教育委員会の二面性というのも含めてですね、そして教育委員会がずうっと変質してくる。で、学校統廃合が進み、学校選択制が出て来るというような問題があるし、教育評価の問題もあり、新自由主義的な動向の中で、じゃあ国民の教育権論はどういうようにそれに対応するのかというような、新しい課題があるわけですよね。でも、それは教育権論が古くなったんじゃない、というふうに思っているんです。

なんで古くなったんじゃないか。私は実は国民の教育権というのは、『人権としての教育』という本の中に、「国民の教育権の構造」という章があるんですけど、これは、私はこのシンポジウムに参加するために読み直してみて、そんなに遅れた議論じゃないなぁと改めて思ったんですね。ここで書こうとしたことが、どこまで共有されているんだろうかという思いに、逆に囚われたということでもあるわけです。そのさわりの部分をちょっとだけ読んでみますと……、つまり、子どもの教育権とは何か、ということですね。この三頁分だけでもほんとはコピーしてくればよかったと思ったりもしているのですけれど……。

ひとつには、教育の認識が深まり、行政との関係をどう考えるかということで、単なる理論ではなくて、裁判を通して深められたのが教科書裁判ですけれども、さらに、学力テスト裁判を通して、そして学テ判決が一九七六年に出る、あの最高裁判決というのは、実は国民の教育権論を肯定したんだというふうに、私は読んでいるんですね。で、あの判決の読み方も、国民の教育権と国家の教育権との両方を退けた最高裁判決という、これが俗説ですけれども、丁寧に読めば決してそうではなくて、国民の教育権論の土俵に乗ってきたというふうに私は考えているんです。

それはどういうことか。判決に即して言えば大変分かりやすいんですけれど……ですから、皆さん、ぜひ判例を、最高裁判決を読み直してほしい。そして、杉本判決とつなぐような読み方をぜひしてほしいと思っているんですけれども、それを前提にしながら、これだけを私の論文から紹介しますと……この最高裁判決を受けてですね、「我々もまた教育に関する機能が、誰かに、例えば国か地方のいずれかに、あるいは、文部省か日教組のいずれかに独占されるのではなく、父母、教師、地域住民、そして国や地方の教育行政機関等々で、いわば、国民総がかりで若い世代の学習権を保障する責任を分担するものであると考える。そしてその権能はあれこれの憲法条文から直接に導き出されるというよりは、逆に、人権としての教育の思想の展開が示しているように、教育の本質と条理に即して、それぞれの教育関係者の権能、その権限と責任のあり方が示されるべきである」。

この、それぞれの子どもの発達に関わる、教育に関わる人々の、そのポジション、その責任と権限の総合が、言うならば国民の教育権の構造をなしている。その中で国の責任というものをどういうふうに位置づけるかという問題が争点になってきたことは確かだけれども、国民の教育権というのは、国家を排除するのではなくて、国家のあり方も含めた教育権論であり、その前提は、そもそも主権は国民にあり、この国民主権と国民の教育権というのはまさに不可分一体なものなわけで、国民の教育権論を批判する、正面きって批判することはできないはずなんです。

なのに、なぜ、一方で国民主権と言いながら、国民の教育権という言葉を、我々は失おうとしているのか。だからこれは非常に残念だし、大いに使ってほしいし、ここに並んでいる、若い、私よりも若い研究者には、ぜひそのことはもっと使ったらいいじゃないかという思いを持っている、ということでもあります。

そして、「国民一人一人が、不断の学習と探求の主体であって、初めて国民主権の実質的担い手になる。国民主権と、国民の学習・教育権は、車の両輪の関係にある。そして、学習と教育の権利が国民にあるというとき、それは、国民一人一人が、大人たちもですね、真理を知り、探求の自由を持ち、自ら、自立的理性的な主体たらんとする思想であり、そのような次元の、そのような時代の主権者を育てようとする思想だと言ってよい」。

こういうふうに書いているわけですけれども、つまり、国民の教育権の中心は、子どもの人間的成長、発達の権利、学習の権利を保障するという、それに関わる者の、人たちの責任と権限ということですけれど、同時にそれは国民の学習権思想を前提にしているわけですが、大人自身も生涯にわたって学習権を行使することがなければならないし、このへんの課題はさっき太田さんが言ったような問題と多分重なるんだろうと思っています。

二、ゆがめられた国民の教育権論

私は国民の教育権論というのは、非常に俗流に理解されている、国民の教育権論は教師の教育権を引き出し、そして教師の独裁的な権力を引き出した理論だ、などという非常に無茶な、国民の教育権論の批判が出ていますね、そして、そんなはずがないじゃないかということで、私は反論もこの前『世界』（二〇〇八年一二月）でやったりもしたんですけれども、もっと行政研究者は、自分たちの本当に依拠すべき原理は何なのか、思想は何なのか。私は教育の本質と教育の条理という言葉を使いましたけれども、坪井さんは「教育の正当性、正統性」という言葉を使います。その教育の正当性とは何かという問題と関わって、実はこの教育の本質あるいは教育の条理と結びつくところが非常に大事なんだと思うんですね。

そこのところがしっかりと座っていないと、学校づくり論も実は何か大事なところが抜けるというふうになるように思うんです。その教育行政、ガバナンスのあり方として、しかもそれを、主体としての国民、あるいは子どもを軸にしてそのガバナンスのあり方を問うという……坪井さんは最後に、リーダーシップ、そして分散統合型（ディストリビューテッド）（分権型？〈堀尾〉）リーダーシップと言うほうがいいんだと、ガバナンスと言うよりも、という言い方をしました。まさに政府はガバメント、それは正統で正当なガバナンスでなければいけないわけでしょう。ところがガバナンスという言葉が独り立ちして、そして教育統治というような言葉が、何かその、いかにも新しい社会科学の言葉のように使われるというのは、これは相当に問題だと私は思っていますし、坪井さんはそこのところをしっかりと押えているなぁと改めて嬉しく思って聞いたんですけれども。

で、その、半端なものになるんじゃないかということでいいますと、これは昨日の最初の宮下さんの報告の中で、私、宮下さんに場外で、子どもの参加の権利……意見表明の権利ということはいいけれども、学ぶ権利、あるいは発達の権利ということを、なぜ、学校づくりの論理の中にちゃんと位置づけないの？と言ったんですけれども。

三、学校づくりと授業づくり

今日の午前中のパネルの中でですね、一番最後に、夏原さんでしたか？学びの共同体論について話しましたよね。その夏原さんには結局質問もなしに、自分の発表が何となく異質だという感じであそこに居られたと思うんです。で、僕は一番最後に手を挙げて、夏原さんが他の報告をどう聞いたかをフランクにちょっと僕は聞きたいんだという質問をしようと思ったけれども、切られちゃったので（笑）。つまりそこのところはどういうことなのか。私は学びの共同体の中身でですね、机の並びのコの字型がどうだとかということにはそれほど関心はないんですけれども、学校が学びの共同体でなければいけないことは明らかなことなのであって、そして学校の中心には子どもの発達と学習、その権利が本当に保障されていくかどうかということが中軸になければいけない。

で、このパネリストの、いわば協議会、三者協議会云々の中でもですね、中心になるのは、実は、じゃあその学校の授業の質はどうなのか、ということが問われなきゃいけなかったんだと思うんです。だけども、パネリストとしてはちゃんと来て下さったにも関わらず、それが本当に位置づいたかどうかというのは私は気になったところです。

それから、小学校の例えば教材、学校づくりに関する報告も、最初から、授業の問題が出ましたでしょ。学級サイズの問題から。だけど、協議会というふうになると、なかなかそういう問題が……。そして高校の場合ですね、授業の質ということが本当は問われているんだけれども、なかなか、議論はそういうふうになっていかない、そこのところはやっぱり学校づくり論の一つの中軸にならなきゃいけないので、だから参加と共同の学校づくりということの中に、授業づくり、教育課程づくり、そして学級づくりということがきちんと位置づくような、それこそ学校づくり論、それは前提でもあり、それが欠けたらおかしくなる。同時に、授業づくりの問題は、教科書問題や学習指導要領の問題ともつながっていることに少なくとも自覚的でなければならないのです。

四、三者協議会と構成員の責任と権限の構造を

それから、三上さんが教育行政は教育の死活を制するといったそのことの意味ですね。たしかにガバナンスの問題というのは非常に重要で、死活を制せられる教育の、条件を作るという意味で、協議会の問題も非常に大事だろうと。そして協議会に子どもが参加するという場合に、つまり、三者といったって、子どもの参加の位置というのは違うはずなんですね。参加と共同の学校づくりと一般化して言われているけれども、その三者のそれぞれの責任と権限のあり方というものが当然問い直されなければいけないし、父母と教師の間でも、対等、平等というだけではなくて、そこに教師の専門性をどう位置づけるのか、そしてその専門性というのは、子どもの成長、発達、そして学びの権利を保障するというその責任における専門性だという、そういう問題を含めてですね、もう少し、分節化した参加と共同という言葉づかいも必要になってくるのではないか。そんなことなども考えました。

そしてさらに、協議会でいいますと、私はここの国民の教育権論（『人権としての教育』所収）の中ででも、PTA をいかに作りかえるか、学級 PTA が重要ではないか、ということを強調しているのです。で、その PTA 問題が SPTA 問題に発展している。これはこれで当然のことですね。生徒の参加という提起はこのガバナンスのレベルではあまり強調されていなかったなぁと改めて思うんですけれども、しかし、学校の主人公は子どもじゃないか。それなのに子どもの学校参加というのはどういうことなのか、と。子どもが参加する学校って言っても、学校の主役は子どもじゃないか、というふうに考えると、協議会への参加の仕方も、

子どもから見れば、自分の主要な学校での、何といいますかね、そこで生き、学んでいることと、それから協議会で発言することとは、どういう関係になるのか。これはガバナンスへの子どもの参加ということになるのか、そもそも教育におけるガバナンスとは何なのか、この表現は正しいのか、ということも問われてよいと思います。

それから父母がそこで発言する、教師がそこで発言する、それぞれのポジションの違いというものをもう一つ差異化し、構造化しながら参加と共同の理論というものを発展させることができるんじゃないか。そういうことも一つの課題ではないかなと思っています。

堀尾輝久　1933年生まれ。東京大学名誉教授。

（浦野東洋一・神山正弘・三上昭彦編『開かれた学校づくりの実践と理論　全国交流集会10年の歩みをふりかえる』同時代社，2010年11月、所収）

宮盛邦友「学校改革の主要参考文献一覧」

本資料編は、学校改革の主要参考文献一覧である。学校改革の分類としては、①開かれた学校づくり、②学校評議員、③コミュニティ・スクール（学校運営協議会）、④学校評価、⑤学校選択制、のうち、「開かれた学校づくり」としている。

浦野東洋一編著『現代校長論』同時代社，1997年

浦野東洋一・坂田仰・青木朋江・横澤幸仁編『学校経営と法研究会叢書１　現代学校論』八千代出版，1999年

浦野東洋一『学校改革と教師』同時代社，1999年

浦野東洋一・坂田仰・青木朋江・横澤幸仁・渡邉光雄編『学校経営と法研究会叢書２　生涯学習と学校・社会』八千代出版，2000年

浦野東洋一・坂田仰・青木朋江・横澤幸仁・渡邉光雄編『学校経営と法研究会叢書３　現代教師論　教育改革と教師』八千代出版，2001年

浦野東洋一編『学校評議員制度の新たな展開「開かれた学校」づくりの理論と実践』学事出版，2001年

浦野東洋一『開かれた学校づくり』同時代社，2003年

浦野東洋一編『土佐の教育改革』学陽書房，2003年

浦野東洋一『学校改革に挑む』つなん出版，2006年

浦野東洋一・勝野正章・中田康彦編著『開かれた学校づくりと学校評価』学事出版，2007年

浦野東洋一・神山正弘・三上昭彦編『開かれた学校づくりの実践と理論　全国交流集会一〇年の歩みをふりかえる』同時代社，2010年

浦野東洋一・勝野正章・中田康彦・宮下与兵衛編『開かれた学校づくりの実践と研究　校則、授業を変える生徒たち――全国交流集会２期10年をふりかえる』同時代社，2021年

小川正人・勝野正章『教育経営論　新訂』放送大学教育振興会，2008年

小川正人・勝野正章編著『教育行政と学校経営』放送大学教育振興会，2012年
小川正人・勝野正章編著『教育行政と学校経営　改訂版』放送大学教育振興会，2016年
小島弘道編『教師教育テキストシリーズ8　学校経営』学文社，2009年
小島弘道・勝野正章・平井貴美代『講座現代学校教育の高度化8　学校づくりと学校経営』学文社，2016年
勝野正章『教員評価の理念と政策　日本とイギリス』エイデル研究所，2003年
勝野正章・小島優生・新堰義昭・山田功『「いい先生」は誰が決めるの？――今、生きるILO・ユネスコ勧告――』つなん出版，2004年
勝野正章・村上祐介編著『教育行政と学校経営　新訂』放送大学教育振興会，2020年
勝野正章編著『未来の教育を創る教職教養指針5　教育の法制度と経営』学文社，2020年
小池由美子『学校評価と四者協議会――草加東高校の開かれた学校づくり』同時代社，2011年
坂田仰・加藤崇英・藤原文雄・青木朋江編著『開かれた学校とこれからの教師の実践』学事出版，2003年
日高教高校教育研究委員会・森田俊男・小島昌夫・浦野東洋一編『高校生の自主活動と学校参加』旬報社，1998年
日高教高校教育研究委員会・太田政男・浦野東洋一編著『高校教育改革に挑む地域と歩む学校づくりと教育実践』ふきのとう書房，2004年
堀尾輝久『教育入門』岩波新書，1989年
堀尾輝久『現代社会と教育』岩波新書，1997年
堀尾輝久・小島喜孝編『地域における新自由主義教育改革――学校選択、学力テスト、教育特区』エイデル研究所，2004年
堀尾輝久・浦野東洋一編著『民主教育研究所叢書1　日本の教員評価に対するILO・ユネスコ勧告』つなん出版，2005年
三上昭彦『教育委員会制度論――歴史的動態と〈再生〉の展望』エイデル研究所，2013年
宮下与兵衛『学校を変える生徒たち――三者協議会が根づく長野県辰野高校』かもがわ出版，2004年
宮下与兵衛・濱田郁夫・草川剛人『参加と共同の学校づくり――「開かれた学校づくり」と授業改革の取り組み――高知県奈半利中学校・長野県辰野高等学校・東京大学教育学部附属中等教育学校』草土文化，2008年
宮下与兵衛編『子ども・学生の貧困と学ぶ権利の保障　貧困の実態と教育現場のとりくみ』平和文化，2010年
宮下与兵衛編『地域を変える高校生たち――市民とのフォーラムからボランティア、まちづくりへ』かもがわ出版，2014年
宮下与兵衛『高校生の参加と共同による主権者教育――生徒会活動・部活動・地域活動でシティズンシップを』かもがわ出版，2016年
宮盛邦友『現代の教師と教育実践』学文社，2014年
宮盛邦友『現代の教師と教育実践【第2版】』学文社，2019年

BOOK REVIEW 5

『〈学校から仕事へ〉の変容と若者たち
――個人化・アイデンティティ・コミュニティ』

乾彰夫，青木書店，2010年

本書は、2008年６月に秋葉原で殺傷事件を起こした派遣労働者の容疑者Ｋの抱えている困難の奥深くに入り込みながら、その中に、現代における若者と彼ら・彼女たちを取り巻く社会的問題を見出す、という問題意識をその基調に据えて、話を展開し始めている。その問題意識とは、つまり、「今日の若者たちがおかれている状況の不安定さは、生活上の不安定さとともに、そうであるがゆえにさらに社会的承認を得ることや自分を正当化することすら困難になっている、いわば主観的な安定・安心の基盤をも掘り崩すものになっているといえるのではなかろうか」、というものである。

本書の特徴の一つは、日本の若者たちの子どもからおとなへの移行過程の変容を、イギリスのそれと比較しながら、社会に即して論じているところである。

乾によると、高度経済成長期に形成される「戦後日本型青年期」の基本的性格は、「『新規学卒就職』という制度に枠づけられながら大衆社会段階の市民へと移行していくルートとして形成された」が、1990年代半ば以降、これが急速に解体・再編された、という。「それを象徴するのが、新規学卒就職率の急速な低下と、その裏側でのフリーター・学卒無業者の増大」である。つまり、高校生・大学生が就職しにくくなったのは、本人の能力の問題ではなく、社会変容の問題なのにもかかわらず、フリーター・ニートという言葉でもって、問題の所在を曖昧にしているのである。

これは、イギリスをはじめとするヨーロッパにおいても同様である。乾は、「二〇世紀以降の移行過程変容の基本的性格の一つとして、ほぼ共通の認識とされていることは、『個人化』の進行であ」り、「そうした中で、一九九〇年代以降のヨーロッパにおける若者の移行過程研究では、社会構造と行為主体をめぐる議論が一つの焦点となった」が、「行為主体をめぐる理論の一つの軸は、アイデンティティに焦点づけら」れ、もう「一つ注目したいのは、アイデンティティと共同性またはコミュニティとの関係である」と指摘している。つまり、若者たちが仕事を辞めずにまともに働くのを支えるためには、現代社会の中での若者のアイデンティティ形成とコミュニティづくりをあわせて取り組む必要があるのである。

本書の特徴のもう一つは、日本の若者たちの移行過程変容を、二つの量的・質的調査から、個々の若者に即して論じているところである。

ここで登場する若者たちは、「豊富な資源のうえに多様なネットワークを形成する」若者、「限られた資源の中でネットワークを紡ぎ出す」若者、「メイクの仕事の夢が破れ、先が見えない」若者、「母親との軋轢と短大での挫折をへて自立の道を探る」若者、「一歩一歩、看護師の道を進む」若者、「自動車整備士から、父親となり店長職へ」という若者、「専門学校をへて声優・舞台俳優をめざす」若者、など、５年間にわたる追跡調査を通して出会った者たちである。つまり、それぞれの若者の人生経験の意味を構築しながら、調査を通して、全体としての若者の移行過程を理解しようとしているのである。

このように、若者をめぐる教育政策と教育実践を重ねることで、「不安定化する若者たちの移行過程に何が起きているのか、そしてその問題の性格をどう捉え、何を社会の課題として引き受けなければならないのか」という課題を解明しようとする本書は、私たちの生き方の問いなおしを迫っているのである。

第 3 部

学校改革の開発

V
〈人間臨床〉の対話
――精神医学と教育を支える思想――

対談：
○滝川一廣（1947年生まれ、元学習院大学文学部心理学科教授、児童精神医学）
○宮盛邦友

宮盛：滝川一廣先生が、2017年出版された、『子どものための精神医学』(1)を読ませていただきました。このご本からは、その軸として、「精神医学から児童精神医学へ」と「力動精神医学から正統精神医学を問いなおす」という二重の意味があるのではないか、ということを読みとりました。また、先生が、不登校などの教育問題を通して、教育なるものについてより深いところで理解しようとされている、と感じました。つまり、私は、先生の〈子ども観〉・〈人間観〉に魅力を感じた、ということです。私の研究は、もともとは、子どもの権利からスタートしましたが、現在では、そこから子どもの発達や臨床に興味・関心をひろげています。そういうこともあり、今日は、子ども臨床や人間臨床に関して、先生とご一緒にお話をしたいと思い、やってきました。

(1) 中井久夫の〈分裂病〉と滝川一廣の〈子ども〉

宮盛：『子どものための精神医学』には、中井久夫先生の『看護のための精神医学』(2)ではふれられていない「子ども」について書いた、というような趣旨のことを書かれています(3)。私自身は、中井先生については、ジュディス・ハーマンの『心的外傷と回復』(4)の訳者としてお名前を知りました。ハーマンの提起する人間観には、心的外傷のメカニズムとその回復のプロセスを中心にして、大変強く共感しています。特に、「新しい家族」という表現に触発されて、私は、子どもの権利を軸とした人間発達援助者による人間発達援助実践を描いた、編著『子どもの生存・成長・学習を支える新しい社会的共同』(5)を出版しました。また、中井先生の論文「いじめとは何か」(6)を読んで、そのいじめのとらえ方に衝撃を受けたのを覚えています。滝川先生は、私との話の中で、中井先生の指導学生だった、とおっしゃられたことがあると思います。まずは、滝川先生を理解するために、滝川先生の先生である中井先生の心的外傷論やいじめ論などについてお話ししたく思います。

滝川：中井先生は、ハーマンの『心的外傷と回復』を訳されているわけですが、中井先生が「心的外傷」を取り上げられるようになったのは、神戸の阪神淡路大震災をナマで体験して、その復興の努力をずいぶん払ってこられたのが大きな背景やきっかけかと思います。それまでは、心的外傷の話はされてこなかったと思います。もう一つは、それらの関連の中で引き出されてきた「いじめ」の問題で、これには戦時下での中井先生の直接体験が深いと思います。それは、エッセイの中に出てきますね。

そういうことで、中井先生は心的外傷について語られるようになった。ハーマンのあの本は、ちょっとバイアスがあるというか、フェミニズム・イデオロギーに染まっていると思いますでしょ。そこが素晴らしいと思う人もいれば、はたしてどうかという批判もあります。中井先生は、ハーマンに完全に入れ込んでいたわけではなく、はたしてどうなのか、というところをもっておられたのでしょうね。だから、ハーマンのあの本とセットの形で、アラン・ヤングの『PTSDの医療人類学』(7)、これはむしろ心的外傷論に対する批判をはらんだ本ですが、その本も一緒に訳して、同時に提示しようとした。ところが、残念なことに、ヤングの翻訳が遅れてタイムラグができてしまった。中井先生のお考えとしては、対立や視点の違いをはらんだ二つの心的外傷論を同時に提起して、ひろい視野の中で心的外傷の問題が扱われることを望んでいた、と思っています。

それからもう一つ、中井先生は、すごくパーソナルな体験にねざしたところでいじめ問題を深く掘り下げています。ですから、生々しいインパクト、非常に力のあるいじめ論です。ただ、いじめという現象のあり方が、かつて中井先生が経験されたものと、いま私たちの社会の中で子どもたちの間で起こっているのとは、少し違うところがあるんじゃないかな。もちろん、今も中井先生の体験されたタイプのいじめもないわけではないけれども。全体を見た場合は、いまのいじめはそれだけではないな、という印象をもっていますね。いまのいじめがどうなっているかは、私の本の中でも丁寧に論じています。中井先生のいじめ論と私のいじめ論とでは、もちろん重なる部分はあるけれども、少し視点が違っています。

宮盛：中井先生が、『心的外傷と回復』と『PTSDの医療人類学』の二冊を同時に出版することで、心的外傷・PTSDを様々な考え方がある中で深め合っていこう、と提案しようとしたことは、初めて知りました。確かに、ハーマンの本には、フェミニズム・イデオロギーの問題があるとは思いますが、子どもの権利の観点からいえば、ハーマンの言う「人権獲得運動」をはじめとした人権を位置づけているところに、私自身は共感をしています。つまり、人間の尊厳のために主体性を獲得していく、というところが、ハーマンを理解する際には重要なのではないか、ということなのです。

中井先生の『看護のための精神医学』

と滝川先生の『子どものための精神医学』は、タイトルこそ似ていますが、その構成はだいぶ違っています。その上で、比較する視点として「分裂病と子ども」を設定してみるとどうなるだろうか、と考えてみました。精神分裂病（現在は、統合失調症）(8)について、中井先生には、『分裂病と人類』(9)という本がありますが、人間を正常と異常に分けることができるとするならば、「健康者・おとなは正常」・「分裂病者・子どもは異常」という区分けができると思います。異常と呼ばれるようになった人たちは、なぜ異常になったのか。それは、その人の内的なメカニズムが異常なのではなくて、外的なシステムがその人を異常だとしているから異常になるのではないか、と考えることができます。日本では子どもの発達の研究者として紹介されているアンリ・ワロン(10)は、もともとは、医学博士『被害妄想』と文学博士『障害児』を書いており、そこでは、精神分析学的な思考方法でもって被害妄想や障害児の精神病的側面をとらえようとしています。その意味でいえば、中井先生と滝川先生の違いをあえていえば、中井先生は、人間と人類から展開していますが、滝川先生は、そのことをふまえつつも、社会的な諸関係・諸連関をはっきりと打ち出している、というところにその特徴があると思うんです。

滝川：分裂病と子どもを重ね合わせるアイデアは、今日初めて聞きました。そういうことは、私は意識していなかったんです。中井先生の『分裂病と人類』ですが、出発点はジュリアン・ハックスレー Julian Huxley という生物学者の問いですね。統合失調症は、多くの場合、思春期・青年期に発病のピークがあって、婚姻率は非常に低い。にもかかわらず、統合失調症は減らない、自然淘汰が起こらないのはなぜか。その問いにどう答えるかの一つの答えが、『分裂病と人類』です。中井先生がそこで展開していることを物凄く大雑把に言ってしまえば、「病気になるのも能力である」という考え方もできるわけですが、分裂病（統合失調症）のベースにある能力、繊細なかすかな兆候を読みとるとかそういう能力は、本来、狩猟民族・人類が狩猟生活をしていた社会・文化の中では、生きるために極めて必要な能力だったわけです。かすかな足音を聞きつけたり、かすかな痕跡を見つけて獲物がそこにいるだろうとか、それをキャッチするのはとても必要かつ有効な能力ですね。それが農耕社会になってくると、不必要なわけではないが、必要性は下がってくる。別の能力の方が必要になってくる。そうすると、かつては極めて必要な能力だったものが、逆に失調的にあらわれてくる。その能力がどれくらい求められるか、失調につながりやすくなるかは、社会・文化のあり方によって異なる、というのが中井先生の『分裂病と人類』の基本的な骨格ですね。だから、中井先生は子どもとの関係は言っていないし、私も意識的には子どもと結びつけなかったんですね。

だからといって無関係ではなく、「子ども」という存在が強く意識されるようになったのは近代以降で、フィリップ・アリエス(11)が近代に子どもが「発見」されたと述べたのは、その意味で的を射ています。近代になって、近代的な人間観が浸透していった。近代的人間観とは、「人間は独立した自由な主体である」というものです。中世までは、非合理なのは当たり前で、蒙昧で過ちの多い存在こそが人間で、だから王様とか神様とか何らかの超越的なものに依存（従属・帰依）して初めて生きられるのだ、という考えが当たり前でした。近代社会はそれをひっくり返して成立したわけです。人間は、超越的なものに依存せずに、主体的に自由に生きる存在である。また、互いに非超越的、すなわち平等な存在である。その人間同士が同胞的なきずなによって社会をつくる。これが近代社会の原理・原則です。そのためには、人間は合理的な存在だ、という自己理解が必要となります。急速な科学の発展は、それによるものですね。自分たちが非合理な存在だったら、自立性も主体性も自由性も担保されない。

ところが、そこで近代人がぶつかったのは、逆に自分たちの非合理さでした。人間はなかなか合理的にふるまえない。それがなぜなのかを説明しないといけない。如実に非合理なふるまいの一つは、「犯罪」ですね。人間は合理的な社会ルールを承知の上で破る行動をしてしまう。犯罪をどう説明するか、ということから犯罪学が生み出されました。それともう一つの非合理な現象が、「精神障害」ですね。本来あるべき合理的な理性の働き、感情の働きとは違ったこころの働かせ方をしてしまう人間がいる。これをどう理解したらよいのか、というところから精神医学が生まれました。精神医学は、近代になって初めて生まれた医学です。その非合理な精神現象の代表的なものとしてカテゴライズされたのが、統合失調症です。三つ目の非合理な人間存在が、「子ども」です。子どもは非合理なことばかりしでかすでしょ。そこから教育学や児童心理学が生まれてきた。「異常」というか、「非合理」な存在として精神障害、特に、統合失調症が浮き彫りにされてきて、一方で、子どもも「非合理」な存在として浮き彫りにされてきた。宮盛さんの言われたとおり、そこでは重なりというかつながりがある、といえると思います。近代的な人間観、近代合理主義という同じ根っこから生まれた、と考えることができますね。

宮盛：そうすると、歴史的に見た時に、子どもと分裂病者の問題は重なっていて、それは、近代において、人間を理解する上での大きな関心の的となってくる、ということですね。また、滝川先生は、個人の問題を理解する際には、「関係」という概念を重視されていると思うのですが、これは、やはり、近代になって発見された子どもや分裂病の問題を解決するために、20世紀になって誕生した「精神分析」を重視しているからだ、と考えてよろしいでしょうか。

滝川：近代の精神医学が生まれた時、「精神障害」という近代合理主義からみれば、非合理な精神現象が起こるのはなぜか、という問いの前に説明が大きく二つに分かれたんですね。一つは脳に何らかの故障が起こっているのだろう。人間の精神そのものは合理的なはずだから、そこに異状が起こるはずはない。精神活動の生物学的な土台になっている脳に何らかの物質的な故障が起こっているのが精神障害である、とするのが一つの説明です。その流れを汲んでいるのが、生物学・脳科学をふまえた現代のバイオロジカルな精神医学となります。もう一つが、人間のこころの働きや精神の働きはもともと非合理なのだ、という説明で、これがフロイトの精神分析から始まった力動精神医学になるわけですね。

本来、人間のこころは非合理なんだ、という立場をとるか、いや、本来、人間のこころそのものは合理的存在で、そこに非合理が起こるとしたら、それは脳の問題である、とする立場をとるか。これによって精神医学は二つに枝分かれしたわけですね。もちろん、二者択一ではなくて、重ね合わせて考えるのが本筋だと思いますけれども。どちらにウエイトを置くかによって、見方・立場が分かれています。

バイオロジカルな精神医学では、精神現象を「脳」と関連づけながら説明しようとします。精神機能は脳の働きだと考えるからですね。それに対して、力動精神医学では、「ひと」と関連づけながら説明しようとします。つまり、ひととひととの対人的な関係、社会的な関係を重視します。人間の精神機能は脳の中で孤立的に働いているのではなく、必ずほかの人たちとの関係の中で社会的に働いていると考えるからですね。

(2) ジャン・ピアジェの〈認識〉発達とジークムント・フロイトの〈関係〉発達

宮盛:「人間を合理的な存在としてとらえるか、それとも、非合理的な存在としてとらえるのか」という二つに分かれていく時、先生は、〈認識発達〉と〈関係発達〉という二つの軸によって子どもを説明しようと定義されています。(図、参照)[(12)] その理論として、認識発達は「ピアジェ」が、関係発達は「フロイト」[(13)] が登場してきます。この二人を並べて議論するのは、精神医学や児童精神医学では珍しいのではないか、と思います。つまり、ピアジェは発達心理学の研究者が、フロイトは臨床心理学の研究者が、それぞれ議論することが多いからです。ピアジェとフロイトの発達理論は、実に対照的です。ピアジェは、人間は合理的な存在であるというのを前提として、子どもの知能の発達を問題にしたのに対して、フロイトは、人間は非合理的な存在であるというのを前提として、人間の神経症を問題にしました。

滝川:まず、子どもについて研究していくには、「発達」が大事な問題になりますよね。精神発達とはどういうものか、心理発達とはどういうものか、ちゃんと押さえなくてはいけない。そこで、ピアジェとかフロイトとかを少し勉強したわけです。ワロンも滝沢武久先生の訳で読み始めたけど、難しくて挫折してしまったんですけどね。

勉強をはじめてまずぶつかったのは、なぜこんなに発達論がいくつもあるんだろうか、なぜこんなに言っていることが違うんだろうか、という問題でした。それを考えた場合、一つは、どんな切り口で発達をたどっているのか。つまり、発達を継時的なつながりとして、一つの流れとしてとらえるのが発達論ですよね。それをつないでいる糸は何か、何をつながりの糸として発達をたどるかによって

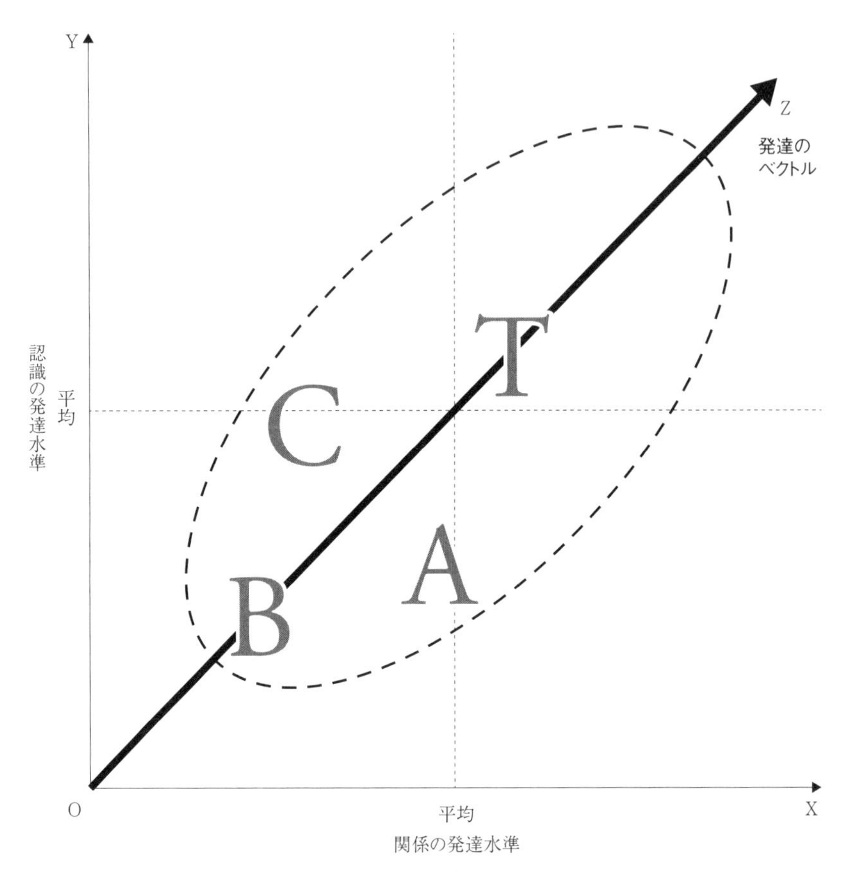

あえて「診断名」を当てはめれば次のようになる。
A領域→知的障害
B領域→自閉症
C領域→アスペルガー症候群
T領域→定型発達

図(12)

出典：滝川一廣「ピアジェの発達論」・「フロイトの発達論」『子どものための精神医学』医学書院, 2017年、参照。

発達論は分かれるのではないか、と考えたんですね。それからもう一つは、普遍的な発達はありえない。時代や社会が変われば発達も変わる。子どもはおかれた時代や社会の中でおとなになっていく。つまり、その時代や社会の中でより適応的に生きる力を伸ばしていくのが発達でしょ。親は子どもをそのように発達させようとしている。なるべく時代や社会に合わせないように育てよう、という親はいないわけで。だから、研究者が、その母集団としてどういう時代のどういう社会の中で子どもを観察して発達論をつくったかによって変わるだろう、というふうに考えたわけです。そういう目でピアジェとかフロイトを読んでいくと、ピアジェは、「認識の発達」というラインに沿って発達を段階づけ、20世紀前半のフランスで自分の子どもを観察しながら発達論を生み出した。フロイトは、「関係の発達」を糸にして段階づけ、19世紀終わりのウィーンのユダヤ人階層（フロイト自身も含めて）の発達を見ていった。だから、ピアジェの発達論とフロイトの発達論は一見全く異質に見える。これは、どちらが正しい・正しくない、ではなくて切口が違う、時代が違う、その差があらわれたのでしょう。

かといって、両者は全く無関係ではなく、普遍的な共通部分はあるだろう、何らかの相関や重なりがあるだろう。そのようにしてピアジェの発達論とフロイトの発達論とを重ね合わせながら読んでいくと、やっぱりつながってきます。発達の段階づけがパラレルでしょ。フロイトの口唇期はピアジェの感覚運動期にちょうど重なるし、ピアジェの前操作期はフロイトの肛門期と男根期に重なる。ピアジェの具体的操作期はフロイトの言っている潜在期にちゃんと重なり合いをもっている。関係発達と認識発達をとらえると、やっぱり、相関性っていうか、お互いに媒介しあっているところが見えてくる。それを図にあらわすと、このようになります。

宮盛：人間をとらえる上で大変にわかりやすい、そして、とても大事な図だ、とあらためて感じました。この図の読み方として、軸の真ん中の人たちは、社会の中で生きやすい。その周辺部分の人たちは、生きるのが困難で生きづらい。そして、ベクトルの先の方にある人たちは、優れていると周りからは思われているが、実はそういう人たちも生きづらい、と先生は書かれていました。いろいろとあるかもしれませんが、軸の中心部分の人は問題にならないし、その周りの人たちは注目してもらえる。しかし、その先にいる人たちは、優れているとは見てもらえるが、抱えている困難はあまり表には出てこないんだろうなぁ、と思いました。

滝川：そうですね。しばしば、天才とか呼ばれる人は、プライベートでは不幸だったりしますでしょう。当然、社会というものは、真ん中に集まっているマジョリティが生きやすいようになってきますよね。マジョリティが生きにくい社会というのは大変な社会で、マジョリティが生きやすい社会になるのは、ある意味、リーズナブルな現象です。ただし、そのつけとして、辺縁の人たちが生きにくくなる。そういう人たちに合わせて社会ができているわけではないから、天才的な人たちは凡人から見ればうらやましく見えるかもしれないけれども、やっぱり固有の生きづらさを抱えている。凡人でよかった（笑）。

宮盛：そうですよね。また、アンリ・ワロンやエリック・ホーンブルガー・エリクソン[14]についても、ピアジェとフロイトと同様な発達理解をしていたのではないか、と私は見ています。ワロンについては、ピアジェと対決していたと同時にフロイトとも対決をしていたことは、その著作を読むことでわかりましたが、エリクソンのライフサイクルとアイデンティティというものの見方について、先生はどのようにお考えでしょうか。
滝川：ワロンについては、先に申し上げたように挫折しました。エリクソンは少ししか読んでいませんので不確かですが、生い立ちを見れば、「自分とは何か」･「何であらんとすればよいのか」という問いを生きざるをえなかった人だったでしょうね。そのエリクソンがアメリカに渡り、アメリカ社会を体験し観察して、そこを生きる時に求められる成長課題をわかりやすく整理したのが、彼の発達論のような気がします。

（３）〈発達障害〉をめぐって

宮盛：少し話を変えて、精神科治療における診察について、お話をうかがいたいと思います。先生にとっては、患者に対して適切な判断をしたけれども、結果として、患者との関係においてズレが生じた、簡単にいうと、先生から見て、「しまった！」というような場面もあったのではないか、と思われますが、先生は患者とどのような向き合い方をしようと心がけていらっしゃるのでしょうか。
滝川：医療はたくさんの失敗を抱えていると思うんです。気がつく失敗もあるし、自分では気がつかない失敗もあるし、はたしてどうか、というのがあるわけですね。有名な話では、東京大学の内科の教授で吉利和さんという大先生ですが、特に診断学の権威で、私が学生時代は吉利先生の『診断学』[15]がバイブルだったんですね。吉利先生が定年で退官をされる時に最終講義で話されたのは、自分がした誤診の話だったんですね。誤診の例をたくさん話されて、私はその講義を聞いてはいないんですが、これは有名な話です。吉利先生にしてこれだけの誤診があった。自分の誤診例を最後にしっかりと話された。反省はもちろん、それだけ診断というのは難しいんだよ、という戒めも込めて。どの技術もそうですが、失敗をしないと先にすすまない、というところはあるでしょう。言い訳や開き直りでなしに。私も色々な苦い失敗を重ねてきたと思います。
宮盛：精神科医の田中康雄先生は、自分のところに患者が診察に来なくなった時に初めて、自分の治療が患者と合わなかったことの意味を知る、という趣旨のことを書かれていました[16]。しかし、学校の先生は、生徒指導がうまくいかなかったとしても、児童・生徒が次に学校に来た時に、患者からしかやって来ない医療と違って、教師からその子どもに声をかけることができる[17]。
滝川：でも、しっかりと不登校になっている子どももいるでしょ。
宮盛：もちろん、そうですね。同じ人間発達援助者であっても、その仕事のあり方の違いがあって、教育といういとなみのもつ特質が、残念ながら、教師の場合は自覚しにくいのではないでしょうか。
滝川：来なくなっちゃう場合はいいんです。患者の方からけりをつけて来なくなっても、医者はたくさんいるわけですから。他に行ってカバーされたり、他に行って適切な治療を受けられれば、さっさと見切りをつけてドクター・ショッピングをするのは悪いことではない。一番の問題は、精神科の患者さんは、やっぱり弱い方が多いので、合わないな、うまくいかないな、と思っても、医者を替えられなかったり、遠慮があって、「先生と合いません」と言えなくて、そのまま続いてしまう。医者の方は、ちゃんと来てくれるから信頼してくれるんだ、と思い込んでしまう。そこにギャップが起こる。これが一番まずいことですし、難しいところですね。

宮盛：このようなことをふまえた上で、発達障害と不登校について、お話をしたいと思います。まずは、「発達障害」からです(18)。先生は、発達障害の子どもたちとは最初にどこで出会われましたか。そして、その時に、どのような印象をもちましたか。

滝川：小学生の時、先生が授業の本読みであてずに飛ばす同級生がいるのに気づいたのが、最初の出会いですね。その子が気になってよく見ていたので、今でもその子はよく覚えています。精神科医になってすぐ、当時大学で山中康裕先生がリーダーをされていた自閉症の遊戯療法グループに参加したのが、医者としての最初の出会いでした。その子どもたちの姿が本当に不思議で謎めき、この謎をいつか解くことができるのだろうか、と立ち尽くすような思いがありました。

私が精神医学の世界に入った1970年代は、精神医学が大きく揺れている時代でした。戦後米国の精神医学界を主導してきた力動的な精神医学に対して、バイオロジカルな精神医学の強い巻き返しが始まり、両者はぶつかりました。そこには、純粋な学問的対立というよりも、学界内における主導権争いの匂いがありました。これに加え、人権派・社会派的な立場から従来の精神医学を根底から批判する「反精神医学」の運動が盛り上がって。自閉症の研究や臨床も、それら三つ巴のイデオロギー性もはらんだ対立の渦中にありました。当時の自閉症論文や自閉症をめぐる言説を読む時には、こうした背景を念頭におく方がよいでしょう。

この1970年代後半にひろまったのが、自閉症とは、発見者レオ・カナー Leo Kanner が推測したような対人的な「関係障害(自閉)」ではなく、脳障害による一種の「知的障害(認知欠陥)」だとするマイケル・ラター Michael Rutter の学説でした。やがて矛盾が露呈して撤回された学説でしたが、当時、深い吟味なしに受け入れられたのは、巻き返し中のバイオロジカルな精神医学の理念にかなった説だったからでしょう。その立場の研究者が、こぞって支持しました。自閉症を関係障害とみる説は、障害を親子関係に帰して親を責める説だとする反精神医学的な主張も、ラター説の後押しになったかもしれません。

その後、自閉症研究は、あらためて自閉症を関係障害としてとらえ、なぜそれが起きるかを研究する方向に転じます。例えば、サイモン・バロン＝コーエン Simon Baron-Cohen の「心の理論」障害説が有名です。「ひとにはそれぞれこころがある」という理解(心の理論)のもとに、人間には他者の心を推測する能力が先天的に備わっていると仮定して、自閉症にはその能力が欠けているため関係障害が起きる、との説でした。しかし、これは逆さまです。発達的にみる限り、「ひとにはそれぞれこころがある」という理解は最初から備わったものではなく、人との関わり、対人関係の発達を通して後天的に学びとられるものです。その能力が欠けているために関係障害が生じるのではなく、関係障害、すなわち関係の発達に遅れがあるために、その結果、他者の心を推測する能力の習熟が遅れるのです。このように、「発達障害」を理解するためには、「精神発達」の道筋をよく理解し、それと緻密に照らし合わせながら研究することが重要不可欠です。発達障害の研究史をふりかえると、この部分がとても弱かったことがわかります。これからの課題でしょう。

宮盛：先生は、発達障害を４つに分類されています。自閉症スペクトラム、学習障害、ADHD の三つは従来から発達障害ですが、知的障害も発達障害とされています。これは新しい考え方でしょうか。

滝川：知的障害（医学用語は精神遅滞）の概念は昔からあって、発達障害という概念はずっと後に出てきたものです。「発達障害 developmental disorder」が診断分類として初めて出てきたのは、DSM-ⅢR（1987年）[19]ですね。「発達障害」という新たな分類項目がつくられ、それまで別々に分けられていた精神遅滞（知的障害）と広汎性発達障害（自閉症）とが一緒に入れられたのです。両者を同じカテゴリーととらえたのは、一歩前進でした。ところが、次に改訂された DSM-Ⅳ（1994年）では、再び両者は別々の分類項目に分けられ、「発達障害」という呼称は DSM から消えました。しかし、言葉だけは残って、私たちはまだ使っているのですが……。現在の DSM-Ⅴ（2013年）では、「神経発達症群」という分類項目が設けられ、自閉症スペクトラムと一緒に知的障害も学習障害も ADHD もそこに入りました。入れたり入れなかったり、恣意的ですよね。それが「分類」というものの性質です。

福祉の領域では、知的障害は昔から障害支援の対象でしたが、自閉症などはまだ福祉の対象に入っていなかった。それを福祉の対象に入れるために、知的障害とは別個のものとして「発達障害」という障害概念を打ち出した、という事情があります。そういう福祉用語としての「発達障害」があります。だから、知的障害も発達障害に入れる DSM-ⅢR 由来の分類法と、別のものに分けて扱う福祉由来の分類法の両方が併存していることになりますね。これは発達障害をどう定義するかによるわけで、私は、「何らかの精神発達の歩みの遅れが生活上の困難をもたらしているもの」を「発達障害」と定義しています。それが発達の disorder ですね。そう定義すれば、知的障害も認識の発達の遅れですから、発達障害です。

宮盛：そうすると、発達障害は、概念的には、相当にひろく、また、幅があるんですね。

滝川：発達に何らかの遅れがあれば、私の定義上は発達障害にくくれますし、「発達障害」と「定型発達」（発達障害でない発達）との間は連続的で明確な線は引けませんから、ひろい幅をもちます。

宮盛：先生の書かれたご本では、発達障害についての具体的な事例を出されていないように思います。様々な問題があって書きにくい、ということもあるのだと思いますが、その代わりに、子どもの体験世界を内側から見るとどうなるのか、というのを書いていらっしゃいます。それ自身は、私たちのものの見方を鍛える上で、大変に重要だと思いましたが、それとは反対に、社会における発達障害の問題を考える必要があります。先生は、発達障害を診断することが大事なのではなくて、その子どもがよりよく生きるために診断がある、という趣旨のことを書かれています。にもかかわらず、発達障害という言葉が社会の中でひろがりをもつ中で、その言葉を正確に理解せずに印象でもって、診断されたかどうかにかかわらず、おかしな人だととらえられたり、あるいは、「あの人はアスペだ」という言い方で、本人にとって差別的な扱いをされることが見られます。

滝川：発達障害への社会的な無理解や差別としては、昔は、「親の育て方のせい」・「愛情不足」といった類いの親への偏見が大きな問題でした。「脳障害」説が強調された背景には、それがバイオロジカル精神医学の立場ということに加え、その偏見から親を護るためもありましたね。今はさすがにその偏見はなくなりましたが、それに代わって当事者への「空気が読めない」・「気配りがない」・「こだわりが強過ぎ」といった非難やそれに基づく排除や差別が浮かび上がってきました。こちらの方が難しいかもしれません。「育て方のせい」とは事実に反する間違った認識で、まさしく「偏見」ですが、これは事実に照らして反証すれば消えるはずです。事実、そうなってきたでしょ。

ところが、「空気が読めない」などは、それ自体は誤った認識とはいえず、ある意味、「事実」ですね。では、どうすべきか。それは、発達障害の「障害特性」だという説明や「脳障害」が原因だという説明によって、本人が好んでそうあるわけでなく、本人の責任ではないことを啓発することがなされています。差別や排除から当事者を護るのが狙いです。「発達障害」という診断自体もそのためのものですね。それによって、「ああ、そうだったのか」と理解が得られる場合もありますが、しかし、簡単ではないのは、いま宮盛さんが言われた通り、「あの人はアスペだ」とか、診断が逆に排除や差別の種になるケースも少なくないことです。なぜそうなるのか。「障害特性」や「脳障害」の強調は、一つ間違えれば、「異質性」・「異者性」の刻印づけになるからでしょう。社会的な差別や排除は、その人たちを自分たちとは「異質な存在」・「異なる者」とみるところから始まります。必ずそうです。特に現代社会では、自分たちとは異質な（とみなす）ものへの警戒や不寛容が強まっていないでしょうか。

発達障害とは、何らかの精神発達の歩みが一般平均より相対的に遅れるだけの現象で、平均発達（定型発達）と決して異質ではなく、連続性をもつ「同じ存在」です。誰もがいつでもどこでもそんなに空気が読めているでしょうか。何一つ「こだわり」をもたぬ人間がいるでしょうか。ただ、その相対差に過ぎぬものが、現実の社会生活では時に絶対的なハンディキャップのように立ちはだかるため、それに対して社会的な配慮と支援が求められるのです。

宮盛：私たちがもつべき障害観と福祉的

配慮ということを先生はおっしゃられていたのだと思いました。発達障害と聴けば、精神科医や臨床心理士が対応する、また、子どもの内面の問題である、というイメージが社会にはあると思いますが、同時に、発達障害の子どもたちやおとなたちをこの社会の中でいかに支え合っていくのか、という問題もあります。発達障害の子どもたちをその子どもの家族で支えていけばよい、と言う人たちもいますが、現実には、家族だけで支えられるような問題ではないことは確かです。大きくいえば、発達障害の子どもたちが、この地球上に生きている以上、多くの人たちと支え合って生きていかなくてはならない、と私は思っています。しかし、先ほどの先生の発達障害のお話にもあったように、発達障害は領域・分野によっても理解の仕方がだいぶ違っており、それにともなう配慮の仕方も違います。つまり、発達障害は子ども個人の問題であると同時に社会の問題でもあるが、そうはいっても、社会の問題はそれぞれの領域・分野によって配慮の仕方が違うので、結局は、発達障害のその子どもの問題としてどう支えられるのか、ということにとどまらざるをえないことになっているのだと思います。

(4)〈不登校〉をめぐって

宮盛：次に、先生のご本は医学的な視点から書かれていますが、その中にあっても、社会学的な視点を重視されています。その一つが、「不登校」です[20]。1975年ぐらいになると、人々の学校に対するとらえ方が大きく変わってきたことによって、不登校は登場してきた、というのが先生の説です。私の戦後日本の教育の転換点は、1979年説[21]です。だいたい同じくらいですね。その要因としては、1960年代の高度経済成長を経て、1970年代になると国民が豊かな生活を実感としておくることができるようになった、というのが大きいと思います。その結果として、1980年代は、人々が豊かさを保障するものとしての教育の実感を失って、教育に価値を置かなくなった、ということなのです。

滝川：その通りだと思います。要するに、学制序文（1872年）でうたわれたことがすべて実現してきたわけですね。学校のニーズが下がるということですね。もうゲットしちゃったものだから、わざわざつらい勉強をするモチベーションは下がりますよね。

宮盛：学校でいうと、1980年代になると、登校拒否・不登校、いじめ、体罰、校内暴力というような、いわゆる子ども問題・学校問題が全国的に噴出してきます。1970年代までは、学校の教師たちが一丸となって頑張れば子どもたちが変わると信じていましたし、事実、そうであったと思います。ところが、1980年代になると、子どもたちと教師たちの関係に変化が生じてきて、教師だけではそれらを解決することが難しくなり、いわゆる子ども問題・学校問題に対応するために、弁護士、内科医、精神科医、スクール・カウンセラーなどの人間発達援助者が教育に発言するようになってきました。先生の『学校へ行く意味・休む意味』[22]も読ませていただきましたが、先生が最初に不登校について書いた著作は何ですか。

滝川：たしか、清水将之先生の『今日の神経症治療』[23]という本に不登校について書いたのが、本に書いた最初ですね。

宮盛：そもそも、先生はなぜ不登校に興味をもたれたのですか。

滝川：それはそういう子どもたちが来るからです。

宮盛：その頃、先生はどちらにいらっしゃったのですか。

滝川：名古屋市の大学病院ですね。私は1975年に医者になったから、その時から不登校に出会ったわけですね。

宮盛：では、先生がお医者さんになられた頃から、すぐに不登校の子どもたちがたくさん病院に来るようになったということですか。それ以前の医学生の頃は、不登校の子どもたちは少なかったので、あまり診察されなかったのですか。

滝川：少なかった。少なくとも、長期欠席（長欠）で見る限りは。1975年前後は、戦後一番長欠率が低かった時期です。逆にいうと、1940年代から1950年代の長欠率は高く、学校を休んでいる子は山ほどいたのです。ただ、そのほとんどが怠学だったから、医学の問題にはされなかったのです。

宮盛：先生は初期から不登校と呼んでいたのでしょうか。

滝川：当時は、「登校拒否」でしたね。

宮盛：思春期心身症[24]という言い方はしましたか。不登校と思春期心身症は別だったのですか。

滝川：それは全然していなかった。それは、小児科の方がつけていた名前じゃないでしょうか。

宮盛：先生は、不登校の子どもたちを診察してみて、どのように思いましたか。

滝川：子どもによって違うな、って。

歴史的にいえば、それまでの怠学については、いくら学校を休んでも医学的な問題とは誰も考えていなかったのですね。貧困の問題とか、しつけの問題とか、この子は勉強がわからないし学校は嫌いだろうなぁ、という問題だったわけで、医学の問題にはならなかった。ところが、1950年代の終わりから1960年代に、どうしてこれで学校に来られないんだろう、という非合理な長期欠席が起こってきた。どうして非合理かというと、知的に高い、勉強がよくできる、まじめで怠け心なんかないし、家庭環境も問題なく、むしろ親の方も教育に理解があって、経済的にも困ってない、人間関係も悪くなく、仲良く友達と遊んでいるし、いじめとかそういう問題もない。教師との関係でも、まじめで勉強もしっかりできて友達関係もよい子を、教師が嫌うわけがないでしょ。だから、学校を休む理由は何もないわけ。ところが、そういう子どもたちの中から、なぜか学校へ来られない子どもが出てきた。基本的に、小学校の低学年、小２とか小３とかの児童でした。本人に理由を聞いても、本人も説明ができない。本人は明日から学校に行くと言って、夜は時間割を用意してそのつもりになって寝るんだけれど、朝になると足がすくんで学校に行けない。非合理で不思議な現象で、これは精神医学の問題だろう、と。

どこに問題があったかというと、分離不安が心理的なベースに潜むことが明らかにされました。学校が嫌なわけではないし、勉強が嫌なわけではないけれども、家庭から長時間離れることが不安で学校に行けないんだ、と。そこで、心理治療やカウンセリングをすれば、もともと学校が嫌なわけではないし、むしろ能力も高い子だし、おのずと学校に行くようになる。それが不登校の臨床の始まりだったわけですね。

ところが、わたしが診始めたころには、もちろんなるほど分離不安で説明がつくな、という子もいたけれども、その説明が当てはまらない子どももたくさんで、そうかと言って、昔のいわゆる怠学でもなく、これをどう説明しようか、どう説明できるんだろうか、というところからのスタートでした。

個別的に見れば多様なわけです。いじめが原因の子もいるし、この子は勉強が嫌いなんだなとか、集団生活がしんどいんだな、親子関係の問題があって学校どころではなくなっているんだとか、もう、一人ひとり違う。けれども、そういう問題は、1970年代に始まったわけではなく、昔から勉強が苦手な子どもはいたわけで、そういう子でも頑張って学校に行っていた。いじめだって昔からあって、いじめに耐えながら学校に行っていた。親子関係が微妙な子どもは昔からいろいろいた。つまり、勉強が苦手とか、友達関係がうまくいかないとか、親子関係が微妙だとか、理由は何でもいいんです。ストレスの要因はいろいろだけれども、そのストレスが学校へ行かない・行けないという反応になってあらわれるようになったのが、1970年代の後半なんです。1980年代には、もっとはっきり出てきた。これは、つまり、昔の子どもはストレスがあっても、それを押しのけて学校に行っていた。昔の学校はそういう吸引力をもっていた。社会も子どもを学校に送り出す力をもっていた。1970年代に入って、その力が下がってきたんだろう。その力が下がってきたのが、不登校が増えてきた本質的な理由だろう、というのが私の最初の発想なんですね。

じゃあ、子どもを学校に引きよせる力、社会が子どもを学校に送り出す力とは何だったか。要するに、学校で勉強するのは大事な価値で、これは将来のしあわせにつながる、という夢というかしんのようなものが社会に共有されていた。学校で勉強することが一人ひとりのしあわせや自己実現につながるし、ひいては、それが社会を豊かにしていく。だから、勉強はかけがえのないもので、すべての子どもたちに教育を授けますよ、という原点が「学制序文」でした。その考えは戦後も連綿と生きていたわけで、だから、親は学校に子どもを送り出したし、子どもも学校に来た。これは空手形ではなくて、1960年代、高度成長の時代には、学校で勉強してアカデミック・スキルを高めていく、さらに高校進学をする、大学に進学する。そうした勉学努力が、実際、豊かなよりよい生活にまっすぐつながっていましたよね。あの時代は、第二次産業（製造業）が基幹産業で、学校で勉強したことが実際の労働の中で役に立った。それは、単に知識とか技能だけではなくて、学校の中で、みんなと共同して何かに当たるとか、力を合わせるとか、集団で行動する体験自体が、ダムをつくったり、道を開いたり、自動車製造のコンベアに並んだり、集団で一緒になって力を合わせて一つの目標に向かって、協力する生産労働に必要だったし、役に立った。さらに、機械を設計したりとか、構造計算をしたりとかができるアカデミック・スキルが強く求められた。だから、誰も勉強の価値、教育の価値を疑わなかったし、子どもたちも身体で感じることができていた。個別的に見れば、学校を出たけれどダメだったとか、大学を出たけれど、というケースもあるけれど、社会全体として見た時には、学校価値・勉学価値が生きていた。そういう時代は、少しぐらいストレスとか困難とかつまずきにぶつかっても、だから学校を休んでしまうということはなかったのです。

ところが、1975年に高校進学率が90%を超えて、高校をめざして頑張ることの値打ちが下がっちゃった。高校は誰もが「行って当たり前」になってしまったから。行って当たり前で、行かなくては落ちこぼれの不安が生まれます。希望を追った勉学努力はやりがいのある努力ですが、不安に追われた勉学努力は消耗的な努力です。

それからもう一つ、1970年代後半から社会の産業構造が変わって、第三次産業（消費産業）が基幹産業になってきた。学校で身につけた集団体験やアカデミック・スキルが、そのままでは労働の場で役に立たない。対人サービスを売る消費産業ってそうですよね。頑張って勉強する価値が1970年代後半からじわじわと下がっていった。勉強が得意で頑張ればいい成績がとれてエリートコースを歩めるかもしれない、という一握りの子どもたちには、勉強の価値は高いから勉強する。でも、それなりにやればできるけれども真ん中になれるかなれないくらいのマジョリティの子どもたちは、なかなか勉強に積極的な価値を見いだせなくなっています。やっぱり、学業に力が入らないでしょ。学業に価値があることを素直に信じていた時代は、少しぐらいは苦手な子でも勉学努力ができ、努力すればできるようになるし、多少ストレスがあっても不登校になることはなかったのです。

宮盛：こうして、不登校の問題が1975年以降、社会の中で混迷化・複雑化して、現在まで続いている、ということになるんですね。

滝川：さらにもう一つの理由は、宮盛さんがおっしゃったように、1970年代、医学者とか法律家が教育問題にコミットするようになった。どういうコミットかというと、基本的には、教育批判です。1970年代終わりから1980年代は、教育バッシングが社会全体に盛り上がった時代ですね。社会自体が学校と教育を叩いておとしめたわけですから、ましてや子どもが教育や学校の価値を信じることはできなくなるでしょ。その人たちは、「子どものため」のつもりで教員叩き・学校叩きをおこなったのでしょうが、それが何を起こしたかというと、子どもと学校の関係を壊していった。教員に問題があるとか、教え方に問題があるとか、管理教育がいけないんだとか、画一教育がいけないんだとか、いや、戦後民主教育がいけないんだとか、あの時代の左右のイデオロギー混じりの教育批判は本当に的外れで、余計に教育を困難にする役割しかはたさなかった、という気がしますね。

宮盛：先生がいまお話しされたことも、現在まで続いていると思います。それが、「子どものため」という立場からなされているので、簡単には批判できないのです。しかし、はたして、本当に「子どものため」なのか。親が自分の教育論の正当性を導き出すために、「子どものため」といっていることも多いのではないでしょうか[25]。

(5)〈子どもの権利〉と〈児童虐待〉について

宮盛：1980年代になると、日本では、「子どもの権利論」ではなくて「子どもの人権論」が登場してきます[26]。子どもの権利とは、子どもの固有・独自の権利であり、子どもの人権は、一般人権の子どもへの応用です。日本では、大正期以来、子どもの権利という表現を用いてきましたが、子どもの人権は、1980年代に、アメリカのchildren's human rightsに影響された用語です。私は子どもの権利派です。人権と子どもの権利と子どもの人権の連関については、私はこだわりをもってきました。

先生のご本にも、子どもの権利条約について、「児童虐待」との関係で、言及されています[27]。また、先生は、子どもの人権に関する論文を書かれています[28]。現代社会において児童虐待は大変に深刻な問題の一つですが、その児童虐待を理解するに際して、加害と被害を明確にするという意味で、児童虐待という用語は適切ではない、と先生は言われています。確かに、加害・被害という言葉は、子どもの権利論でいえば、権利行使の主体と権利侵害をする者、という意味をもちます。だから、家族という私的な関係の中で児童虐待は起きていますが、同時に、社会という公的な中で起こっているので、そこに権利・義務関係を持ち込むと、子どもは正しい・おとなは間違っている、ということになってしまい、問題の解決にはつながらない、というように先生はお考えなのだろう、と私は理解しました。

滝川：私の理解では、権利とは、社会的・公共的な人と人との関係の中で問われる・発生する概念だと思います。親子関係とか夫婦関係、そういうエロス的な関係の中にはなじまないというか、吉本隆明流にいえば、権利という概念は共同幻想における概念であって、対幻想にいきなり持ち込むことはできない、というふうに感じるんですね。

もう一つは、権利というのは「人権宣言」から始まるわけで、これは西洋の近代主義に立脚している価値観ですね。本当に普遍性をもっているのか。特に、「子どもの権利条約」には西洋の近代的な価値観のグローバルな押し拡げみたいなところがないかしら。別の価値体系をもった世界もあるわけでしょ。イスラム圏もそうだし、日本も本来そうだろうし。それぞれの個別の文化を歴史的にもっているところに、西欧近代の価値観をあたかも普遍的な正義かのように押しつける。要するに、昔はキリスト教を絶対的な真理として布教をしたのと同じことをしているんじゃないだろうか。それぞれの歴史や文化に根ざす土着の価値観を排除したりつぶしたりしていないだろうか。インカ帝国を滅ぼしたり、インディアンを虐殺したり、いまはさすがにそれはないだろうけど、イラク戦争なんて怪しいものですね。そういう意味で、西洋的な概念としての人権とか権利という概念を過度に普遍化するのはまずいのではないか。

家庭の中の親子関係とか、子どもの世界に持ち込むのも、普遍化のあらわれですよね。

宮盛：先ほどのハーマンと重ねてみると、臨床という実践と人権という運動は、基本的にはなじまない、ということでしょうか。

滝川：ちょっとオーダーが違うんじゃないだろうか。不登校の子がいたとします。この子には、学校生活はどんな体験でどんな意味をもっていたのだろう。この子は、いま不登校にあることをどう感じているのだろう。この先どうありたいと思っているのだろうか。それとも先が見えなくなっているのだろうか。そうしたことを考えるのが、「臨床」です。これに対して、不登校の子をそのまま休ませておくのはおとなの教育義務違反、ひいては、子どもの教育を受ける権利の侵害にならないか。いや、子どもには学校を休む権利だってあるはずで、不登校の子をあの手この手で登校させることこそ子どもの権利侵害ではないか、といった問題を考えるのが「人権という運動」ではないでしょうか。

宮盛：私は臨床も人権も大事だと思っていますが、一方で、これが人権だ、とその人自身の根拠づけのために簡単に用いられてしまうと、人権はもっと複雑な構造をもっているのだ、と思ってしまいます。たしかに、臨床と人権は、先生が言われるように、オーダーが違うようにも見えますが、私自身は、そこを何とかつなげられないだろうか、と考えているわけです。少なくとも、子どもの権利条約には、生存権や発達権が書いてあることからすれば、それらをつなげる糸口があるはずである、と思っています。

滝川：語感として英語の‘right’という言葉と訳語の「権利」という言葉が重なるかどうかはわからないのだけれども、right には「正しい」とか「正義」という意味があります。「正義でありましょう」・「お互いに正しくありましょう」という約束が right の本義であって、何か人間の属性として人間には権利があるんだ、子どもの属性として子どもには権利があるんだ、というとらえ方は、本来の right の概念からずれる気がする。お互いにこういう行為を相手にするのは正しいか正しくないか、共同体がその成員たる個人をこう扱うのは正しいか正しくないか、それを問うのが本来の right で、めいめいに right が賦与されており、それを侵害するのはいけません、ということではないと思うんです。では、何を正しいとするか。それは、それぞれの社会や文化の中で合意されるべきことであって、それを超えたグローバルで普遍的な正しさ、神の正義みたいなものがあるわけではない。そう考えれば、少しわかりやすいかしら。

宮盛：「近代をどうとらえるか」という精神病者や子どもの発見の問題があり、その中で人権が登場してくる。人権は、前近代を否定する仕方で一定のポジティブな側面はあるとしても、それのネガティブな側面もともなっているはずだ、という発想を先生はおもちなのでしょうか。

滝川：西欧近代的な価値観が少なくともすべてではないし、絶対的なものでもない。日本は、明治以降の近代化で、基本的には、その価値観を取り入れて現在に至っていますが。

宮盛：そこから、学校も近代の産物なので、ある懐疑をおもちなのですか。

滝川：学校は否定しないですけども。近代的な国民国家を成立させるためには、学校なしでは不可能ですよね。

宮盛：そうですね。そう考えると、先生は、先ほど、1980年代における学校や教師をバッシングする人たちに対する違和感がある、というようなお話をされていましたが、先生は子どもの立場に徹底的に立つ主張をされている、という印象を私はもっていましたので、ちょっとアンビバレントな感じがしました(29)。

滝川：基本的には、教師批判というのを私は全然もっていません。学校は、少なくとも、国民国家というものを形成してキープしようとする限り、必要不可欠な制度ですから。もちろん国民国家をやめてしまって完全なグローバル社会に地球をしてしまおう、というのなら話は別かもしれないのですが、それは無理のあることですし、マイナスの方が大きい気がします。やはり、固有の歴史や文化を共有した一つの共同体としての国民国家は必要でしょう。学校はその文化継承のための重要な制度だし、子どもを社会化していく場としても学校は必要だし、となれば、それを担う教員の役割は尊重すべきで、子どものためを考えるなら、バッシングではなくサポートが必要なのです。ただ、いまの教育批判や学校批判の裏にあるのは、すべてを学校に背負わせ、あれも学校の仕事これも学校の仕事で、それが十分はたせていないじゃないか、というものですよね。そういう教育に対する過剰依存（過剰要求）と過剰不信が一体になっているみたいな教育言説には、大きな疑問がある。それは少しも事態をよくしていかない、という考えですね。そちらの方が問題で、学校に対する否定とか批判はもっていないんです。

宮盛：そうすると、先生は、近代的な問題をふまえた上で、子どもの視点から見る、ということでしょうか。あるいは、それを欠かさない、ということでしょうか。

滝川：子どもの立場に徹底的に立とう、という理念はもってないです。結果的にはどうかはわからないですが。私はそれなりに「おとな」になって長いですから、ありのままの「子どもの視点」に立って見るのは不可能でしょうね。

宮盛：先生の臨床の中からの児童虐待について、子どもから見た時に感じたことをお話ししていただきたいと思っています。例えば、児童虐待における親権や一時保護などのセンシティブな問題についてはいかがですか。

滝川：まず言葉から。法的な用語で使わざるをえない場合があるとしても、「児童虐待」とは不適切な用語だと思っています。「障害」の「害」を避けて「障がい」と表記するほど当事者に気を遣う人たちが、「虐待」の言葉が当事者の子どもや親にとっていかにどぎつく否定的な表現か、ということに気づかないのが不可解です。そこには、親への否定的なまなざし、率直にいえば、差別の目が潜んでいないでしょうか。子どもを傷つけるとんでもない親だ、ちゃんと育てられない親失格者だ、というような。自分の親に「虐待者」の烙印を押されて、さらに傷つきこそすれ、救われる子はいないのにね。

　個々の子どもたちを具体的に見れば、

社会の底辺に孤立した貧困家庭が抱えがちな家族機能不全、それが強いる養育困難とその結果の親子関係不調というケースが、その多くを占めます。しかし、そうした全体構造をとらえて支援をはかるのではなく、その中で生じた暴力や放棄だけに焦点をあてて、「虐待」(親の非道な加害行為)と名づけて、子どもの「保護」(家族からの隔離)をしているのが、大方の実態です。私たちの社会が「子育て」そのものを貧困と孤立から本気で護ることができるかどうか、そこにしか解決の鍵はありません。親権の問題も、一時保護の問題も、全体構造をとらえての解決の文脈におかれるか、「虐待」する親からの「保護」という文脈におかれるかで、意味が違ってくるでしょう。

宮盛：児童虐待という場合、子どもと親という個人の関係性のみに着目をしてその改善に取り組む、と考えている人たち、少なくとも教育関係者が多くいると思いますが、問題は、それが生起している社会の構造だということですね。私もその通りだと思います。私なりの言い方をすれば、精神医学は人間の内的な面を説明するけれども、その理解や解決にあたっては社会的援助などの外的な面が重要である、ということになるのだと思います。その中であらためて問われているのは、私たちがその現象をどのような言葉を選択して説明するのか、つまり、私たちの子ども観・暴力観なのだと思いました。

(6)〈教育と福祉の結合〉のために

宮盛：先生のご本で大変に印象的だったのは、不登校にかかわっての教師の役割について書かれているところです[30]。精神科医は、週に1回あるいは月に1回ほど、子どもを診察するだけであるが、教師は、毎日、子どもたちが学校にやってくるので、あの子はどうかな、とか、今日は調子がよくなさそうだな、とかを診ることができ、その点が重要である、と指摘されています。人間発達援助者にはそれぞれの役割があって、それぞれができることを最大限に発揮する、ということなのだと思います。だから、教師にとって、その知見は重要ですが、教師が、精神科医やスクール・カウンセラーの仕事のまねをしていても、真の意味において、子どもを支えることはできないのだと思います。先生は、教師や学校に期待することはありますか。

滝川：私が高校の時に、一人の教師が言った言葉があって、「親のいない子はいるけど、担任のいない子はいない」、それがとても印象に残っています。それから、いまの子どもは、おとなとのかかわりがすごく希薄になっているでしょ。親しか知らない。親以外のおとなと親密にかかわるとか、ふれあうとか、すごく減っている。昔は近所のおじさんとか、おばさんとか、お店の人とか親類とか、結構かかわる相手が多くいたでしょ。いまは地域のコミュニティが消えて、そういうかかわりの場がなくなりました。昔は電車の中で子どもが不行儀なことをやっていれば、それを見たおとなが注意したでしょ。でもいまは、それがやりにくいでしょ。子どものしつけは親の専権事項みたいになっている。だから、親以外に子どもとかかわるおとながすごく減って、親との関係だけで子どもはおとなになっていく。これは、おとなになるのを難しくしますよね。モデルが一つしかない。たとえそれがどんなにいいモデルだとしても。

本当は、子どもがおとなになるまでには、いろいろなおとなと接し、いろいろなおとなを体験することが大事です。その役割をはたせるおとなたちがいなくなって、いまの社会の中でその役割をはたせる残されたおとなは、教員でしょう。地域共同体が消えて、子どもの社会体験の場がほとんど学校だけになったからです。毎日教室で会うし、担任は毎年とか２年に１回で変わるし、中学校・高校になれば科目毎にたくさんいるわけだし。よい姿・悪い姿を含めて、多様なおとなの姿を子どもは体験しようと思えばできるはずです。これがとても大事だし、教師の役割になると思う。単に教えるとか指導するとかでなくて。宮盛さんも思い出に残っている教師っているでしょ。

でも、いまの子どもたちは、そういう教師との体験がうすくなっている気がしますね。それは、一つは、第三次産業社会になって、学業価値が子どもたちの間で不確かになったこと、一つは、教師バッシングに見るように、社会が教師というものを尊重しなくなったこと、それが背景にあるかもしれません。よくも悪くも、教師が重みを失い、教師の顔を見るよりかはスマホを見たり、というようになりやすいでしょう。小学校１年生からの担任の先生の名前を全部言えるかと尋ねると、言えない大学生がいますよね。その意味でも、教員は、実は、子どもがおとなになる道で大事な役割を担っているので、そのことへの尊重を社会が共有することが大事です。

宮盛：では最後に、現代学校改革の焦点の一つである、「教育と福祉の結合」[31]をめぐる問題をテーマにしたいと思います。子育て、子どもの貧困、若者支援など、教育と福祉の結合が、実践のみならず政策においても、その実態を受けて、急速にすすんでいます。理論的な検討が十分におこなわれることなく、実態がすすみすぎているために、政策に対する批判的視点を欠いたまま、子どものための教育と福祉の結合はよいことだ、とされています。この問題をどのように考えたらよいか。私自身、こういった課題意識をもっているのです。

滝川：福祉も教育でやってもらいましょう、と教育に荷物を背負わせる、という「結合」になるとまずいんじゃないかな、と思いますね。ちょっとそのにおいがする。「担任のいない子はいない」の言葉に戻れば、確かに学校は子どもたちを護る独自のセーフティネット機能をはたせる可能性をもち、実際、はたしてきたと思います。新しいことを求めるより、すでにもっているものを大切にしたいですね。

宮盛：子どもも親も、教育に対して過剰すぎるほどの期待があるのではないでしょうか。

不登校になった場合、いまある公教育の変革を含んで、学校に戻りたい、というのはよいことだと思っています。もちろん、フリースクールで学ぶこともよいことなのですが、公教育から自分自身がはじかれて不登校になってしまった、という恨みのようなものをもちながら、フリースクールを公教育として認めろ、と主張することには違和感があります。これは、「オルタナティブ・スクールの公教育化」[32]と呼ばれるものです。しかし、これでは公教育が成立しなくなってしまう、と私は考えています。でも、その時に登場するのが、「子どもの権利」なのです。

滝川：勉強しない権利、とかね。

宮盛：教育学的には、子どもには、学ぶ権利があると同時に義務があるはずです。この社会で生きていくということは、人とかかわることになり、そのあり方を学ぶということがあるはずで、その意味で、学ぶ義務をもっている、と私は考えているのです。学ぶとは、知識だけではありませんし、学校だけでもないはずです。

滝川：まぁ、私には公教育でもフリースクールでもどちらでもいい気がする。例えば、いまは中学・高校を卒業しなくても学力認定試験をパスすれば進学資格ができるわけですから、必ずしも卒業が人生の先にすすむ必須要件ではない。フリースクールを公教育と認めるか否かは、あまり大きな問題ではないような気がしますね。無理に学校で勉強しなくても、情報社会ですから、どこででも知識習得はでき、学力さえつけば学力認定が出るのですから。ただ、公教育とフリースクールは役割が違うんだから、それぞれの役割を考えましょう、ということは必要かもしれませんね。

公教育の役割は、一つは、共同体（国民国家）の成員として分かちあわれるべき文化、公共的な知識や規範や体験を子どもたちに与えること、もう一つは、おとなになって自分の生活や社会を支えるべき労働に資する知識や技能や体験を授けること、この二つですね。フリースクールとは、この役割からフリーということですね。公教育のシステムは、小・中・高・大学・大学院というステップからなり、そのステップアップは、学力試験による適性チェックによってコントロールされるしくみです。フリースクールは、このしくみの外にあります。

現在、公教育が出会っている問題は、不登校増加の理由で述べたように、公教育が与える知識技能や集団体験がサービス産業領域の労働に十分フィットしなくなったこと、消費社会がもたらす私的個人意識の強まりが、公教育が役割上もつ公共的な規範性を子どもへの束縛や権利侵害ととらえる人たちを増やしたことですね。この二つに加えて、現代では、学業への適性の如何にかかわらず、ほとんどの中学生が高校に進学します。現代日本では、学校以外、彼らに社会的な居場所がないからですね。仮に学業を苦手とする中学生たちが卒業後に就労を志したら、深刻な若年失業者問題が起き、居場所のない若者が社会に溢れます。学業的な適性を問わず全員を高校に入れて、とりあえず居場所を保障するという、それこそ福祉的な役割を公教育が担うようになりました。子どもの人権から見れば、昔は学力も意欲もありながら進学をあきらめざるを得ない子らが問題でしたが、現在は逆に学力や勉学意欲がなくても進学せざるを得ない子らが強いられる負荷が問題かもしれません。その生徒たちに少しでも資する高校教育を、と教師が取り組めば、文部科学省の学習指導要領や教科書に縛られない、フリースクール的な内容になるだろうと思います。でも、公教育としての役割や枠組みをすっかり外すわけにはいきません。

これに対して、公教育的な役割からフリーなところで、子どもたちの社会的な居場所、社会体験を積める場所を子どもたちに保障することが、フリースクールをはじめ、「オルタナティブ・スクール」の役割かもしれません。この場合、はたして「スクール」という呼称にこだわる必要があるかどうか、どうでしょうね。フリースクールの「公教育化」の主張に宮盛さんが首を傾げられるのはもっともだと思います。

宮盛：私は、この3年間、先生と文学部でご一緒できて、本当にうれしかったです。はじめて先生とお会いした時のことも、また、この研究室で先生とお話しした時のことも、どれもよく覚えています。そして、こうして「対話」ができたことも、私にとってはよい記念です。今後もさまざまな形で、先生と対話をすることができることを、楽しみにしています。今日はどうもありがとうございました。

〈注〉

（1）滝川一廣『子どものための精神医学』医学書院，2017年。

（2）中井久夫・山口直彦『看護のための精神医学』医学書院，2001年（第2版は、2004年）。

（3）滝川一廣「あとがき」・「『精神医学』とはどんな学問か」，前掲『子どものための精神医学』、参照。

（4）ジュディス・L・ハーマン著，中井久夫訳『心的外傷と回復』みすず書房，1996年（増補版は、1999年）。

（5）宮盛邦友「子どもを支える共同関係を結ぶ」編著『子どもの生存・成長・学習を支える新しい社会的共同』北樹出版，2014年，16-20頁、参照。

（6）中井久夫「いじめとは何か」『季刊仏教』No.37，法蔵館，1996年10月号。

（7）アラン・ヤング著，中井久夫・大月康義・下地明友・辰野剛・内藤あかね訳『PTSDの医療人類学』みすず書房，2001年。

（8）「精神分裂病」は、現在では、「統合失調症」に呼称が変更されているが、本対話では、『分裂病と人類』を参照していることもあって、文脈によっては、精神分裂病ないしは分裂病という用語を使用している。子どもの権利を研究する者として、決して、差別的な見方をしているわけではない、ということは、理解していただけると思っている。**【宮盛】**

（9）中井久夫『分裂病と人類』東京大学出版会，1982年。

（10）Henri Wallon, *Délire de persécution. Le délire chronique à base d'interprétation*, Libraire J.-B. Baillière et fils, 1909. Henri Wallon, *L'enfant turbulent. Etude sur les retards et les anomalies du développement moteur et mental*, Libraire Félix Alcan, 1925.

（11）フィリップ・アリエス著，杉山光信・杉山恵美子訳『〈子供〉の誕生　アンシャン・レジーム期の子供と家族生活』みすず書房，1980年。

（12）滝川一廣「ピアジェの発達論」・「フロイトの発達論」，前掲『子どものための精神医学』、参照。

（13）ジャン・ピアジェ著，谷村覚・浜田寿美男訳『知能の誕生』ミネルヴァ書房，1978年、ジークムント・フロイト著，中山元編訳『エロス論集』ちくま学芸文庫，1997年。

(14) アンリ・ワロン著，久保田正人訳『児童における性格の起源――人格意識が成立するまで――』明治図書，1965年、エリク・ホーンブルガー・エリクソン著，西平直・中島由恵訳『アイデンティティとライフサイクル』誠信書房，2011年。なお、こうした〈子ども〉・〈発達〉・〈人間形成〉をめぐる諸カテゴリー群の連関に関する批判的分析については、今後の課題である。【宮盛】

(15) 吉利和『内科診断学』金芳堂，1966年(改訂9版は、2004年)。

(16) 田中康雄「私が語ろうとした事柄、気がつかなかった事柄――『語るあなた』へ『語り返す僕』――」宮盛，前掲『子どもの生存・成長・学習を支える新しい社会的共同』，62-65頁、参照。

(17) これは、〈援助〉のもつ問題性を指している。援助者が当事者を主体的にするために援助することが、かえって、その当事者の主体性を奪いかねない、という問題。教員・臨床心理士・法曹などの大学における専門家養成を視野に入れながら、教育や福祉の本質論と重ねる仕方で、あらためて、論じてみたい。【宮盛】

(18) 滝川一廣「発達障害とは何か」・「発達障害における体験世界」，前掲『子どものための精神医学』、参照。

(19) 発達障害を理解するにあたって、医者以外の専門家が、アメリカ精神医学会の精神疾患の診断・統計マニュアルであるDSM-Ⅴや、WHOのあらゆる疾患を網羅した統計であるICD-10に、過度な依拠をすることは、逆に、その人を理解することができなくなるのではないだろうか。別の言い方をすれば、科学主義の信仰によって人間を理解することには、限界がある。だから、ピアジェとフロイトの両方の発達論を重ねることが重要なのである。【宮盛】

(20) 滝川一廣「児童期～思春期をめぐる問題」，前掲『子どものための精神医学』、参照。

(21) 1979年説とは、教育学でいえば、それ以前には、子どもの発達と教育に関する研究がその中心であったのに対して、それ以降には、認知科学と教育社会学がその中心に登場してきた動向を指している。これは、ほぼ同時期に、フランスでは、発達心理学の低調と教育社会学の台頭、ドイツにおいては、教育哲学の衰退、として、同様の動向を見ることができる。この教育学の動向は、日本社会と人々の教育意識の反映の結果である。【宮盛】

(22) 滝川一廣『学校へ行く意味・休む意味　不登校ってなんだろう？』日本図書センター，2012年。

(23) 滝川一廣「不登校」清水将之編『今日の神経症治療』金剛出版，1987年。

(24) 3年B組金八先生の第2シリーズ第1・2話では、思春期心身症がテーマとなっており、ほぼ同時期であることから、このような質問をした。参考文献として、森崇『思春期内科』日本放送出版協会，1976年、がエンド・ロールに書かれていた。【宮盛】

(25) 前掲の〈援助〉のもつ問題性の一つとして、1970年代後半に登場した、「教育は不可能である」という反教育学が提起した問題を位置づけることができる。【宮盛】

(26) 私の子どもの権利論構想とは、民法と少年司法を基盤とする、親権の義務性(親・子関係)を軸とした子どもの権利論である。さしあたり、宮盛邦友「戦間期日本における子どもの権利思想――平塚らいてう・下中弥三郎・賀川

豊彦の思想と実践を中心に――」『中央大学大学院研究年報　文学研究科篇』第33号，2004年、など参照。【宮盛】

(27) 滝川一廣「子育て困難の第二グループ」，前掲『子どものための精神医学』、参照。

(28) 滝川一廣「『子どもの人権』再考」『新しい思春期像と精神療法』金剛出版，2004年。

(29) なぜアンビバレントに感じたのか。それは、子どもをより強調すれば、子どもとの関係で位置づく教師や学校は批判の対象となるはずであり、滝川先生は〈子ども〉にこだわられているので、そのような考えをお持ちである、と私が思い込んでいたからだろう。また、市民として子どもの立場から教師・学校を批判した子どもの人権派のことが、私の念頭にはあったのかもしれない。この対話を通して、子どもと子どもを支える者の両者の関係を同時にとらえようとする滝川先生の子ども理解・人間理解に私はひかれている、ということを、あらためて、気がついた次第である。【宮盛】

(30) 滝川，前掲「児童期～思春期をめぐる問題」、参照。

(31) 堀尾輝久「教育とは何か」『教育入門』岩波書店，1989年，127-131頁、参照。

(32) 義務教育の段階における普通教育に相当する教育の機会の確保等に関する法律（2017年施行）は、子どもの権利や学習権の観点からの評価がなされているが、公教育の観点からの評価は、必ずしも、十分ではない。教育における人間形成と国家を解明する上で、教育機会確保法は、重要な手がかりとなるはずである。【宮盛】

子ども論・人間学の構築に向けての覚書：対話を終えて

滝川一廣との「対話」の中から浮かび上がってきた、「人間臨床」にとって深化させるべきいくつもの論点の中より、現代教育学を構成する学校論・公教育論に関わっての、人格＝認識形成学校の理論的・実践的課題である「教育と福祉の結合」、および、現代教育学を構成する子ども論・人間学に関わっての、精神医学と臨床心理学と教育学を架橋した「臨床教育学」とその事例研究、という二点から対話全体を見渡すことを通して、これからの研究構想を展開しておきたい。

①教育と福祉の結合

発達障害・不登校・児童虐待などの、いわゆる「子ども問題」について、どのように問題を理解して対応していくのか。子どもの権利論的な言い方をすれば、発達障害・不登校・児童虐待とは何か、それをどのように保障・救済していくのか、ということを私たちは問われている。

滝川によると、子ども問題の前提には、私の言葉で概括的にいえば、1970年代半ば頃になると、日本社会が豊かになったことによって学校と社会が乖離し始めたこと、および、これにともなって子どもと親が教育に対して価値を見出さなくなってしまったこと、という二点があり、その結果として、新しい病気としての子ども問題が発生し、これが現在まで続いている、というような歴史的把握が非常に重要となる、という。この点は、戦後教育学を含む現代教育学の認識においても、ふまえなければならない指摘である。

このような把握をした上で、一般的には、子ども問題についての精神医学・臨床心理学による臨床と援助がとられる場合が多いが、滝川との対話からは、それでは事実認識としても価値認識としても間違いである、ということが強調されている。すなわち、精神医学による神経症・精神病の説明は、人間の内的なメカニズムの解明にはなっても、それが即、問題対応に繋がるわけではない。

むしろ、こうした問題は社会的に構築されていることから、その対応の仕方も社会的でなければならない、となるのである。その意味において、ミクロな領域・分野とマクロなそれの接点にある教育学は、本来的に、この問題に関して、全体として見渡す視野をもっているはずなのである。

こうした問題の理解と対応は、教育と福祉の結合を要請している。その場合、教育レベルにおける教育と福祉の結合と、公教育レベルにおけるそれは、区別をしながらその関連を問う必要がある。なぜならば、今日的な意味での教育と福祉は、福祉国家段階に成立した社会事業という同根をもつからである。つまり、教育と公教育のそれぞれのレベルにおいて、教育の何を問いなおすために福祉と結合するのか、福祉の何を問いなおすために教育は結合するのか、を考えなければならない。それを考えずに、教育と福祉をよきものとして安易に結合し、また、制度化を求めることは、かえって子どもを追い詰めるなどの問題を複雑にするだけである。発達障害・不登校・児童虐待が常態化している現在において、制度化の前に、日常における網の目のような援助こそ重要なのではないだろうか。それにあたっては、主体に対して他者が援助をすることはできるのか、という根本的な問題提起をした、反精神医学・反臨床心理学・反教育学などとの対決は避けて通れないだろう。なぜならば、これらは、人間に対する国家支配への批判を含んでいたからである。いずれにしても、私たちがどのような人間観をもつのかによって、援助の質は変わってくる。そのために、合理性（正常）と非合理性（異常）を断絶するのではなくて連続してとらえる、と滝川がもっている人間観から、私たちの人間観を鍛えなければならないことだけは、確かである。

②臨床教育学の事例研究

中井久夫の分裂病研究を近代ヨーロッパの中でとらえながら、ジャン・ピアジェの認識発達の軸とジークムント・フロイトの関係発達の軸によって、発達的に人間をとらえる、という滝川の説明の仕方は、きわめて明解である。

このような人間理解は、アンリ・ワロンの人間形成理論と通じるものがある。

精神科医であったワロンは、人間の系統発生をより重視しながら、一方でピアジェのような自然科学・経験科学的人間論を批判し、他方でフロイトの人間科学・精神科学的人間論と格闘することで、全体としての人間形成理論を構築しようとしていた。人間理解において、精神医学をその基礎としなければならないことははっきりとしているが、滝川との対話の中では話題とならなかったが、ワロンからすると、「自己超越」もまた人間理解にとって重要だということになる。この点は、臨床そのものからして当然なはずであるが、あらためて確認しておきたい。

教育学では、こうした実践的にして理論的である人間形成的な研究を、「臨床教育学」と名付けている。臨床教育学は、1980年代に、子どもの現実からの必要性によって河合隼雄や横湯園子などが構想した、学際的な学問である。中でも、河合は、臨床教育学における事例研究の必要性を主張しているが、例えば、滝川の話にあった通り、子どもたちが不登校になる理由がさまざまであることからしても、その重要性は確認することができる。その上で、精神医学・臨床心理学から見た事例研究と、教育学から見た事例研究は異なるのではないだろうか。すなわち、臨床心理学は、研究者自身がおこなっているカウンセリングなどの臨床実践を研究の基礎としていることから、それに基づく事例研究となる。それに対して、教育学は、研究者が自分自身の教育実践を必ずしもその基礎としていないため、思想史的・人間学的事例研究とならざるを得ない。その意味でいうと、心的外傷・PTSDをめぐるジュディス・ハーマンとアラン・ヤングの読解は、教育学からのアプローチによる臨床教育学によって取り組んでみたいテーマである。滝川は、臨床教育学やその事例研究に対する問題提起をしているわけではないが、精神医学・臨床心理学と教育学の二つをつなげようとする志向をもちあわせていることから、今後ともぶつかり稽古をお願いしたい。その際、滝川が指摘をしていた、子どもにとって意味ある存在である「教師」を、臨床教育学の主要な研究対象にすえなければならない。なぜならば、教師とその教育実践は全体性を有しているが、それをまるごと支えられるのは、「教育とは何か」を未来に向けて問う教育学だけだからである。

〈参考文献〉

○宮盛邦友「開かれた学校づくりにおける〈子どもの権利〉と〈指導〉をめぐるいくつかの問題――そのラフ・スケッチとして――」学習院大学文学部教育学科・教育学研究会『教育学・教育実践論叢』第２号，2015年
○宮盛邦友「教育学は総合性の学問か、それとも、固有性・独自性の学問か――同時成立相互可能性をもつ教育学の地平をめぐって――」学習院大学文学部『研究年報』第63輯，2017年

『やさしい教育心理学〔第５版〕』

鎌原雅彦・竹綱誠一郎，有斐閣アルマ，2019年（初版・1999年、改訂版・2005年、第３版・2012年、第４版・2015年）

「教育心理学の基本的知見を整理し、またその背後にある心理学的なものの見方、考え方をわかりやすく伝えること」を意図したこのテキストは、確かな科学的知見を私たちに提供してくれている。

教育学・教育心理学の基本概念である「発達」についてはこうである。教育学では、ピアジェ、フロイト、エリクソンなどの発達理論を概括して、その理論から教育実践をとらえなおす、という思考方法で発達を理解する。それに対して、教育心理学では、発達理論の概括よりもその基礎となっているデータを紹介して、現実の子ども・青年＝若者の分析もそれらを応用しながらデータで説明する、という思考方法で発達を理解する。例えば、子どもの攻撃性・破壊性に関してはエロンたちやボルスタッドとジョンソンのデータを用いて、いじめに関しては内閣府のデータを用いて、議論を展開している。これが、確かな科学的知見である。

教育学の発達理解では、つきつめていうと、それを見ている者のまなざしの主観性が問われることとなるが、教育心理学の発達理解では、つねに、客観性を重視することとなるため、誰もが納得をすることができるのである。その意味で、「子どもを理解する」といういとなみは、まずは、科学的な知見に基づかなければいけない、ということはいえるのである。

その上で、アンリ・ワロンやエリック・ホーンブルガー・エリクソンの発達概念が、はたして本当に、科学的知見によってのみから構築されていたのか、という疑問が残る。ワロンにしろエリクソンにしろ、いわゆる実験を基礎にして発達概念を構築したという印象はない。むしろ、ワロンは、経験科学と精神科学の同時成立可能性を考えていたし、エリクソンは、精神科学を経験科学で説明することを考えていた。

真の科学的知見とは、おそらく、発達における自己超越をめぐる論理の解明の如何に関わっているのではないだろうか。その意味で、竹綱の「運帰属に関する教育心理学的研究」は、精神科学的課題を経験科学的方法でもって解明する、という新しい地平を切り拓いているのではないだろうか。ここに、教育心理学の教育学に対する重要な貢献を見ることができるのである。

このような観点をもつならば、近年の新しい研究的・実践的課題である「発達障害」についても、科学的知見をふまえた上で、発達障害というものの見方が問われることになると思われる。

どちらにしても、教育心理学が提供する科学的知見は、教育と教育学を理解する上での第一歩だということになるのである。

〈教育条理〉の対話
――憲法と教育を支える思想――

対談：
○**植野妙実子**（1949年生まれ、中央大学名誉教授、憲法・フランス公法）
○**宮盛邦友**

宮盛：この対話は、当初は、植野妙実子先生の中央大学の退職にともなって出版された『基本に学ぶ憲法』・『憲法理論の再構築』[1]をめぐっておこないたい、と考えておりました。しかし、ほどなくして、新型コロナ・ウイルス（Covid-19）問題がおき、日本社会および世界社会のあり方が大きく一変しました。その中で、私たちの日常生活や憲法や教育をめぐる問題についても変わらざるを得ない面があったということがあって、今日まで延期をしました。その意味では、今回のこの対話自身が、教育条理の視点から、アクチュアルな憲法と教育の問題をめぐる状況をどうとらえるか、という非常に重要な対話になるのではないか、というように思っております。

（1）立憲主義と法治国家

宮盛：それでは、まず、憲法学の立場から、立憲主義と法治国家をめぐる問題について、お話をうかがいたく思います[2]。

植野：立憲主義というのは、一般的に、憲法に基づく政治を求める、という意味で用いられておりますけれど、元来は、立憲主義という憲法に基づく政治、という、その憲法とは何かということが非常に重要です。この話は、後にお話しすることになるシティズンシップ教育とか主権者教育とかとも関わるわけですが、憲法とは何かということを基本的にしっかりと理解する、ということが重要です。その意味は、歴史的には古いのですが、フランス人権宣言（正規には、1789年人及び市民の権利宣言）の16条に書かれている文言「権利の保障が確保されておらず、権力の分立が定められていない、全ての社会は憲法をもたない」に由来します。つまり、人権保障と権力分立を定めていないのは、憲法をもたない社会である、と定められています。憲法の中身とは、人権保障と権力分立、権力分立とは、人権保障のために権力の暴走を止めて、権力を分立することによって、互いに権力を抑制、規制していく、特に、行政権、政府の力を規制していくという、そこに非常に大きな意味があるわけです。したがって、人権保障と権力分立によって権力を制限しようとする原理が立憲主義であるといわれています。こうしたことをとらえると、こうした憲法をもっている、そして、憲法に基づいて国や社会が動いている、ということが非常に重要である、ということになります。もちろん、憲法は細かな規定がさまざま書かれておりますけれども、そうした規定は、解釈ということを通して、ある時には広げられたり、ある時には狭められたりしながら、変わっていくという形になっています。社会の変化がものすごく大きくて、どうしても憲法規定を変えざるを得ないということになる場合に、憲法改正という話になっていくわけです。まず、それが立憲主義という意味で、立憲主義という憲法に基づく政治というのは、人権保障と権力分立をきちんと定めている、すなわち、権力を制限しようとする原理がきちんと働いている、そういう憲法の下での政治である、ということになるわけです。

そういう意味では、議院内閣制というのは、権力分立としては弱いタイプだ、というふうに位置づけられています。というのは、議院内閣制は、その母体が国会、議会であってその議会の多数派から政府というものが構成されていく。ということは、政府と議会の多数派とのつながりが非常に強いわけであって、権力分立というのは、そもそも三権分立という考え方から、政府の行政権と、国会の立法権、裁判所の司法権、この三つの権力が相互に抑制し合いながら、政治をおこなっていくという、そういう統治構造をいうわけですが、議会の多数派から政府がつくられるということになりますので、どうしても議会の多数派と政府とが非常に密着した関係にあります。議会側からの統制がなかなかきかない、政府に対する統制、規制が及ばない、という意味で権力分立の弱いタイプだというふうにいわれています。そうなると重要なことは、実は司法がどこまで行政権を規制できるかにかかってくる。日本においては司法のあり方がそういう意味で問題になってきます。憲法裁判や行政権を規制するような、そうした裁判がしっかりとおこなわれているかが問われるということになります。

他方で、法治主義とか、法治国家とかという考え方があって、法治主義という考え方は、国家権力の行使が法に基づいておこなわれるべきことを指しますが、広義においては憲法に基づく立法による政治、つまり、国家権力の行使が法に基づいておこなわれるべきだとする意味、その法とは憲法であって、憲法に基づいておこなわれるべきというふうに考えられています。ここから法律に基づく行政であるとか、あるいは、法律に基づく裁判というような事柄が導き出されます。すなわち、憲法、そしてその下に法律、それから政策を具体化するところのさまざまな命令、例えば、コロナ禍の下においては、さまざまな通知であるとかが出されておりますけれども、そうしたようなものが根本においては憲法に基づく、もともとは憲法から由来するものであるべきということになります。憲法の最高法規性は憲法98条１項に定められています。ここで日本の場合に問題になってくくるのは、条例をどこに位置づけるかということになるわけですね。なぜかというと、条例というのは地方議会で制定される、そういうものであって、議会すなわち国会で制定される法律と似ているところがあるわけです。条例も地域住民の民意を反映している。国会でつくられる法律、地方議会でつくられる条例ということでこれを同等にとらえるのかどうなのか、ということが問題になってきます。憲法の中には94条に、「法律の範囲内で条例を制定することができる」ということになっていて、法律という枠の中で条例が定められるべきことが示されていますが、解釈論としては法律に反しなければ条例を制定できる、ということになっています。例えば、公害規制の必要性に関して、地域住民の健康や環境に関わる生存権を保障するという観点から、法律よりも厳しい規制をする条例を認めてきました。他方で、根拠となる法律自体はないけれども条例があるというようなものもあります。こうした条例の用い方が教育などにおいても、例えば、青少年の健全育成に関する条例であるとか、あるいは、家庭教育の支援に関する条例であるとかが存在しますが、地方の条例で先行し、国会レベルでは合意を得られず制定されなかった、という経緯もあります。これらは必ずしも法律に基づいていませんので、どういうふうに考えるべきなのか、問題も出てきます。

フランスでは、法治国家という考え方が現在ではよくいわれるようになりました。フランス語では、法治国家はエタ・ドウ・ドワ État de droit といいます。これも先ほどの法治主義と似たようなとらえ方になりますが、法による国家権力の拘束ということで、憲法を基本として、政治権力や立法権を統制し、基本的権利を保障する、そうした考えを指します。基本的権利を定めている憲法によって国家権力は直接に縛られる、憲法は実定法であり裁判規範である、という考え方です。ヨーロッパでは、ナチス・ドイツが合法的なやり方で差別的な法律をつくり、それを元にユダヤ人などを排斥をしたことが問題となり、法律でも間違いを犯す、その間違いを正す必要がある、という認識から、憲法裁判が確立していきました。その過程において法治国家の確立ということがいわれています。日本においては翻って、こうした憲法裁判がきちんとおこなわれてこなかったことが問題です。憲法で書かれていることに沿って国家体制や国家権力の行使がおこなわれているということを基本にして人権保障を隅々にまで行き渡らせるためには、憲法裁判が必要である、ということになります。

もう一つ考えておかなければいけないのが、憲法裁判をおこなう裁判官がどのようなプロセスで選ばれているのか、ということです。なぜなら、憲法裁判の対象となるのは国家権力を行使する側ですから、効果的に裁判がおこなわれるためには、公正さが必要になります。日本国憲法の場合は81条に、「一切の法律、命令、規則又は処分」を対象として、それらが憲法に適合するか否かを最終的に決定するのは最高裁判所であると定められています。そこの中には法律も入っていますが、法律は国会で制定される、国会は民主的な形で国民による投票によって選ばれた議員から成り立っている、そういう意味では主権の反映がそこにある、民意、国民の意思が国会にあらわれているにもかかわらず、そこで制定された法律をどうして裁判所の裁判官が統制するのかと、法律の合憲性を判断する裁判官自体に民主的な裏付けはあるのかが問題になります。そこで憲法裁判官の選任方法が問われるわけです。フランスでは大統領、上下両院議長が９人の憲法院の裁判官をそれぞれ３人ずつ選ぶという、いわゆる政治的任命をおこなっているのですが、一方で民意を直接に反映している国会、他方で民意を反映しているところを通して選ばれる憲法裁判官、このバランスの上に権力の統制をおこなっています。

こうした憲法や法治主義や法治国家について学ぶということが、私自身はシティズンシップ教育とかあるいは主権者教育ということの要であるというふうに思っています。そうなると当然のことながら、シティズンシップ教育において教える価値、普遍的な価値は何かが問われます。フランスでは、それは共和国の価値や原則を指すとしていて、ライシテ（政教分離）、男女平等と互いの尊重、あらゆる形態の差別・偏見への闘い、宗教的差別や反ユダヤ主義またLGBT嫌悪に対する闘い、さらには環境や持続可能な発展への教育、ハラスメントに対する闘い、というものとされています(3)。この共和国の価値や原理の源は、第五共和制憲法の中に直接に書かれているものです。日本の場合も日本国憲法には、13条に個人の尊重、14条に法の下の平等が書かれていますから、これらは普遍的価値をもっているといえます。また、日本では憲法の三原理、すなわち基本的人権の保障、国民主権、永久平和主義、という、こういう原理が、価値として教えられるべきであろう、というふうに思っています。

シティズンシップ教育の細かな点は後でお話ししますが、こうしたようなことを前提として、現在の統治のあり方を少し考えてみたいと思います。先ほども言いましたように、議院内閣制は本来は国会中心的に統治がおこなわれるはずで、日本国憲法の41条にも、「国会は、国権の最高機関」として定められています。実際は、政府と国会内多数派中心で動いていて、例えば、法律は政府と与党との話し合いでほぼ決まっていきます。野党がそこに入り込む余地があまりなく、野党の存在感が示せないという現状があります。また、実際は委員会中心主義でやっていますので、本会議の形骸化というようなものも見られて、本当は国会の中でさまざま討論がおこなわれるべきなのに、委員会の中で討論して、国会では簡単な説明と採決するだけという形も見られます。国会の側から行政権に対する統制として62条に国政調査権が定められていますが、この国政調査権も証人喚問を政府が断ってしまえば、森友・加計の問題でもわかりますように、そこで立ち往生してしまい、十分に機能しません。また、臨時国会の請求ができるということが53条に定められているわけですが、これも政府の都合次第といったらよいでしょうか、都合の悪い時には臨時国会を請求されても開かないというようなことが見られます。さらに、現在では官邸中心主義、官邸主導というような形で、官邸を中心として物事が、政策が決まっていくというような形になっています。すなわち、政府の内部の一致を優先するということですが、他方で、専門家やその道に詳しい官僚が軽視されていく、そういうことが出てきています。このことは内閣が官僚の人事権を掌握していることとも関係します。官僚が官邸に忖度し、自らが優れていると思う政策をもっていかない、もっていってもけられるだけであるとか、睨まれたら困るとかというような形で政権に忖度する官僚のあり方がみられるというふうになっています。こうした中で首相に政府に権力が集中してきています(4)。

コロナ禍の下で安倍晋三首相(当時)の全国一斉臨時休校要請がありましたが、これは子どもの学ぶ権利を阻害する、侵害する違憲なものであったし、また法的な根拠のない違法な首相の権限行使であったわけですが、これに対しては何のコントロールもなしにおこなわれて通ってしまいました。もしこれがフランスでおきれば、首相の命令は行政裁判の対象になりますので行政裁判所が審査をすることになります。行政裁判は誰でも持ち込むことができますので、問題だと思った人が持ち込んで裁判にかけることができるということになります(5)。憲法に理念として定められている権力分立、国家権力の規制というものが機能していない、というのが日本の現状だということになります。

宮盛：憲法の理念がある中で、現実の日本の政治を見てみると、かなり乖離しているという状況があります。そこで、いまの植野先生のお話からは、司法の役割といいますか、憲法裁判が本来的には重要な役割を果たすはずなのだろう、というふうに思うわけです。しかし、なかなか裁判が起こせない、あるいは起こせても結果として国家側が勝訴する判決が出る、という状況があります。

植野：それが一番の大きな問題だと思いますね。日本の場合にどういうやり方で憲法裁判に持ち込むかというと、だいたい国賠訴訟、国家賠償請求の訴訟になっていきます。この違憲国賠訴訟を支持する憲法研究者も多いのですが、確かにこうしたやり方しか見つからないかもしれない。しかし私は懐疑的ですね。というのは、国賠だと、国賠請求自体ははねられるわけです。なぜなら、17条によれば、「公務員の不法行為」が国家賠償請求の条件になっています。また何を「不法行為」とするかについて学説は分かれます。さらに17条は不法行為の対象につき、行政活動を念頭においてはいますが、立法行為や司法行為を排除しているとは解されてはいません。しかし、裁判所は消極的に解しています。つまり、容易に想定し難いような例外的な場合でない限りは認められません。最初から「負け」はわかっているけれど、何かを引き出したい、という中でどのような期待ができるのか危惧するわけです。例えば、別姓問題についての憲法訴訟の場合には、国賠事態ははねられ、夫婦同氏制を定める民法750条もいずれかの姓にすることを定めているにすぎないので、憲法13条にも14条1項にも24条にも反するものではない、と退けました。この判決では3人の女性の最高裁判所裁判官が違憲であることを表明したので注目されましたが、結果的には国会が正当な理由なく長期にわたって改廃等の立法措置を怠っていたと評価することはできないので、立法不作為による国家賠償請求は棄却するとしています。しかし、すでに別姓問題は古くから男女平等に反するのではないか、と指摘されていた問題です。どれほど国会が放置していたなら違憲にあたるのか、疑問が生じます(6)。

他には、日本の場合は、通常の裁判の中で憲法裁判もおこなうという付随型違憲審査制を採用しているわけですが、この場合だと、通常の裁判の解決が先になる、落としどころを見つけることに裁判官が集中する、憲法についての判断は後回しになる、という可能性もあります。また、裁判所法３条１項から、基本的に、「一切の法律上の争訟」を扱うことになっており、争訟がない限りは裁判所の俎上にのらない、同時に憲法問題も出せない、ということになります。すなわち、抽象的な訴訟や解釈を問う訴訟は裁判所では扱わない、そうした制限も憲法訴訟を提起しにくくしていることにつながっている、といえます。そうしたことから、憲法のことを問題にすること自体が非常に困難なところがあります。だからといって、憲法改正をおこなって憲法裁判を直接に扱うような憲法裁判所をつくるべきだ、というふうに私は考えてはいません。訴訟のあり方で、もう少し憲法裁判がやりやすいような形を模索していければ、と考えます。

宮盛：植野先生のお話からは、法治国家を学ぶことがシティズンシップ教育だ、というお話が出されました。裁判員制度ができたり、法教育ということがいわれたりしましたけれども、それが十分に機能していないのではないか、というふうに思うわけです。つまり、これは国民の法の理解の仕方と関わってくると思うのですけども、そもそも憲法とは何か、という問題あるいは立憲主義というものの重要性を、教育を通して、理解するということが、やはりまだまだ国民の中に不十分であるために、法によってすべてが解決できるわけではない、と思いますが、法によって解決すべきもの、あるいは裁判によって明らかにされるべきものがあるのだ、と思います。それは、法の効力を越えたものとして、判決をどう受け止めるべきか、というような問題なども含まれてくると思うんですけれども、こういった問題がまだまだ日本国民の中には十分に根付いていないですね。

植野：そうですね。法とは何か、法というのは社会のルールを決めているものですけれども、そうした認識がきちんとないということが、例えば、国会議員が汚職事件で収賄罪に問われるとか、候補者や陣営のうっかりした行為が公職選挙法の規制違反であったりします。こうしたところにも法律への認識がない、そこに非常に大きな問題があると思いますね。もっと個々の法律についての広報、内容やポイントを広く知らしめるということも重要です。とりわけ、選挙が民主主義の実現として重要な意味をもっていること、それゆえ選挙方法も重要であること、選挙に関わる法律にはどのような規制が書かれているかなど、国民にもっと知らせるべきでしょう。そうしたことがないので、国政の投票率、例えば、2021年10月31日の衆議院選挙でも56％程度の投票率、練馬区長選挙となると33%程度、という低さです。選挙の重要性が認識されていません。

フランスでは、法律の意義を「義務の適用」としてとらえています。こういう行為をしてはいけない、禁止する、という、そういうものが法律なのだ、という、そういう法律に対する意識があるわけですが、日本の場合はそうした意識はあまりない。例えば、男女共同参画社会基本法のように、基本法というようなアドバルーンだけあげて、その中で何かを禁止するとか規制するとか、そうした目的がない、一応こういう方針ですすめますよ、というような法律が多くあります。そうした法律のあり方が法意識に関係しているかもしれません。

宮盛：つまり、法を担う主体の資質の問題として、法をどう理解するか、と同時に、その法を通して、政治をどう監視していくか、ということもあり、そういう主体が十分に教育の中で形成されていないのではないか、という問題でもあると思うんです。これは、おそらく教育の目的の問題とも関わってきます。つまり、フランス革命以来の人間を育てるのか、それとも、公民を育てるのか、という論争的な問題でもありますが、その公民をどう育てるかということは、18歳選挙権(7)などの問題なども含めて考えると、非常に重要な課題としてあるというふうに認識しなくてはいけないのではないか、と思いました。

植野：私自身は、公民を育てるということと人間を育てるということは特に違うことではない、というふうに思っています。というのは、そもそも教育は子どもの成長発達する権利の充実が重要であって、その成長発達するということの中にはさまざまな要素が含まれている、と思います。読み書きを学ぶことから始まって、情報を得る権利であるとか、その得た情報を整理し自分の考えをまとめていく意見形成、そして他人にわかるように自分の考えを発表する意見表明とか、情報収集、意見形成、こうしたことができるようにすることは、人間として、また、公民として、主権者として重要なことと思います。また、人との関わり合いを通じて、このようなことをしたら他人はどのように思うのだろうかなど、倫理的・道徳的なことも学びます。そういうものが基礎にある。そういうようなことがきちんと教育されていくことが、子どもにとってはとても幸せなことだし、後々の自分の人生の、充実感、幸福感にもつながっていく、と思います。究極的には、法律を学んだり、政策を考えたりすることは、自分の生活を豊かにすることです。その根本に自分がどういうふうに情報を得て、どういうふうに意見を形成し、どうやって自分の考えをまとめ発信していくかということにつながっていきます。あえて公民教育だということを構えることなく、形式張ることなく、そもそもの人間としての教育、子どもの成長発達権の充足が重要です。その中に公民教育というものは含まれていくし、結びついている、というふうに思っています。

（2）憲法改正と教育を受ける権利

宮盛：では、次に、憲法改正と教育を受ける権利の関係について、植野先生のお考えをお話しいただければ、と思います[8]。

植野：憲法研究者の一般的な考え方として、憲法の条文に変更を加えるというのが憲法改正ということになるわけですが、しかしながら、その憲法改正は自由にやってよいということではなく、そこには限界がある、と考えられています。そもそも憲法にはアイデンティティというものがあるわけですね。そのアイデンティティそのものを変更するということは、憲法改正ではなくて、新たな憲法が制定されることを意味します。したがって、天皇主権であった大日本帝国憲法から国民主権を掲げる日本国憲法へとなるこの変更は、改正の限界を超えている、というふうにとらえられるのは当然です。そこから登場してきたのが８月革命説、すなわちポツダム宣言には国民主権の要求が含まれており、それを受諾したその時に一種の革命がなされたとし、この革命によって主権者となった国民が日本国憲法を制定したとする説です。ポツダム宣言受諾が主権の交代という法的革命を示唆していたとします[9]。

日本国憲法には、硬性憲法という考え方が示されています。すなわち、改正の手続が簡単ではない、96条の改正の手続についての規定がそれを示しています。憲法改正の手続としては、「各議院の総議員の３分の２以上の賛成で、国会が、これを発議し、国民に提案してその承認を経なければならない」とされ、さらに国民投票にかけられ、「その過半数の賛成を必要とする」と定められています。このように手続が一般法律と比較して厳しい。しかしながら、憲法審査会が存在するということによって、改正の柔軟化が招かれる可能性もあります。憲法改正案の原案は国会議員（衆議院100人以上、参議院50人以上）の賛成により発議され、衆参各議院においてそれぞれ憲法審査会で審査されたのちに本会議に付されます。この審査会の定足数は委員の半数以上で、議決は出席委員の過半数となっています。さらに各議院の憲法審査会は憲法改正原案に関し、他の議院の憲法審査会と協議して合同審査会を開くこともできます。憲法審査会で十分に議論したので、国会での議論は簡略化するというようなことにならないように、と思います。憲法審査会自体の定足数や、議決の仕方などをみると、硬性憲法の趣旨から外れているのではないか、というふうに思われるところがあります[10]。

憲法改正の限界については、日本国憲法の三つの基本原理の変更というのは限界にあたる、というふうに解されているので、永久平和主義、基本的人権の保障、国民主権、という、こうした原理を根本から変えるような改正はできません。また、改正手続を、96条で定められているものを変更して柔軟化するということも限界にふれる、とみられています。日本国憲法の永久平和主義については、考え方の違いがあります。平和主義の条項には改正は及ばないとする考え方と、平和主義の特色は憲法９条２項にあるので、９条２項は改正の外にある、という考え方です。実際上は安保関係の一連の法律によって、かなり憲法の条文の骨抜きということが平和主義においてはおこなわれている、ということを認識しておかなければいけない、と思います[11]。

ここでもう一つ重要な点、教育に関する憲法改正の動向について、お話ししておきます。自由民主党の2012年の日本国憲法改正草案は、いま、増補版も出ていますが、日本国憲法のいわば全面改正に近い形の改正草案を示していました。憲法改正の限界を越えるというふうに思われるところも多々みられるものです。その中では26条の１項・２項に加えて、「国は、教育が国の未来を切り拓く上で欠くことのできないものであることに鑑み、教育環境の整備に努めなければならない」を付け加えるということが示されています。この改正草案に関しては、確かに教育が国の未来を切り開く上で欠くことのできないものであるということを国が考えて、そして、教育環境の整備に努めるというのは当たり前のことではないか、ととらえられるかもしれません。しかし、この改正草案は同時に、12条や13条において、公益や公の秩序ということを強く主張し、それに反することはできないというふうにして、国民を縛るという形があり、なおかつ公益や公の秩序に反しないというのは国民の責務や義務である、というふうに主張しています。それから個人の尊重ではなく、「人として尊重される」というふうに、民主主義の中心にある個人主義の観念の後退がみられます。こうしたことをあわせると、実は国のための国民の教育の環境整備というふうに解釈できるものではないか、ととらえられます。しかも、国は教育の条件整備に徹するべきだということを教育法の研究者が主張してきたところですが、そこを逆手にとって、教育環境の整備に努めるのは国であることを明記する。その真意がどこにあるのか疑われます。単なる条件整備だけではない、もっと踏み込んだことまで国がやるということを企図している、と思われます。

2017年５月３日に安倍首相（当時）が改正の対象として、突如、９条１項、２項に加えて自衛隊を明記すること、高等教育の無償化を明記すること、をあげました。2018年３月25日の自民党大会では憲法改正項目を四つに絞って発表しています。現在では、日本国憲法の三原則は変えないとし、４項目の改正・追加を提案するとしています(12)。その中には、「家庭の経済的事情に左右されない教育環境の充実」があげられています。提案の理由としては、現行憲法では義務教育の無償化がうたわれているのみ、現在の「公の支配に属しない教育への支援禁止」という文言は、私立学校への助成が禁止されているように読め、「人口減少社会では“人づくり”の重要性はますます高まる。教育の重要性を国の理念として位置づけ、国民誰もがその機会を享受できるようにする」と「私学助成の規定を現状に即した表現にする」をあげています。しかし、26条１項は教育を受ける権利を定め、教育の機会均等も保障しています。２項はその保護する子どもに対する普通教育を受けさせる国民の義務、そして、義務教育の無償を定めています。問題なのは、「教育の重要性を国の理念として位置付け」としていますが、教育基本法の全面改正で憲法に則るべき教育の理念が歪められて定められているようにみえる。新教育基本法の前文においては、「日本国憲法の精神にのっとり、我が国の未来を切り拓く教育の基本を確立し、その振興を図るため、この法律を制定する」としていますが、「国の未来を切り拓く」という文言は、2012年の自民党の憲法改正草案の文言です。新教育基本法は教育の目的及び理念も明らかにしていますが、その中には、「伝統と文化を継承し、それらをはぐくんできた我が国と郷土を愛する」ということが掲げられています。それ以上に何を理念として掲げるのか、疑われるところです。私学助成の件は、憲法89条の解釈によって解決が図られてきました。この部分を改正することが、自主性を損なうことや中立性確保を損なうことにむしろつながらないか、危惧されます。あえて改正をしなくてもすむ事柄、解釈でまかなってきている事柄をわざわざあげてくるということは、政府、自民党にとって、教育というのは自分たちの手の中に入れたいものである、という、そういう意識があるのではないか、教育の憲法ともいわれた教育基本法の改正による新教育基本法の成立やその後の政策を通して痛感するところです。教育というのはまさに国民を育てるものですから、この国民を育てるというところを自分たちに都合のよいようにできれば、国家のための国民というものとして育て、いつでも随意に動かすことができる、という、そういう形に考えられているのではないか。教育の問題がいつも改正の対象としてあがってきているということをしっかりと認識しておかなければいけません。

宮盛：憲法改正というものは、憲法のアイデンティティそのものに変更を加えること、つまり、別の憲法をつくることになってはいけない、という点は、非常に重要な指摘なのではないかと思いました。改正といった場合には、もともとの旧法に対して不十分な点を現実に合わせて変えていく、そういうイメージがありますけれども、現在考えられている憲法の改正は、これは改正ではなくて、むしろ先ほどのお話に出ていた8.15革命と同じくらいの意味をもつ、全面的な転換につながるという認識が国民の中に必要だ、そういう問題提起でもあると思ったわけです。その上で、その憲法改正をする時に、教育を通して、改正が考えられているというところが、もう一つ重要なポイントとしてお話しになられていました。これまでの改正論は、９条の問題を中心にして９条をどう改正するか、自衛隊の問題との関係をどうするのか、というような議論がされてきましたけれども、植野先生のお考えでは、教育を通して、平和の問題、あるいは、本来、手をつけてはいけないはずの三原則が変えられようとしている、としてお話をうかがいました。

平和の問題についてもう少しお話をうかがいたいと思います。この戦争放棄の問題は非常に重要だと思います。しかし、戦後史の中で見た場合には、政権与党である自民党は、一貫して、憲法改正、９条の改正ということを主張してきました。そして、その主張と同時に、現実を憲法と乖離させる方向で進んできた、つまり、自衛隊を国軍のようにしていくということをおこなってきた。そうすることによって、解釈改憲をしてきた、これがこの間行われてきたわけです。その流れの中で、現在の憲法９条をどのように改正するのか、加憲というようなこともいわれていますが、いずれにしても現実に合わせるように憲法を改正するか、あるいはもっと進んで全く現実とは関係なく、憲法そのものの理念を変えてしまうのか、そしてそこから、現実を改正された憲法に合わせてさらにすすめていく、こういう考え方を政府・与党はしているのではないか、と思うのですが。

植野：９条に関しては、法律の方でかなり違憲の状況が生まれています。憲法９条自体の書かれてある事柄を骨抜きにする、ということがおこなわれているわけです。

一般的な解釈として、９条１項は、「国際紛争を解決する手段としての戦争の放棄」とされ、この意味は侵略戦争の放棄と解されています。２項は、「陸海空軍その他の戦力は、これを保持しない。国の交戦権は、これを認めない」としていますので、戦力の不保持・交戦権の否認から、侵略戦争のみならず、自衛戦争も放棄したと解されています。すなわち、日本国憲法の永久平和主義は、９条２項の戦争の放棄に特色があるのです。ここが肝ですね。ここから、「戦争を放棄する」ということはたとえ自衛であっても戦争は許されず、戦争を回避する手段を探る、戦争に頼らない解決方法を探る、ということが要求されるわけです。しかしながら、日本の状況は、「日米安保」や「日米同盟」を誇示している。抑止力理論に頼っている。また、「戦力の不保持」としていますが、いまの自衛隊をみれば、これは戦力そのものですよね。世界国別軍事力ランキングでは、日本は2019年６位、2020年５位となっています(13)。例えば、自衛のための必要最小限というならば、もっとミニマムな形にしなければいけないだろうし、憲法の条文に沿って戦力をもたないとするならば、それに沿った形で戦力をもたなくても、何ができるのかということを積極的に考えていくということだってできるわけですよね。つまり、外交力とかそういうことを強化してやっていくのだというね。そうしたような９条を中心とする議論ということを差し置いて、現実的には強大化する自衛隊というのが存在する。そして、それを前提として米軍やオーストラリア軍だとか近隣の国と一緒に合同演習なんかをしているというような状態は、まさに９条の範囲を超えているわけですよね。日米同盟と、最近はそういうことを平気で言うようになっていますけれども、日米同盟という言い方は非常に納得できない言い方です。なぜかといえば、本当に同盟関係なのでしょうか、そうではないでしょう、と思うわけです。そもそも対等な関係でアメリカといるわけではありませんし、そうしたことも含めて９条を前提として日本のあり方を探る必要がある。そこを飛び越して戦力の増強を図るというようなことは、憲法のそもそもの考え方に合っていません。９条自体にも規定がありますが、前文の中にも、「日本国民は、恒久の平和を念願し」という、そういう言葉も入っています。永久的に平和を成立させるというそのためにはどうしたらいいのか、ということをむしろ考えるべきだと思っています。そして同時に重要なことは、人権保障が完全に保障されるためには当然のことながら平和が必要なんです。平和状態であればこそ人権は守られるけど、戦争状態だったら守られない。戦争の危険があれば、人権ということは十全に保障できない。平和と人権ということは非常に結びついているということも、認識しておかなければいけないと思います。

宮盛：あらためて、平和の問題の重要性を、いま、先生のお話をうかがいながら感じていたところです。また、憲法を担う主体をどのように形成するかは、憲法９条をめぐる問題を通しても、考えなければならない課題ですね。

（３）教育を受ける権利の保障

宮盛：さらに話をすすめて、憲法と教育の接点にある日本国憲法26条（教育を受ける権利）の話をしていきたいと思います(14)。

植野：26条は優れた規定だな、というふうに思っています。ここでは、一般的に教育を受ける権利と教育を受けさせる義務が定められている、というふうに考えられていますが、どちらの条文にも共通しているのは、「法律の定めるところにより」という言葉があるということで、これは憲法を受けた法律が定める、ということを意味しています。この教育に関する法律は、憲法の精神を受けて定められた法律によって定めるという法定主義を示しています。それから、「その能力に応じて、ひとしく教育を受ける権利を有する」ということから、一般的に、教育の機会均等、教育に関する平等とかというものが導き出されると言われていますが、この誰でも平等に受けられる教育ということが公教育の重要な点であるわけです。その公教育のあり方について、「その能力に応じて」というふうに書いたのは、何も能力主義をいっているわけではなくて、さまざまな状況のある中で、そのさまざまな状況に応じて等しく教育を受ける権利を有する、ということを意味しています。例えば、病気の子どもであっても教育を受けることができる、あるいは、障害をもっている子どもであっても教育を受けることができる、という、その状況に応じて、その子どもの能力が十分に発揮できるように等しく教育を受ける権利を有する、というのが、26条１項の規定です。こういうふうに考えると、２項の方に、「普通教育を受けさせる」ということがありますが、これは義務教育ということも指してはおりますけれど、義務教育だけではなくて、それぞれの状況に応じて、その中で十分な教育を受けるということが保障されているものと考えます。

２項は、「すべて国民は、法律の定めるところにより、その保護する子女に普通教育を受けさせる義務を負ふ」と定めています。この「子女に」という言葉は確かにふさわしくなく違和感がありますが、子どもに共通教育を受けさせる義務を負う、というふうに書かれているわけですが、ここで問題になるのは二つの点だと思います。この普通教育ということを義務教育と同じであるのか、そうすると、その内容は画一的であるのか、ということが出てきますが、先ほども言ったように、それぞれの子どもがもっているその状況というものがありますから、そうした状況をふまえて、内容の画一性ということをあくまでも要請するというものではないということですね。よく義務教育は画一的なものであるというふうなことがいわれますが、義務教育に一定程度の質は当然必要だと思います。なぜかといえば、教育というのはいまや生存と非常に深く関わるものだからですし、その基礎は義務教育が担っているからです。例えば、識字率、15歳以上の人口の日常生活の簡単な内容の読み書きができる人口割合を指しますが、そうしたことができずに、働けない、危険を察知できない、物事の良し悪しを判断できない、ということにもつながります。日本は、識字率は高いといわれていますが、病児教育、引きこもりへのケア、外国人や国籍自体をもっていない子へのケアも必要です。そうした子どもたちの学習する権利が保障されているのか、点検も必要です。また、一定程度のツールを活用することができない、そのツールにアプローチができない、というようなことになると、ある程度行動を狭めてしまう、人生を狭めてしまうということにもなります。生存権も労働権も保障されない、幸福追求権も保障されないことになります。教育を受ける権利のその基本のところには、生存権や幸福追求権があるというのは、堀尾輝久先生[15]がおっしゃっているところですけれども、まさにその通りだと思います。教育は、生存権や幸福追求権を保障する非常に重要なものである、こう考えると、必ずしも画一性ということではなくて、一定の水準は必要とされるけれども、やはりそのそれぞれの状況に応じて必要を満たすことが要求される。そういう考え方ができるのではないか、と思います。それから、もう一つ、誰が義務を負っているのか、ということで、よくこれは国家に対する親の義務であるというふうにとらえられますけれども、そうではなくて、これはあくまでも子どもを教育する親の義務というそういう形でとらえられるべきものだ、というふうに思います。

義務教育の無償については、これは論争がありましたけれども[16]、教育に関わるすべてのものを、補助教材なども含めて、無償にすべきだ、というふうに私は思っています。そうであればこそ、等しく教育を受ける、平等に教育を受けるということが成り立っていくだろう、というふうに思います。そういう意味で教育を受ける権利というのは、従来から社会権というような形の中で国家に請求していく権利だというふうなことでとらえられていましたが、それはその通りだと思いますが、つまり、条件整備などは国家に請求していくものであるし、さまざまな保障は国家に請求していくものである。しかし、生存権あるいは社会権というとらえ方自体が非常に人権保障の中で弱い形になっているわけですね。弱いということはどういうことかというと、まさに国家教育権説の方で主張されていたように、国の財政というようなものによって教育のあり方が変わったりするというような、そうとらえられますが、そうであってはいけない。教育というのは生存と深く関わるものであるからこそ、きちんと保障されていかなければいけない、格差を生んではいけない、と思います。同時に、教育をめぐる自由の問題も考えなければいけない。教師の教育の自由、これが家永訴訟など、教科書裁判を通して争われてきたことでありますけれども、教師の教育の自由という自由権的な側面も考えていかなければいけない、ということですね。

今日では、この教育を受ける権利の性格は学習権ということで、子どもの文化的生存発達の権利として学習権を基礎にすえる、という、そういう権利であるということは、これは到達したところだろうと思います。ただし、教育権論ということの中であらためて考えてみると、国民教育権説って何のこと、みたいな感じで、実は忘れられているようなところがあると思いますが、国民教育権説の議論を深めたということは非常に重要なことだったと思います。ともすると、国家教育権説の方が、当たり前のような感じにとらえられます。というのは、国家教育権説には三つの論点があります。一つは、公教育であるから、国民の負託を受けた公教育なのだから、国家が教育内容や教育権に関して決定するのは当たり前だという、これが一つ。二つには、議会制民主主義論というのがあって、議会において法律で決まるのだから、だから国家のほうに決定権があるんだというのは当たり前だという考え方。三つが、中立性の維持ということです。これは、特に、議会制民主主義というのは選挙を通して、その国会に出てくる議員は決まるので、選挙制度の有り様によっては「民意を反映した」、というふうにはいえないものにもなるわけです。まさにそれを自民党の四つの憲法改正案の一つが提示しているわけであって、それぞれの地域から選出されるべきだ、すなわち、「参議院の合区解消、各都道府県から必ず１人以上選出へ」と主張されています。しかし、人口の格差の問題もあり、また議員が地方代表でなければならない意味があるのか、という問題にもつながります。地域に利益を誘導するのが議員の役割ではありません。憲法43条１項には、「両議院は、全国民を代表する選挙された議員でこれを組織する」としています。そこで民意が反映されるための選挙制度を考えなければならない。同時に、国会が民意を反映するのは当然としても、それだけではなく、少数の意見の検討とか権力の抑制とかのコントロールのあり方、そうしたことにも気を配る必要があります。それから、中立性の維持というようなことも、中立ということの陰で、国家主義的な教育を注入するというようなことがおこなわれれば、これは中立というふうにはいえません。何も国家が教育権を握っていれば中立性が確保できるのだ、というふうにはなりません。そうした意味で、国家教育権説への批判をしっかりと認識する必要があります。国民教育権説の中で当初は教師の教育の自由を通してということで、その根拠が23条なのか26条なのか、あるいは13条の憲法的自由なのかといった、これは高柳信一先生の説ですけれども、こうしたようなことでさまざまに議論されてきて、最終的には子どもの学習する、子ども目線でといいますかね、子どもの視点に立って教育の権利を考えるというところに至ったというのは重要な点だ、と思います。したがって、国民が子どものために、親が子どものために、教師が専門家として子どものために何を教育するのかという、そういう子どものための目線として親や教師が考えていく、そして子ども自身も自分たちはこういう教育でありたい、自由にさまざまな意見にふれたいという、そういう望みを叶えていく。そのためには国民教育権説が、教育権というものがある、国民に教育内容の決定権がある、と主張したことは非常に重要なことだ、と思っています。

宮盛：国民の教育権か、それとも、国家の教育権か、という問題は、それこそ何十年と論争があるわけですけれども、あらためて国民の教育権論の重要性を植野先生は問題提起されたのだと思います。しかし、ある憲法学者たちによると、26条の解釈については、最高裁学テ判決の影響もあるのかもしれませんけれども、国が責任をもって公教育を担うんだ、という発想は非常に強いと思うんですね。つまり、結果として、国民の教育権論を批判して国家の教育権を擁護する、そういう論理を立てているように見えるのですが、その点については、植野先生はどのようにお考えですか(17)。

植野：憲法研究者が国家教育権説に加担している、というふうには私には思えないのですが、公教育をどういうふうにみるのか、ということについては、対立があるように思います。平等に教育を受けることができるという点が重要で、義務教育としてはすべての子どもにとって共通に必要な普遍的な基礎的な教育、すなわち、「普通教育」がおこなわれることです。人間として生きていくのに必要な普遍的な基礎的な教育は国家があくまでもその条件を整える、それが義務教育ということでしょう。公教育ということを国の責任で、という、このことはあくまでも条件整備ということになっていく、と思います。つまり、さまざまな保障をしていく、教科書の無償であるとか補助教材の無償であるとか、給食も無償であるべきだ、と思いますし、タブレットもいま配っていますけれども、そういうものはきちんと国家がやっていく。それから、学校の校舎などの設備であるとか、そこに付随する人の配置であるとかですね、そういうことはきちんと国家や行政が整備する。これが、公教育が国の責任でおこなわれるということの意味だろう、と思います。そういう意味では、非正規ではなく正規雇用の教員によって、教師の専門性の確保、それから教育の継続性の確保、そうしたことが確保され、その子どもの年代にふさわしい教育を十分に図るという、そういうことだと思います。例えば、教師の教育の自由ということを考えた時に、教師は専門的な立場からこういうふうに教えたら子どもが興味をもつのではないか、とか、そういうふうなことをいろいろ考えていい、と思います。ところが、いまの状態というものは、学習指導要領などにおいてかなり細かく教師の教え方なども縛られてくるというようなことになるので、そういうことは公教育のやるべきことではない、と思っています。そういう点で公教育という考え方から教育は国の責任だ、ということを直接に引き出すというのは問題だ、と思います(18)。

フランスで公教育という言葉も使いますが、同時に教育は公役務である、という言い方もしています。公役務というのは一般利益の必要性を満たす活動であると同時にそれに責任をもつ行政組織が存在することを意味しており、また継続性、適切性、中立性、平等性の原則に則って運営されなければならない、とされています。中立性とはライシテ（非宗教性）の原則を含むわけですが、そういうことが原則として望まれる、ということです[19]。したがって、そこから誰でも教育にアプローチできる、という、教育の平等や機会の平等ということが位置づけられているわけですけれども、公教育ということを理由として、教育内容にまで細かく国家が口出しをしてくるというふうなことは、フランスでは聞きません。日本の状況は深刻だと思います。実際上は、後の話とも結びつきますけれども、他の国とのレベルの競争であるとかによって教育内容が変わっていく。そういうことではなくて、子どもにとってどうなのかというね、そこが教育にとっては非常に重要なのではないか、というふうに思いますね。

宮盛：教育を受ける権利は、日本国憲法では社会権に位置づけられると同時に、自由権的側面ももつわけですが、他の生存権や労働権と比べてみた時に、国家がこんなにも介入するというのはあるのでしょうか。例えば、社会権と自由権の違い、また社会権といっても、上からの社会権、下からの社会権、そうした社会権の議論とはどのように重なるのでしょうか。

植野：1964年の憲法調査会の報告書の中で、いわゆる改憲論者から提示された、「福祉国家」論が批判されました。そこでは、国家権力と個人とが積極的・協力的な方向に向かうことが示され、国家の積極的役割を強調するものでした。しかし、そもそも国家権力と個人は異なるレベルのもので、同一には論じられません。また、福祉国家とは、資本主義の発展にともない、経済的・社会的矛盾の顕在化から国民生活の安定のために、国家が積極的対策を講じる国家を指し、社会国家ともいいます。フランスの第五共和制憲法１条１項には、「フランスは、不可分の非宗教的、民主的かつ社会的な共和国である」との言葉が示されています。

下からの「社会権」論について、中村睦男先生[20]は二つの要素を示しており、一つは、労働者を中心とする利害関係者の集団的権利・自由の保障で、国家の介入はあくまでも補充的、ここには、罷業権、組合権、団体交渉権、企業の管理への参加権、社会保障を受ける権利があるとし、もう一つは、労働者を中心とする利害関係者の個人的権利・自由の保障で、国家の積極的給付義務が存在し、ここには労働権、公的扶助を受ける権利、国による労働条件の保護がある、としています。フランスを例にして、第一のグループが社会権としては重要で、参加と異議申し立てがその柱としています。

日本の場合は、第一のグループの重要性が認識されないまま、27条・28条に勤労者の権利と義務、それから勤労者のさまざまな労働上の団結権等の権利が定められていますが、公務員を中心として、労働者のこれらの権利の軽視がみられ、第二のグループにいたっては、国家は正直いってほったらかしですよね。菅義偉首相（当時）がまさに、「自助、共助、公助」と言いましたが、公助が最後に漸く顔を出す。こうした言い方では、国家が国民の生存を保障する義務を果たしていません。実際には憲法の25条２項の国の社会的使命・義務に関する条文を無視しているというそういう状況です。だから、ここは社会権というものはどういうものであるのか、という、そういう意味で国家の義務であること、国家の責任を明確化したいですね。以前は考えられなかった新自由主義的考えが平然とのさばっている。国家が人々の生存を保障するのは当然であることを、もう一回議論しなおす必要がある、と思っています。

教育に関しては、国家は教育の条件整備に責任をもつ。それを確認しないと、新自由主義的な考え方によってそれこそ生き残れるものは生き残れるけれども、その力のないものは自分でなんとかしろ、というような、そういう社会にどんどんなっていく恐れがあります。それから、歴史的にもフランスとは違って、フランスの場合は「連帯」ということが問題になり、ストライキも日常的におこなわれています。また、いま、「社会的対話」ということも重要視されていますので、担当大臣と労働組合とで重要な問題である場合には話し合ったりすることもおこなわれています。しかし、日本にはそのような基盤がありません。そうしたような対話を通じて問題解決を図るというような土壌がそもそも日本にはありませんので、したがって、格差の拡大ということにどんどんつながっている、と思います。それゆえ、社会権についてはもう一回とらえなおして国家の義務の明確化と同時に、市民の自由という点からの権利保障を認識する必要がある、と思います。というのは、なぜ国家が必要なのかということに結びつく問題です。何もしないのだったら国家は必要ない。国家が必要ないのだったら、税金を払わなくていい、ということにもなります。税金を払っているのですから、その税金の使い道を我々が決める、また、使い方の明確化、税金がしっかりと国民のために、特に必要とされているところに使われる。そういう道筋が見えなければいけないということだ、と思います。

宮盛：今日の先生のお話をうかがって、「教育を受ける機会」という消極的な表現が多用される中で、「教育を受ける権利」という積極的な表現は、あらためて重要だ、と認識しました。

（4）教育基本法の改正

宮盛：教育基本法の改正の問題[21]に話を移したいと思います。

植野：2006年12月15日に教育基本法の抜本的な改正がおこなわれましたが、こうしたことがおこなわれたということが、私にとっては改めて教育政策は一体どういうふうになっているか、ということを考えるきっかけになりました。そもそも、この中央教育審議会の答申「新しい時代にふさわしい教育基本法と教育振興基本計画のあり方について」（2003年３月）というところから、時間をかけて国会で話し合われたというふうにいわれておりますが、その話し合いの中身というのは、ある種空疎な形、時には時代遅れともいえるものもあり、結果的に政府の意図するような形で新教育基本法が成立したものです。そして、その具体化が安倍首相（当時）の下での教育再生実行会議が担うという形になっていきます。これが、「21世紀にふさわしい教育体制を構築し、教育の再生を図っていくため、教育の基本に遡った改革を推進する必要がある」として設置された組織なのですが、注意しなければいけないのは、教育再生実行会議の方が主導権を握っていく。こちらは内閣総理大臣に教育改革の提言をする政府の組織で、内閣総理大臣のいわば私的諮問機関なのですが、こちらの方が実質を担う形になっています。他方で、中央教育審議会というのは、文部科学大臣の諮問機関です。教育再生実行会議というのは首相の直轄におけるもので、そこで具体化していく、安倍政権の、また、安倍政権から菅政権にわたる非常に不透明な首相への権限集中の一つの例だ、というふうに思われるわけですが、こうしたような形でつくられていく。しかも非常に示唆的なのは、第二次安倍内閣では教育再生実行会議として登場するも、第12次の提言を示して2021年９月17日に廃止、という、廃止がそれこそ紙一枚でなっています。このような経緯の中で結構重要な役割を教育再生実行会議が担ってきました。そういうところで新教育基本法の実質化、肉付けがされていく、そこに問題があります。このことは非常に示唆的だ、と思うわけです。

この新しい教育基本法の特色は、前文・１条・２条というようなところにあります。前文の最後には、「日本国憲法の精神にのっとり」という言葉は入りましたが、「公共の精神を尊び」という言葉もみられ、また、「伝統を継承し、新しい文化の創造を目指す教育を推進する」としています。それから１条に、教育は「国家及び社会の形成者として必要な資質を備えた」国民の育成を期する、として、個人としての育成よりも国家や社会のための国民の育成ともとれる文言があります。また、２条には、教育の目標の一つとして、５号に、「伝統と文化を尊重し、それらをはぐくんできた我が国と郷土を愛する」という言葉もみられます。そうしたところが、10条の家庭教育でもそうですけれども、非常に伝統重視、国家主義的、あるいは個人の尊重や個人主義に基づかない全体主義的な形というようなものが散見され、教育の自主性とか自律性とかが否定されてしまっているのではないか、と危惧されます。さらに重要なのは、教育振興基本計画による教育統制が強められていく、という形になっている、ということです。そういう意味では、この教育のあり方、見方というようなものが前の教育基本法とはすっかり変わってしまった、といえます。一つの単なる法律になっただけでなく、実は教育振興基本計画によって、国家のための教育や企業・経済社会のための教育、そうしたようなものに誘導されていく、そのようにみえます。そういう国家中心的な経済社会中心的な教育がおこなわれていく、という、やはりそこが大きいのではないか。いまの流れに非常にそれが出てきたな、という感じがしますね。当初は家庭教育支援法構想もありましたが、そういうものは頓挫しました。しかし、条例はいくつかのところで家庭教育支援条例としてつくられました。よく考えると、「家庭教育支援」とは何を意味するのか、ということですよね。10条１項のめざす「生活のために必要な習慣を身に付けさせる」、「自立心を育成し、心身の調和のとれた発達を図る」という家庭教育ができていないからといって、そうした家庭の「支援」に国家が乗り出すとは何か。子どもがまず伸び伸びと生きるそうした社会環境をつくることこそ、国家のすべきことと思います。

さらに、本当にこれでいいのか、というような、そういう教育がすすめられていると思われるのが、GIGA スクール構想です。2018年６月15日付で第３期教育振興基本計画（2018-2022年）が閣議決定されましたが、その中に「確かな学力の育成」があり、その測定指標として「OECD の PISA 調査等の各種国際調査を通じて世界トップレベルを維持」が示されています。また、「2030年以降の社会を展望した教育政策の重点事項」には、「『超スマート社会（Society 5.0）』の実現に向けた技術革新が進展するなか『人生100年時代』を豊かに生きていくためには、『人づくり革命』、『生産性革命』の一環として、若年期の教育、生涯にわたる学習や能力の向上が必要」、としています。耳触りのよい言葉のようにみえますが、それが「一人一台端末の積極的利活用」を示す GIGA スクール構想へとつながっています。教育振興基本計画というものが表に出てきて、そこに沿うような形で国家誘導のための教育がおこなわれるということが、実際にされるようになりました。先にみた伝統的なものであるとか、国家主義的なものであるとかというようなことも重要ですが、ここのところが結構大きなところだったのかなと、そこにも注意しなければいけないな、というふうに思うところです。

宮盛：教育基本法の改正では、国家主義的な理念と新自由主義的な理念の二つが重なり合いながら出てきたわけですが、憲法学者から見た場合に、新自由主義はどのように位置づけられるのでしょうか。つまり、国家主義の場合には、国家が強大化していくと、人権保障との関係で批判の対象になるわけですけれども、新自由主義の場合は、新しい国家統制であると定義してもよいのかもしれませんが、規制緩和であるとか分権化というような形で、経済至上主義の下に、国家権力が弱体化していくという方向にいっていると思うのですが[22]。

植野：日本の場合は、単なる新自由主義じゃないと思います。やっぱり片方で国家権力への集中があって、もう片方では新自由主義的なものを取り入れるというような形で、私からみると、あるところでは新自由主義を使い、別のところでは国家主義を全面に出す、というふうに使い分けていると思いますね。新自由主義とは、一般的に、国家による福祉や公共サービスを縮小し大幅な規制緩和や市場原理主義の重視を特徴とする経済政策といわれていますが、つまるところ、格差社会につながっていくわけですから、憲法のもっているそもそもの自由と平等、自由と平等というのはいわばコインの裏表になるわけであって、それぞれの人たちが自由に行動してよいということは、誰でも平等にその行動の自由を謳歌できるということが必要だ、と思うんですね。さまざまな機会が、フランスでも機会の平等ということが重要視されていますが、チャンスの平等、アクセスの平等ですね、それが重要です。チャンスが本当にそれぞれの人に準備されているかどうか。それが平等の一つの考え方です。そこからもう一つ多様性ですね。さまざまな人がいることをつねに考えなければならない。多様な人間がいて多様な性格や多様な趣味、多様な特技・特性、そういうものをもっている、多様性を前提にして、それぞれが自分の望むように生きることができる。そうした社会をめざさなければなりません。そういうことは、新自由主義の下では実現できません。新自由主義というのは、力をもっている人がさらに力をもっていく、踏み倒されていく人はさらに踏み倒されていく、というような形でどんどん格差が広がっていく、ということになると思われます。つまり、スタート・ラインにもつけないような人たちが多くいるというのが新自由主義というようなものなのではないか、というふうに思います。

宮盛：格差の問題については、私はフランスにならって、社会的不平等、という言い方をしたほうがいいのではないか、と思っています。つまり、格差というと、自然にあるいは社会的に格差ができた、というようなイメージをもってしまいますが、いま起きている問題は、国家が意図的につくりだしているのだ、その認識が非常に重要だと思うんです。そうすると、社会的不平等という言い方は、国家の責任というものが明確になるのではないか、と思っているのですが。

植野：まさに不平等社会ということですよね。日本の子どもの7人に1人が貧困状態といわれ、特に一人親世帯の半分が貧困です。また、中高生の20人に1人がヤング・ケアラーだといわれています。こうした過酷な子どもの状況の改善が必要です。こうしたことが日本の現状だということを認識して、きちっと生存保障が、そして、進学を望む子どもが諦めずに頑張れる社会であってほしい、と思いますよね。スタート・ラインにも立てないような子どもたちが多くいるという状況を何とかしなければなりません。

宮盛：この間の社会変動のスタートが教育基本法の改正ということで、新教育基本法を軸としながら、日本の教育と社会が大きく変わってしまった、不平等な社会になってしまった、という認識はとても重要な指摘だと思いました。それと同時に、私たちがどのような未来社会を展望できるのか、についても今後の課題であると感じました。

（5）GIGA スクール構想の加速化

宮盛：新自由主義教育改革が吹き荒れる中で、新型コロナ・ウイルス問題が登場してきました。それにともなって、教育では、GIGA スクール構想、あるいは、ICT 教育というように、これまでの対面でおこなう教育ではなくて、オンラインで教育をおこなう、という新しい動向が出てきました。大学でもオンライン授業がおこなわれているわけですけれども、それについて、お話しいただければと思います。

植野：この GIGA スクール構想は、確かに一人一台の端末を配布して、端末を使って勉強をさせるという試みは、画期的な面があることは確かです。しかし、いろいろと考えなければならないところがある、と思っています。

2018年の OECD が実施した生徒の学習到達度調査、PISA といいますが、この調査結果が公表されて、それによると数学的リテラシーおよび科学的リテラシーは引き続き世界トップレベルですが、読解力についてはOECDの平均より高いグループに位置しているものの、前回よりは順位が低下している。それから、デジタルの機器の利用が他のOECD加盟国と比較して、実は最低、低調である、ということも明らかになりました。ここでにわかにGIGAスクール構想の加速化に向かうわけです。この調査を受けて、2019年12月19日に当時の萩生田光一文部科学大臣のメッセージ「子供たち一人ひとりに個別最適化され、創造性を育む教育ICT環境の実現に向けて～令和時代のスタンダードとしての1人1台端末環境～」が出されています。ここでは、「Society 5.0時代を生きる子供たちにとって、PC端末は鉛筆やノートと並ぶマストアイテム」としています。非常に驚いたのは、端末を配布するということ自体はよいこととは思いますが、私の考えでは、授業の中で、あくまでも、補助的に使用するものだ、と思っていたのですよ。実際にはそうではなく、その端末を家に帰っても使うということだし、それから、このGIGAスクール構想はデジタル教科書ということと非常に結びついているわけですよね。そのデジタル教科書自体も本当にエビデンスがあって、それを使えば何か能力が発達するかというようなものでもないわけです。にもかかわらず、その端末を使わせて学校でも家でも勉強させる。それが授業の一角になるということ自体は私は否定しませんが、すべてGIGAスクール構想に収斂していく、という、そこが非常に危ういと感じています。

しかもこのGIGAスクール構想というのは、もとをたどってみると、例えば、経済産業省などと結びついたり、あるいは、総務省などと結びついたり、というような形で、子どもの視点から、子どもの学習権の充実を図るとかではなく、企業や経済社会の発達や地域の活性化を考えている、ということはいかがなものか、と思います。文科省によるGIGAスクール構想の説明では、「一人一台端末は令和の学びのスタンダード」として「多様な子供たちを誰一人取り残すことなく、子供たち一人一人に公正に個別最適化され、資質・能力を一層確実に育成できる教育ICT環境の実現へ」といっています[(23)]。こうして、学習活動の一層の充実、主体的・対話的で深い学びの視点からの授業改善が図られる、としています。しかし、本当に「個別最適化された」教育をするならば、教師のみる生徒の数を非常に限定的にし、正規雇用の教師が安定した環境の中で継続的に子どもの成長を見守る必要があります。いまの状況の中でICT環境が整っても、教師のやることが増えるばかりではないでしょうか。また、教師自身のICTスキルも問われますよね。さらに、子どもにとっては、四六時中画面を見ることで、健康への被害はないのか、家に持ち帰ることで勉強以外のことにも端末は使われないのか、ネットを通じてのいじめなどを防ぐために子どもへの情報倫理教育も不可欠になります。また、子どものおかれた環境によって能力に差が生まれないのか。ネット環境のない家庭もあるはずです。このように数々の問題があり、結果的に不平等が生まれないか、心配されるところです。さらに、デジタル教科書というようなことに及ぶと、「学習する」とはどのようなことか、と根本的な疑問が生じます。というのも、教科書は何度も読み返し活用していくものです。しかし、こうした反復学習が可能なのか。家にプリンターがある子には有利かもしれないけども、ない子はどうするのか。ここも格差を生じやすいことになります。さらに教育ビッグデータの活用も文科省はいっていますが、学習ログに対する権利も存在します。そうしたことを国家の都合で勝手に使ってよいのか、学習ログを追跡して理数系に強い子どもの掘り起こしということにでもなれば、国家の個人情報の取得という恐れもあります。こうした考え方は悲観的すぎるかもしれませんが、心配しているところです。

基本的に、教育とは人と人とのふれあいから生まれるのではないか、と思います。AI がそれに代替する、とは思いません。人間とのふれあいの中で成長し、社会をつくっていく、そのように思います。そもそも日本の社会全体がまだデジタル化へと発展しているわけではない。社会全体にデジタル化の課題があるにもかかわらず、子どもからデジタルへ、という発想そのものが間違っているのではないか。アンバランスな気がします。社会全体がデジタル社会にならないとダメなのではないでしょうか。ある程度デジタルが浸透しているという中で、子どもにもデジタルを使わせるということだったらよいけれども、「子どもから」というこの発想がおかしい。フランスの場合は、まず1979年に私が初めてフランスに留学した時に、すでに学部の必修科目にパソコンの学習がありました。それゆえ、日本人の留学生がみんな単位をとれなくて苦労していました。そういうふうに大学生レベルでパソコンをまず使わせる、ということならあり得ると思います。それからフランスでは、その後1980年代に入って、無償で市民に簡易型パソコンを貸し出しました。その簡易パソコンはどういう形なのかというと、旅行の予約ができる。フランス人は必ずバカンスに行く、したがって飛行機だとか列車だとかそういうものを使う、予約するということで、それが簡単にできるということで市民にパソコンの活用を推奨したわけです。社会全体のことを考えた、そういう発想がほしいな、と思います。それから、子どもからというところに非常に危険性を感じるのは、エビデンスがないことです。デジタル教科書を使って必ず能力が向上するかはわからない、といわれています。にもかかわらず、無理矢理に使わせる。またデジタル教科書を使って考える力というのは育つのだろうか。片方で読解力が下がっている。でも読解力っていうものはじっくり読むというところから身につくわけであって、タブレットを通してじっくり読む力が身につくのだろうかと、そういう心配もしています。エビデンスのないことを強力に推し進めて、子どもを犠牲にする、子どもを不幸にする、というね。そういうことがおこなわれているのではないか、そこを私は危惧しています。先ほども言いましたが、子どもは、人と関わりあったりふれあったり、友達と遊んだり、ということからさまざまなことを学び育っていく、と思います。そうしたことではなく、画面上でやるというようなことだとどうしても限られる、ということですね。

私は幼い時に、両親が外国映画が好きだったので、毎週一緒に映画に連れて行ってもらっていました。母が特にフランス映画が好きでしたから、小さい時からフランスというのは身近に感じていました。フランスは、フランス映画を通じてなじみがあったんですけれども、このフランスを映画で見た時と、1979年に初めてフランスに留学したときに見たのとは、全く違うものでした。それは大きさなんですよね。つまり、フランスではものがすごく大きい。例えば、当時はオルリー空港からタクシーでパリに入りましたが、パリの市内に入るとすぐに、ライオンの像があるんですよ。その像が、映画で見たときは本当に置物みたいな感じだったのに、実際にそれをタクシーから見た時には仰天するくらい大きかった。ワーッとこうね、なんてこの国は全部ものがバカでかいんだろうっていう、それが私のフランスの最初の印象でした。このバカでかさとかっていうものっていうのは、画面上からは知ることができないわけですよね。やっぱり画面を通して知ることができるものと、実際に知ることができるものは、かなり隔たりがある。ましてや子どもですから、人といろんなことをふれあって、その相手の表情であるとかいろんなものを通してさまざまなことを学んでいく。デジタルを通してだけ学ばせようとすることには限界がある。それを認識しておかなければいけない、と思います。あくまでもデジタルは補助的なものであるというような形でやるべきだ、というふうに思いますね。デジタルに強くなるということは将来的にもよいことだというふうには思いますけれども、子どもによって向き・不向きもありますし、それで全てが解決するわけではない。その使い方・使わせ方というようなものに課題があるのではないか、と思うところです。

宮盛：GIGA スクール構想が新自由主義教育改革の一環として登場してきた、つまり、新型コロナ・ウイルス問題を契機としてというようにみえるけれども、そうではない、というところを明確にする必要がある、とあらためて思いました。いまおこなわれている ICT 教育は、ある意味では、新自由主義的な公民の完成をめざしているのではないか、と思うわけです。つまり、従来の人と人とがふれあう、最高裁学テ判決的にいえば、人格的な接触、と呼ばれるようなものが、例えば、Zoom を使っておこなわれるのであれば、やはりなかなかできない。そうすると、人がとても平面的なものにしかみえてこないし、人の気持ちとか感情とか、そういった機微といったらいいんでしょうか、そういうものもわからなくなる。しかし、新自由主義がめざしている人間像というのは、そういう中で生き残っていく人間を育てているんだ、ということになるわけですから、大変に危険な考え方である、と思いました。

それから、あともう一つは、やはり、この間、教育裁判というものがなかなかおきてこない、おきてもなかなか勝てない、という問題とも関係しているわけですが、教育法研究としても、法政策学といったらいいんでしょうか、今日、植野先生にお話しいただいたような政策的な動向というものを教育法としてどうとらえるのか[24]、というのは非常に重要な視点である、とあらためて思いました。

(6) 主権者教育とシティズンシップ教育

植野：最終的には、子どもはそれぞれ主権者になるわけですから、立法過程であるとか政策形成過程であるとか、そういうものをきちんと学ぶということは必要だ、と思いますね。そういう意味での主権者教育とか、そういう意味でのシティズンシップ教育というのは重要である、と思っています。憲法は国の基本法ですから、そこに何が書かれていて、どういうふうに守っていくのか、守られているのか、それを具体化した法律というのはどういう意味をもっているのか、そういうことを主権者教育、シティズンシップ教育の中で学ぶことは重要だ、と思います。とりわけ、人権保障と権力分立の意味、自分がどのような権利をもっているのか、どのように行使をするのか、それを知ることは人生をよりよく生きるためにも必要です。

2016年６月に選挙年齢が18歳に引き下げられたことを受けて、にわかに主権者教育が脚光を浴びていますが、実際には主権者教育の定義自体が曖昧なように思います。日本では政治に興味をもつ人が少なく、というのも本当の意味での政策の選択としての政治ではなく、地域社会や地域経済への誘導・誘致をするのが政治のように思われています。また、本来、政治家は、「全国民を代表する選挙された議員」であるべきなのですが、政策を議論するよりも、地域のボス的な存在で力をもっているとかイメージが古く、その存在に魅力を感じられないところがあるゆえに、若い人は政治もしくは政治家に興味がもてないのではないでしょうか。そのため、投票率も低く、一部の人のための政治がおこなわれているように感じられます。それぞれが主権者になるのですから、主権者とは何なのか、その意義を知る必要があります。文科省の主権者教育の推進に関する検討チームの「中間まとめ」(2016年３月31日)、「最終まとめ」(2016年６月13日) が出され、総務省の主権者教育の推進に関する有識者会議の「とりまとめ」(2017年３月) も出されていますが、投票率をあげるにはどうしたらよいか、というところに議論が収斂しているように思えます。学習指導要領の基本的な方向性では、「民主主義を尊重し責任感をもって政治に参画しようとする国民を育成することは学校教育に求められる極めて重要な要素の一つ」と位置づけていますが、「責任感」をそんなに強く押し出す必要はないでしょう。また、2016年の中教審答申では、「政治に関わる主体として適切な判断を行うことができるようになることが求められており、そのためには、政治に関わる主体としてだけではなく広く国家・社会の形成者としていかに社会と向き合うか〔中略〕社会と関わることができるようになることも前提となる」といっていますが、そのような人間の完成形が必要とされるはずもありません。また、家庭では、投票に行く時に子どもも一緒に連れて行くのが主権者教育としての家庭教育のように書かれていますが、ピントが外れているように思います。人間としての権利として政治に関わるのだということが示されていません。私としては、選挙のみならず、自らの権利の充実として、政治に関わることの重要性を示すべきだ、と思います。自分の人権についての認識をきちんともつ、そこが重要な点になるわけであって、立法過程や政策決定過程を学び、自分の権利がどういうものであるのかを学び、どういうところで侵害されたらどんなふうに訴えていくのか、あるいはどういうふうに行使していくのか、という、そういうことを学ぶのがまさに主権者教育だ、というふうに思いますね。そのことは、小学校や中学校の中ではいろいろな情報を得て、その情報を自分なりに理解して自らの意見を形成していく、そして意見を発表していく、他人の意見も聞く、討論するという、子どもの意見表明権とかね、そういうものとも結びつくものである、と思います。そこが核ですよね。つまり、意見形成や意見表明の権利、表現の自由の問題に結びつくのです。

宮盛：フランスの場合は、主権者教育とか、シトワイアンテ citoyenneté の教育（市民性教育）というのは、どのようになっているのでしょうか。

植野：フランス第五共和制憲法１条１項前段に、「フランスは不可分の非宗教的、民主的かつ社会的な共和国である」と定めており、共和制の原則を学ぶのが公教育です。1882年のフェリー法により小学校に、「道徳的・市民的知育 instruction」が非宗教的教育として導入されています。その後名称は変わったりもしますが、1945年の「解放」によって、すべての教育課程のレベルに広がっていきます。高校では、1999年には、「市民的・法的・社会的教育 éducation」という名称で導入されましたが、2012年には「道徳的・市民的教育 enseignement」となり、2015年からはすべての教育課程で、「道徳的・市民的教育 enseignement moral et civique」が採用され、時間数も決められています。

フランスの国民教育・若者・スポーツ省では現在、サイトにおいて、先ほどの「道徳的・市民的教育（EMC）」と「メディアと情報教育 éducation aux médias et à l'information（EMI）」を特に中心にすえて教育することで、市民性への教育 éducation à la citoyenneté（シティズンシップ教育）を学びながら、共和国の価値や原則を伝えることになる、としています。その価値や原則とは、最初にもふれましたが、ライシテ（非宗教性）、男女平等やお互いの尊重、あらゆる形態の差別に対する闘い、人種差別主義や反ユダヤ主義に対する予防と闘い、LGBT 排斥主義への予防と闘い、環境及び持続的な発展への教育、ハラスメントに対する闘い、を意味しています。さらにこの課程は、学級や学校、施設の社会的・民主的生活への生徒の参加によっても学ばれていく、とされています(25)。さらにどのような道筋でこうしたいわゆるシティズンシップ教育を深めていくのか、についても示しています。まず、最初の段階で権利防衛と市民性について、生徒は学びます。次に討論と哲学の班に参加します。施設やその環境についての社会生活にも参加します。そして、EMI、EMC を学んでいきます。哲学を学ぶ、討論するということがここには含まれています。また、学級審議会 Conseil de classe という制度があって、生徒の代表は、校長、教員、親の代表とともに、学校での問題を解決するために話し合うという制度もあります。

例えば、大学の教授になるための教授資格試験ですね、ああいう資格試験でも重視されているのは討論・議論の仕方、理論的に自説をいかに展開できるかですよね。そういう議論の仕方とかも子どもの時から学んでいくそういう習慣があります。あらためてシティズンシップ教育ということをいうまでもなく、さまざまな教育を通して、意見形成・意見表明を身につけさせる教育がおこなわれている、と思います。日本の場合はそうではなく、むしろ阿吽の呼吸でとか、空気を読んでとか、そういう同調を求められることが多く、違う意見をもっていても言いにくい、というところがありますが、むしろそこから変えていかないと、真の意味での主権者教育というのはなかなか根付かないのではないか、と思います。

宮盛：先ほど植野先生からお話のあった、多様性の尊重や少数意見にも耳を傾けるなどが重要である、と思いました。しかし、実際の政治をみた時に、多数者の意見、しかも限られた多数者の意見というようなものしか反映されないようなしくみになっているように思われ、その中でそれをどのように変えていくのか、難しい問題だと感じました。もちろん、政治を実際の社会参加を通して変えていく方法もあるとは思いますが、教育を通してといいますか、教育の中で政治の重要性を学ぶことは必要だ、と思います。そして多様な人たちがいること、多様な人たちの多様な考え方、生き方もあることを学んでいくこと、ディスカッションすることで学んでいくことは、あらためて重要な教育や社会の課題なのではないか、と思いました。

植野：その多様な人たちがいるというようなことは、画面上を通しては学べないと思うんですね。やはりいろいろな形のふれあいを通して、人はこういうふうに感じるんだとか、こういうふうに考える人もいるんだっていう、そんなふうに学んでいくものではないでしょうか。ふれあい、関わりあいっていうのは、教育の基本だと思いますね。

宮盛：そうですよね。主権者教育ないしはシティズンシップ教育の問題は、論争的な問題でもありますので、学校の社会的統治機能と自治能力の形成をめぐる問題として、今後も、研究を深めていきたいと思います(26)。では、最後に、全体を通して、何か話しておきたいことがあればお願いします。

植野：私が大学の教員になりたいというふうに思って今日まで勤め上げて退職したわけですけれども、まさか退職にいたるまで日本で男女平等がこれほどにまで進まない国になるというふうには思ってもいませんでした。表面的には男女共同参画社会基本法のような法律はできたかもしれないけれども、本当の意味での平等、互いの尊重というものはまだ成り立っていない。それからもう一つは、平和主義というものが非常に重要な憲法の基本原理であるということを学んできましたけれども、この基本原理がますます形骸化して骨抜きにされていく。憲法の中に文言としてあるだけというような、こういう事態になっている、というふうにもなるとは思いませんでした。それから教育ということが論争を通して「教育法」としては発展してきたのに、やはりこんなにも国家に押し切られているというか、政府に思うように操られている、そういうようなところが多くなって、教員自体もびくびくしながら教えているという、まさかこのような世の中になるとは思ってもみませんでした。このような世の中になったということは非常に残念なので、そういう意味では本来あるべき形を取り戻すために頑張らなければいけない、と思っています。それは若い人たちと協力しながらやらなければいけないな、と感じています。

宮盛：9条地球憲章の会や憲法ネット103[27]など、憲法を生かそうとする運動がひろまっています。私も、微力ながら、教育を通して、日本国憲法を日本社会に根付かせるような仕事をしていきたいと思います。本日はありがとうございました。

〈注〉

(1) 植野妙実子『基本に学ぶ憲法』日本評論社，2019年、藤野美都子・佐藤信行編著『植野妙実子先生古稀記念論文集　憲法理論の再構築』敬文堂，2019年、参照。

(2) 植野妙実子「立憲主義と国家緊急権」，前掲『基本に学ぶ憲法』459頁以下、参照。

(3) Le parcours citoyen, par education. gouv. frにおける説明参照。https://www.education.gouv.fr//le-parcours-citoyen-5993 (2021年12月31日閲覧)。

(4) 榎本尚行「行政改革による官邸機能の強化と課題」『立法と調査』407号，2018年，34頁以下、参照。

(5) 植野妙実子「フランスのコロナ禍における憲法院の統制」『比較法雑誌』55巻2号，2021年，31頁以下、参照。

(6) 植野妙実子「選択的夫婦別氏制の必要性」『男女平等原則の普遍性』中央大学出版部，2021年，119頁以下、参照。

(7) 例えば、小玉重夫『教育政治学を拓く　18歳選挙権の時代を見すえて』勁草書房，2016年、参照。

(8) 植野妙実子「憲法改正」，前掲『基本に学ぶ憲法』447頁以下、参照。

(9) 例えばこのようにもいわれていた。「明治憲法の改正という問題は、ポツダム宣言受諾の瞬間から、すでに生じていたといわなければならない。」佐藤功「日本国憲法の成立」『日本国憲法概説［全訂第5版］』学陽書房，1996年，47頁。【植野】

(10) 森本昭夫「憲法改正原案審議の定足数」『立法と調査』342号，2013年，100頁以下、参照。

(11) 植野妙実子「永久平和主義」，前掲『基本に学ぶ憲法』25頁以下、参照。

(12) 「4つの『変えたい』こと　自民党の提案」が示されている。

(13) 「世界の国別軍事力ランキング」https://www.msn.com/ja-jp/news/photos/ (2021年12月31日閲覧)。

(14) 植野妙実子「教育をめぐる権利と自由」，前掲『基本に学ぶ憲法』221頁以下、参照。

(15) 堀尾輝久『人権としての教育』岩波現代文庫，2019年、参照。

(16) 授業料の無償制論争に関しては、永井憲一「義務教育の無償性論」『教育法学の原理と体系　教育人権保障の法制研究』日本評論社，2000年，99頁以下、参照。

(17) 例えば、永井憲一の主権者教育権論や戸波江二の国民の教育権論批判は、国民の教育権論を発展させる契機となる可能性をもっていると考えられるが、その意図とは別にして、結果としては、国家の教育権論の擁護になっているように思われる。【宮盛】

(18) 概略、次のように小林直樹は指摘している。近代諸国家は、公教育の組織化と義務化によって、国民全体により高度で均一な教育レベルを保障し、国家発展のテコとしたのである。近代国家は、このようにして教育の枢要部分を掌握し、その統制を計るようになったが、現代国家も同じ路線を受け継いでいる。この傾向は、国家の側からいえば一種の必然であるが、当然教育を政治権力に委ねることは、重大な危険性を孕んでいる。教育を国家の手段とすることによって、人間を国という組織のための部分品に化する作業たらしめるものであるが、そもそも何のためか。国が真に尊敬に値する存在になるのは、国家の成員が、自主的な主体として生き、創造的な働きができ、それによって独自の文化を築きうるようになることである。教育の自由はおよそ教育が真理を教えるべきである以上、この教育そのものの内在的要求として出される。このように公教育と教育の自由との関係について述べている。小林直樹「教育法哲学序説」日本教育法学会『年報８号　公教育と条件整備の法制』有斐閣，1979年，10頁以下。【植野】

(19) 現在でも適用されている、第四共和制憲法前文の13項に次のように定められている。「国家は子ども及び大人の、教育、職業訓練、教養への平等なアクセスを保障する。あらゆる段階での無償かつ非宗教的な公教育の組織化は国家の義務である。」

(20) 上からの社会権と下からの社会権については、中村睦男「わが国における『社会権』論の再検討」『社会権法理の形成』有斐閣，1973年，290頁以下、参照。中村睦男『社会権の解釈』有斐閣，1983年、もある。

(21) 宮盛邦友『戦後史の中の教育基本法』八月書館，2017年、日本教育法学会編『コンメンタール教育基本法』学陽書房，2021年、など参照。

(22) 新自由主義については、ピエール・ブルデュー著，フランク・プポー，ティエリ・ディセポロ編，櫻本陽一訳『介入Ⅰ・Ⅱ　社会科学と政治行動1961-2001』藤原書店，2015年、など参照。

(23)「GIGA スクール構想の実現へ」文部科学省のリーフレット参照。

(24) 例えば、教育法政策学の一つのモデルとしては、やや古いが、小林直樹『憲法政策論』日本評論社，1991年、など参照。小林は、この憲法政策学から人間学へと展開しており、大変に興味深い。【宮盛】

(25) https://www.education.gouv.fr//le-parcours-citoyen-5993（2021年12月31日閲覧）。

(26) 堀尾輝久「教育とは何か」『教育入門』岩波新書，1989年，123頁以下、参照。

(27) ９条地球憲章の会編『地球平和憲章日本発モデル案――地球時代の視点から９条理念の発展を――』花伝社，2021年、憲法ネット103編『安倍改憲・壊憲総批判――憲法研究者は訴える』八月書館，2019年、参照。

学校論・公教育論の構築に向けての覚書：対話を終えて

植野妙実子との「対話」の中から浮かび上がってきた、「教育条理」にとって深化させるべきいくつもの論点の中より、現代教育学を構成する学校論・公教育論に関わっての、人格＝認識形成学校の理論的・実践的課題である「学校の社会的統治機能と自治能力の形成」、および、法学と教育学を架橋した「教育法学」の事例研究、という二点から対話全体を見渡すことを通して、これからの研究構想を展開しておきたい。

①学校の社会的統治機能と自治能力の形成

2000年前後以降の憲法改正問題・教育基本法改正問題などを考えることを契機として、これまでの憲法学および教育法学のあり方があらためて問いなおされている。それは、日本国憲法や教育基本法を「守る」ことにとどまることなく、「いかす」ことが求められている、ということでもある。

植野によると、こうした問題状況を理解するためには、憲法・教育法における法解釈学的アプローチだけではなく、「法政策学的アプローチ（ないしは、法社会学的アプローチ）」が非常に重要となっている、という。この点は、新自由主義が吹き荒れる現代社会において、法のもつ意味を民衆が自覚する必要がある、という意味で、憲法学・教育法学の研究方法論として採用されなければならない重要な指摘である。

憲法・教育法政策学および憲法・教育法社会学については、これまでにも小林直樹の著作などを通して深められてきた。国際比較という意味では、例えば、ピエール・ブルデュー『介入1961-2001　社会科学と政治行動』（2002年）などを理論的・実践的なモデルとして、憲法・教育法の単なる事実の解明にとどまらない、憲法・教育法の新しい価値の創造に取り組んでいくことが求められるだろう。

その上で、憲法学・教育法学の今日的な問題の焦点である「教育目的」を考えてみると、新自由主義に対抗する人間を教育するのか、それとも、福祉国家を前提とした公民を育成するのか、が問われることとなる。この点、研究者によってそのスタンスは多様であるが、植野との対話では、日本国憲法・教育基本法を基盤とした人間教育と公民教育を対立的にとらえることなく、統一的にとらえることが主張されている。この問題は、一方で、近年の教育行政学の研究動向からすれば、教育および教育行政の事実を解明することが研究主題となって、そこから国家イデオロギー（すなわち、教育目的としての公民教育）が創り出されている。他方で、従来からの教育学においては、価値を解明することを研究主題とすることによって、人間形成ユートピア（すなわち、教育目的としての人間教育）を創り出そうとしてきた。つまり、憲法・教育法社会学および憲法・教育法政策学を「憲法・教育法哲学」と接続することで、新しい憲法的・教育法的秩序を創造することが私たちの喫緊の課題となっているのではないだろうか。

教育目的の想定する人間像を「シティズンシップ教育（市民性教育）」に焦点化してみれば、そこで求められるのは、「学校・自治体・国の社会的統治機能と子ども・市民・国民の自治能力の形成」である。憲法・教育法といった法規範を前提として、私たち民衆は国家・社会をつくっているのであり、憲法学・教育法学はそうした民衆の法・権利意識を解明することを通して、憲法・教育法の解釈を、繰り返し、おこなわなければならない。その場合、植野が重視する「立憲主義」という考え方が、民衆の中にも根付いている必要がある。例えば、諸外国で憲法改正がおこなわれているから日本もおこなうべきだ、という国民の単純な発想は、諸外国においては国民が憲法改正を要求して国家がそれに反対する、という構図をふまえておらず、日本のように国家が憲法改正を声高に叫ぶ状況では、それは否定されなければならない。その意味で、シティズンシップ教育とは、憲法教育であり、主権者教育として構想されなければならないのである。これは、青年期の発達課題の一つである「政治のセイ」に位置づく。

②教育法学の事例研究

こうした「教育と政治」の緊張関係の中で成立する教育法学の事例研究は、「教育判例研究」である。教育判例研究は、少なくとも1990年代までは、憲法学・行政法学、あるいは、民法学を中心にして積み上げられてきた。その上で、現在においてとらえなおしてみると、その教育判例研究は、法学的教育判例研究と教育学的判例研究に分けられるだろう。すなわち、前者である教育法解釈学的な教育判例研究は、国家対国民という第一の教育法関係を中心にして、後者である教育法社会学・教育法政策学的な教育判例研究は、学校・教師対親・子どもという第二の教育法関係を中心として、それぞれ取り組まれることとなる。

さらには、2000年代以降の国旗・国歌予防訴訟を手がかりとして、第二の教育法関係から第一の教育法関係をとらえなおす、一人称の権利主体による「第三の教育法関係」が重要な視点となっている。具体的には、「教師」という一人称の権利主体たちが国家に対して訴訟を提起する、ということである。その時に中核となるのが、「教育実践と教師」という教育条理である。つまり、第三の教育法関係を中心とした教育判例研究は、教育法哲学的な教育判例研究なのである。今回の対話では十分に語られなかったが、今後も教育判例研究を積み重ねることは、憲法学・教育法学の足場を固めるために欠かすことができない作業なのである。

〈参考文献〉

○宮盛邦友「開かれた学校づくりにおける〈子どもの権利〉と〈指導〉をめぐるいくつかの問題――そのラフ・スケッチとして――」学習院大学文学部教育学科・教育学研究会『教育学・教育実践論叢』第２号，2015年

○宮盛邦友「教育学は総合性の学問か、それとも、固有性・独自性の学問か――同時成立相互可能性をもつ教育学の地平をめぐって――」学習院大学文学部『研究年報』第63輯，2017年

○宮盛邦友『戦後史の中の教育基本法』八月書館，2017年

○宮盛邦友「現代人権における〈教育と公教育〉観の再検討――国旗・国歌訴訟の〈裁判過程〉を中心にして――」藤野美都子・佐藤信行編著『植野妙実子先生古稀記念論文集　憲法理論の再構築』敬文堂，2019年

BOOK REVIEW 7

『試験と競争の学校史』

斉藤利彦，講談社学術文庫，2011年（平凡社・1995年）

本書の基本的な課題意識は、「私たちの国の学校は、あまりにも深く、試験と競争にとらわれすぎてしまっていないだろうか」にすえられている。そこで問題とされているのが、「試験制度の実態、つまり試験の実際の形態や方法、さらにはそこから生み出されたわが国の試験の独特の技術ともいうべきものの解明」である。その視座は、「第一に、〔中略〕試験制度〔中略〕の成立と定着が具体的にどのような経緯で進められていったのか」・「生徒や教員、そして親たちの体験の歴史という側面からもとらえ返さなければならない」に求められている。それを描き出す史料は、県教育誌、学校誌、教育雑誌、校友会雑誌などであり、これらが駆使されて復元されている。

つまり、「試験」を手がかりとして、近代日本における学校制度の理念と現実を、「学ぶ者」の視座から、一次史料を用いて、描き出しており、そのことを通して、現代日本における試験制度を問いなおそうとしているのである。

例えば、中学校における競争と淘汰をめぐって、斉藤は、「各学年ノ課程ノ修了又ハ全学科ノ卒業ヲ認ムルニハ平素ノ学業及試験ノ成績ヲ考査シテ之ヲ定ムヘシ／試験ハ分テ学期試験及学年試験トシ学期試験ハ第一学期及第二学期内ニ於テ之ヲ行ヒ学年試験ハ末ニ於テ之ヲ行フヘシ（第四七条）」という中学校令施行規則（1901年）と「学期末の定期試験の結果は、全学年の生徒の全教科及び操行の評定（百点満点で表示）及び及第・落第を明記した成績一覧表（成績順で配列）が冊子にまとめられて全父兄に届けられた。誰が何点で何番であるかは、生徒はもちろん、どの父兄にも一目瞭然であった」という旧制静岡中学校の百年史にある記述を対照している。そこから、「なお、中学生による『同盟休校』は、明治・大正期に頻発している。中学校での競争の状況がそれらの事件とどう関連したのかは重要な研究課題となろう。〔中略〕また、試験と競争の秩序への『消極的逸脱』ともいうべき形態として、当時、中学生にカンニングが蔓延していたことが指摘されている。〔中略〕こうした側面を含め、競争秩序への中学生の側の対応を、多面的に解明していくことは今後の課題としておきたい」という興味深い指摘をしている。制度だけでもなく、実態だけでもなく、その両者の関係を明らかにしようとしており、そこから新たな研究課題を導き出している。

このような論証を読むと、受験競争に代表されるメリトクラシーをめぐる問題と、そこから派生されるいわゆる子ども問題・学校問題、という構図が浮かび上がってくる。それは、まさに、近代教育と現代教育をつらぬく課題であることがわかる。そして、同時に、小学生だった私が、なぜ、中学校受験をして、大学にまで行こうと考えたのか、という疑問を、自分自身につきつけることにもなる。ここに、教育史を学ぶことの意味を発見することができるのである。

私たちが直面する現代教育制度は、このような近代教育制度を世代継承することで私たちの心性として成り立っており、私たち自身がそのことを自覚的に理解することなしには、日本の教育改革を求めることはできないのではないだろうか。

Ⅶ

〈教育目的〉の対話
——教育実践と現代思想を支える思想——

対談：
○**浅川和幸**（1958年生まれ、北海道大学大学院教育学研究院特任教授、教育社会学・生徒指導論）
○**宮盛邦友**

はじめに

宮盛：では、今日は、「〈教育目的〉の対話——教育実践と現代思想を支える思想——」というタイトルで、浅川和幸先生にお話をうかがいたいと思います。このテーマの問題意識は、一方で、現代の教育実践・学校改革をどのようにとらえるのか、を意識しつつ、他方で、それを分析する現代思想・教育学理論をどのように考えるのか、という少し欲張った中身になっています。
浅川：野心的ですね。

（1）中学生・高校生における「地域アイデンティティ」と「将来志向」

宮盛：まず一番目に、中学生・高校生における地域アイデンティティと将来志向について、お話を伺いたいと思います。この間、浅川先生が取り組んでこられた調査について、お話をいただければ、と思います。
浅川：はい。ありがとうございます。この調査ですが、2013年に当時の（北海道オホーツク総合振興局管内の）西興部村との連携協定を社会教育だった木村純先生が担当されておられたものを、私が責任をもって引き継ぎました。それでまず、村のことを知らなければならない、ということで。人口1000人の村だったから、特に人口減少問題を抱えていた。村自身の振興と教育の振興の両方を合わせて、「若き担い手研究」というタイトルつけて実態調査をおこないました。それが出発点です。

高校がない村なので、生徒は中学生を調査しました。若い人は、酪農で神奈川県から来て新規就労した人、ギター工場に勤めている木材加工の労働者とか、労働力不足で人手を必要としていた介護現場の労働を調査しました。酪農に関しては、新規酪農した放牧酪農家だけではなく、酪農家を集めて大規模化した企業経営のギガファームの後継者も含めた総合調査になりました。この総合調査で中学生を対象とした調査とその結果が、「地域アイデンティティ」と「将来志向」を考えることの出発点です。

すぐにわかったのが、自分の村についての評価が非常に否定的だったことです。それはなぜなのかを考えることが、地域アイデンティティ研究の出発点だったのです。どんな意味で否定的かというのではなく、「全部が」、です。私の調査スタイルは、「自分の村について語って下さい」ということで、生活の仕方の事実から全部聞くのです。自分の所属した昔の教育社会学研究室のスタイルなので、朝起きてから夜寝るまでの生活を手始めに、学校生活のことや、親からどんなことを言われているか、「しつけ」よりももっと広く、「どのような人間として生きなさい」と言われたかを含めて、全部トータルに聞いていくスタイルです。それで、村の評価について聞いた時に生徒が異口同音に言うのは、「あれがない」・「これがない」・「それもない」という「ないない語り」だったのです。端的には、「コンビニが一軒しかない」とかです。「コーチャンフォー」という大規模書店。札幌市にはあるのですが、「それがない」とかで村を否定します。「ラウンドワン」という北海道にある娯楽の総合的なセンターがない、「イオンがない」とかです。それをまとめて、「この村には何もない」という説明をするのです。この説明の仕方が、なぜ何かが「ない」という説明の仕方になるのを考え抜きました。調査後に気がついたのは、「ない」と名指しされるものは、すべて市場的な価値のあるもののことでした。それで、中学生のインタビュー調査の意味分析の結果として理解できた、この「ない」に「消費へのアクセスが悪い」というカテゴリをつけました。すなわち、村の中学生の否定的な「地域アイデンティティ」の核がそれであることがわかりました。それが西興部村での2013年の調査でした。ところが、西興部村では中学生調査を2015年にもしました。そうしたら、興味深いことに、今度は「ある」ものも語るというスタイルの中学生３年生たちだった。学年は同じ中学３年生なのだけど。「ない」ものはほとんど変わらない語り方だったけれども、「村のよさがあります」ということを言う中学生たちもいました。その中学生たちは、「村には暖かさがある」・「人のつながりがある」とかの、「何かがある」というような言い方があった。しかし、全体として肯定的な村の「地域アイデンティティ」の釣り合いは、「村の生活の豊かさ」が重いかといえばそうではなくて、「何かがない」という方がやっぱり大きかった。

この釣り合いがとれていないというのは、西興部村だけなのかなと思って、村の周辺の基礎自治体の中学生調査をおこないました。オホーツク総合振興局管内の興部町、上川総合振興局管内の下川町、釧路総合振興局管内の浜中町の霧多布高校の生徒調査を続けていきました。そこでいくつかのことに気がつきました。

興部町の中学生の場合は、村には「何かがない」と「何かがある」が釣り合っていました。この「ある」というものとして生徒が挙げるものが、「興部町にはおいしいチーズがある」とか、「おいしいホタテがある」というような、いわば、商品として市場価値的な価値のあるもので釣り合っていたのです。

だから、「地域アイデンティティ」を構成するものには、いくつかの要素にわかれるのだけれども、中核的なものは商業的な価値に縁取られているのではないか、という仮説をもちました。そこから外れるのは、地域における生活のコミュニティ的な関係性の問題だということがわかりました。

ところが、この「地域アイデンティティ」の否定と肯定の理解を超えるものがあらわれたことによって、私の研究はその後の展開につながることになりました。それは、先の西興部村で2015年におこなった調査で答えて下さった生徒(男性と女性)の追跡調査によって教えてもらうことになりました。それぞれが高校生になってから、2015年調査を回顧して語ってくれたのだけれども、男子高校生は、「村には自分が何かをしたときに受け止めてくれる場所がある」というようなことをおっしゃっていた。自分が村には関わっていける場所があることの重要性を。私はそれにヒントをもらって、後に、「コミットメント」の重要性という主張をするようになりました。そして、女子高校生は村の評価に関しては、前と同様に否定的なのだけども、その理由が「村に関して責任を果たしたいのだけど、果たす場所がない」という理由での否定だったのです。そのことにヒントをもらって、「地域アイデンティティ」の問題として考えると、中学生ならではの限定はつくのだけれども、自分の地域に関わって影響力を行使する決定権が重要なのではないのか、と考えるようになりました。

これらの発見を総合して、北海道の地方の中学生の「地域アイデンティティ」は、地域の市場における位置によって基本的には構成されているわけだけれども、地域生活に関する愛着の問題と、地域の中で自分の可能性を試せるようなコミットメントの豊かさの問題と、中学生だとしても地域の決定に関わることができるという決定権が重要なのではないか、と総括することになりました。

だから、「地域アイデンティティ」は中学生の生活のあり方によって規定される側面と、「中学生ならでは」ではあるのだけど、地域社会の市民としてどのように具体的に地域社会に関わって、権力を持てるのかに関わっている、と考えるようになりました。

この後者の、生徒による地域社会の能動的なとらえなおしが可能かどうかに、「地域から出ていく」・「二度と戻ってこない」、あるいは、いったん地域外に出ても「戻ってくる」という将来志向にぴったり重なることがわかりました。だから、「地域アイデンティティ」が市場的に構造化されている生徒は、「都市の方が、モノが豊か」だから、「地域から出たら二度と帰ってこない」となるわけです。しかし、「村には可能性がある」と思っている男子生徒は、「もう一度、村に戻って来て、貢献してみたい」というわけです。だから、この「地域というもの」のとらえ方の深さみたいなものが、「地域アイデンティティ」に関わっている。私はその中での中核を、「地域社会へのコミットメントの豊かさ」と「地域社会の広い意味での決定への関与」、この二つが決定的に重要なのだなと考えたということです。それが将来志向に影響している。先の例に挙げた女子高校生は、中学校の統廃合のことで不満を抱えていて、「中学生の私たちを無視して決めている」ということに怒りを憶えていたことを、そして、そのことを自分が中学校に在学していた頃は強く感じていたのだけれども、結果的には、「中学生だから」ということで公式的な場面で言うことができなかった。それで鬱々とした気持ちを抱えたまま高校に進学して、村を出たわけなのだけれども、「その時の怒っていた気持ちを忘れてしまっていいのか、忘れたら駄目なのではないかですごく迷っています」、と言っていました。このことに非常に共感を覚えて、「地域アイデンティティ」の核は、「コミットメント」と「決定権」なのだ、と思いました。そうしたら、「地域アイデンティティ」を生徒に身につけさせるような教育が重要なのではなくて、「シティズンシップ教育」というか、実際の「コミュニティ」への参加、というよりも一歩すすめてデモクラシーにどのように関与するかという問題が位置づかない限りは、「将来志向」について考えるのは不毛だ、と感じました。だから、それが大きい。

「地域アイデンティティ」と「将来志向」というテーマでは、さらに大樹町でおこなった中学生の調査の結果が示唆的でした。この調査は、キャリア教育について熱心に取り組んでおられた教員からその成果を検討してほしい、と言われたことから始まりました。

分析の結果、地域アイデンティティの構造はあまり変わらなかった。しかし、将来生活の「将来イメージの豊かさ」みたいなものが「地域アイデンティティ」に強く関わっていることがわかりました。中学生にとっての将来志向は、「キャリア実現」の観点からどこの高校に進学するのかを手段的に考えさせることによって育まれるわけではなく、どのような「豊かさ」を考えつくのかという中学生の生活についてのリアリティが重要だ、とわかりました。「将来イメージの豊かさ」がないと、町に戻ってくる志向性は生まれない、という結論になりました。だから、キャリア教育が職業中心では生徒の将来志向を喚起する力は乏しくて、ライフキャリアまで展開したキャリア教育として考えない限りは力がない。すなわち、生活の豊かさや深さをどこまで探求したかを問うキャリア教育でないといけない、と考えました。「何が豊かな生活なのか」・「豊かな生活とは何か」という探求の要素がないと、商業ベース的な選択肢、モノがあることが豊かな生活である、そして、いま、可能な進路先から推論される経済力の中から、モノを選択する、という考え方でしかでてこない。この中学生の目線から見える将来生活の枠から見えるものしか考えることができない。だから、この選択肢から選ぶという枠組みを壊すような教育、「豊かな生活とは何か」という探求がない限りは、中学生はその枠組みの中での選択に流されていくだけになる。探求の要素を持ち込んで、「豊かな生活とは何か」を問うキャリア教育にしない限りは、北海道の地方のローカルな地域の子どもたちは、都市に吸い寄せられるだけになる、というのが二つ目の結論でした。

だから、この一連の「地域アイデンテ

ィティ」研究は、「地域コミットメントの豊かさ」と「地域社会に関わるパワーの所持」、これに「生活探求する豊かさ」を加えた、この三つがない限りは、現在の中等教育を前提とした地域格差が拡大する社会的陶冶の構造に抗えない、と考えた。これがこの間やっていた研究です。

中学生だけではなく、高校生も同様の研究を並行してすすめていたのですが、結果は同じようなものだった。だから、「地域へのコミットメント」と「パワーレスの克服」と「生活の豊かさの探求」を追求できることが今後の中等教育の課題であるとするならば、シティズンシップ教育の拡張版みたいなことを中等教育再編の柱みたいな形で位置づける必要がある、と結論しました。

そこから、大樹町でおこなわれていた「大樹町高校生議会」実践の研究にすすんだわけです。

高校生が町議会に議員として参加して、一般質問として自分たちの意見を言う。議会側は正規の議長が出てきて運営する。町役場から町長や教育長や課長級職員が出てきて高校生議員の質問に答える。高校生は公民科で勉強したことや自分の調査をもとに、大樹町の課題をバンバンぶつける。それに町長が答えて、これは正しいということになったら、実際に予算づけして執行し、実現する。この実践を手はじめに、次は池田高校と「池田町高校生議会」、広尾高校と「広尾町高校生議会」、鹿追高校と「鹿追町高校生議会」の調査をしました。これらは、高校生が議会の議長や議員、町長役をおこなう「ごっこ」議会ではなく、議会事務局が後援して、役場や教育委員会も関わって、ちゃんとした議会としておこなっている。この「ごっこ」ではない本物の議会の形式を借り、場合によっては、予算づけがおこなわれる高校生議会実践の研究に移っていったのです。

「地域アイデンティティ」研究での結論の一つに、生徒の「パワーレスの克服」がありました。その「パワーレスの克服」のためには、地域社会を基礎においてどのように探求的に深めるかが重要で、この深める際の視角として「パワーレスの克服・回復」が一つのテーマとなる。それと結びついた地域のとらえなおし。地域社会の探究を深めるためには、自分たちが「パワーを振るえるのだということ」を知ること、すなわち、探究領域の深度には「パワーで可変する領域」を広げることが関わっているから、「どこに力を及ばせるか」という視野が広がらなければいけない。この両方を兼ね備えた実践ということで、現在、十勝総合振興局管内の「高校生議会実践」の研究に注力しています。

だから、「地域アイデンティティ」と「将来志向」の研究から、高度消費社会における社会的な陶冶の圧力の強さをすごく強く感じて、それを乗り越えるために考えてきたのですが、そうしたら地域社会における生徒の民主主義の実践と充実、そして生活の豊かさの探究のところに軸線が通らない限りは、市場社会における選択の自由の行使に勝てないと思った、というのが、私の研究の展開だったということです。

宮盛：ありがとうございました。教育学の基本的課題だと思うのですが、「子ども・青年＝若者と地域」という問題を繋げながら、浅川先生は調査研究をされてこられたんだなぁ、と思いました。そして、私の研究に引きつけていうと、子どもの権利でいえば、子どもを権利行使の主体にしていく、というのか、子どもがおとなになっていくことを、学校と地域がどのように支えていくのか、ということだと思うのです。そういった中で、おとなになるということをもう少し具体的にいうと、主権者になるということと、労働者になるということ、この二つを軸にしながら、人間として生きるということをどう考えるのか、という構造的な取り組みになっており、そうしていかないと、いまの北海道の中で青年＝若者がおとなになっていくのは非常に困難であり、学校と地域が共同していくというところが大事だ、というようにお話をおうかがいしました。

浅川：はい。大体そうです。一点だけ強調させていただいていいですか。

中学生や高校生は、地域社会で「何をしていいか」・「何をしたらダメなのか」という境界みたいなものが明示的にあるわけではない。「権力を振るう」ことについて、やり方も含めて、一般的な意味でわかってない。だから、実際やってみなければダメなのだと思います。議会で要求する時は、「このような要求の仕方をするのだ」とかというフォーマットを議会事務局の方が教えてくれるのだけれども、そういう型に「自分たちの言葉」をどのようにのせるのか、とか。「どこまで言っていいのか、いけないのか」、とか。この要求を通すためには、「どのような裏付けの資料が必要か」を調べる必要があるなどをいろいろと教えてもらうことによって、「権利そのもの」という抽象的なもの理解力から、具体性が膨らんでくるのです。

だから、あることを知って、受け止めて、それを自分の欲望の中に組み込んでいるというよりも、「欲望実現が可能な世界」そのものをつくりだしていくようなニュアンスがあると思います。具体的な「権利の主体」になるためには、それを実現する場所がどのような場所であるかの理解を深めるということが不可欠である、と思いました。議会事務局や議員の方が重視しているのは、そのようなことでした。

実際、「高校生議会でこうやって主張したら、JR駅の野ざらしの待合に屋根がつきました」というような成果を、先輩が後輩に言うわけです。「俺たちが獲得したから、お前らの待合の上には屋根があるのだ」と。そのように言われたら、次の代の生徒がまた頑張ったりする。このような伝承行為が重要で、そのことの重要性に気がついた議会は、予算付けした。

いくつかの高校生議会実践をみていると、議員が熱心なところはそれほど多くない。逆に、首長が高校生と話したがっている場合も多い。首長が熱心で、そこに野心的な議会事務局が加わる場合で、高校生議会実践を通じて、「未来の議員と町長をつくる」というようなプライドをもっているという説明をするという自治体もあった。自分たちのやっていることで高校生と地域を変えていくことができる、という自信をもっていた。

だから、これが北海道の新しい民主主義のつくり方なのではないかな、とか思ったりもした。地域探究は、未来の社会に対する欲望そのもの、自分たちが振ることができる権力やそれを振るって社会の新しい形とか大きさを拡張する手ごたえみたいなものを感じることにつながっているような感じがしてきました。

宮盛：ここまでうかがっていて、地域の公共性という言い方をすれば、地域の公共性をつくっていく主体として、地域が青年＝若者に着目する。そこがとても重要だ、と地域も認識し始めた、ということなんですね。

浅川：そうそう。「おとな側」も、要求されて初めてわかるというところがある。その意味で、いわば、共同探究になっています。ここまで受け入れようって、おとながあらかじめ考えたメニューで模擬的にやっている偽物ではなくて、町長も本気で答えて。高校生に説得されれば、納得して引き受けるみたいなことがある。だから「高校生議会」実践は、世代の違う人間が「ぶつかる場」みたいな感じです。

だから、ハンナ・アーレントの教育に関する議論で、「異世代コミュニケーションが教育の基本的な形である」(1)という説明があるのですが、その通りだと思って。だから、おとな側も、高校生との「ぶつかり合い」を通して、初めて「自分の町って魅力がないんだ」と理解したりする。このようなことがすごく重要だと思っています。異世代間の対話。一方で、自分たちは生徒でしかないから、「学ぶ立場でしかない」みたいな感じになっているのに、他方で、自分たちには立場の違う人たちに教える力があることを知る。議会事務局だったり、議員だったり、町長に。逆の側からみる、おとな側は生徒に教えてもらっているというような感じになる。だから、すごく面白い。

宮盛：そうですね。大変に北海道らしい、興味深く面白い教育実践ですね。

浅川：そうそう。「おとながわかってない」。だから、それを子どもが教える。「負うた子に教えられる」みたいな感じ。子ども側が地域を教育する主体である。この転倒性が、異世代コミュニケーションだから出てくる、立場が違うから出てくる、ということが、教育論において「他者とのコミュニケーションの生産性」のような話になるのだと思います。だから、「シティズンシップ教育」は、「市民はこうあるべきだ」と押しつけるということでは全然うまくいかない。「他者との対話」のような感じで初めて実現可能になる。

(2)「日本型戦後社会システム」と「日本型後退国家」における中等教育の再編

宮盛：次に第二に、いまお話しいただいたような中等教育における青年＝若者と地域の教育実践を取り巻く教育政策の状況について、お話しいただきたいと思います。浅川先生は、日本型戦後社会システムと日本型後退国家というような枠組みで戦後の日本の教育と社会の関係を説明しようとされていると思いますが、その点についてお話をいただければ、と思います。

浅川：この日本社会の展開に関わる理解は、私が北海道大学に就職した1993年からずっと継続的に理論づけてきた理解です。受け持った最初の講義は、日本社会をどのように理解するか、という目的で始めました。これを、名前は一度変わったのですが、約30年間続けてきました。私の主張だと、戦後の日本社会は15年を一つの単位として、15年毎に画期が生じて構造を変えながら展開している、と理解しています。

熊沢誠先生が、元々、これに近い議論をしていました。熊沢先生は、学校と労働現場の「カップリング」（同期的な変化）を問題にしました。教育と労働現場とカップリングを「競争」というメディアで説明する議論が、『働き者たち泣き笑顔』[2]という書籍で打ち出された。自分は社会学を専門にしていた関係で、教育と労働の二つのシステムのカップリングが問題なのではないか、と思っていました。昔の授業ノートがないので正確ではないのですが、かなり初期から、さらに家族構造がこの二つのシステムとどのように関わっているのかが問題だ、と思っていました。それで、学校－企業－家族の三つのシステムの関係（カップリング）で説明すればよいのではないか、と思いつきました。

講義を開始した当初から、生産年齢人口が上限を迎えるのが時間の問題となっていた（実際は1995年）。生産年齢人口が減る。バブルはすでに崩壊していた。企業は工場の海外移転と労働者の雇用の二分化、若年層からの大胆な非正規雇用が始まっていた。これらを考慮すると、日本社会は、これから先、下落すると思っていました。前述した最初の講義の副題を、「父が駆け登った道を息子が駆け降りてくる」とつけました。まるで競馬のキャッチコピーみたいなのだけど。日本社会がどのように後退するのかを検討して予測することがすごく重要だ、と考えていた。

熊沢先生の議論だと、このカップリングの中で、15年周期説で重要なのは、画期となる出来事です。私の命名する1945年から2005年までの「日本型戦後社会システム」[3]の第１期（1945年から60年）の画期となるのは、45年の「敗戦」と60年の「安保闘争」（国際戦略上の米国との関係の固定化）と「三井三池の労働争議」（民間部門の労働運動の終焉）です。第２期（1960年から75年）の画期である75年は「スト権スト」の敗北です（公共部門の労働運動の終焉）。15年ごとなのです。この経緯を通して社会を変えるための運動が見えなくなって、擬似政権交代的な「自民党システム」[4]が社会のある程度の領域に再分配をおこなうことになった。

熊沢先生は、その次の15年の画期はお書きになっていなかった。これを第３期（1975年から90年）として考えると、1990年は政治改革なのです。土井たか子さんが「山が動いた」といったような時点（1989年の参議院選挙）から始まる自民党の一党支配の終焉と連立政権に移っていく政治改革の開始の時期です。同時に、国際的には「グローバル化」と「東西冷戦の崩壊」が重なる。画期としてはぼんやりしているけれど、その辺から変化して2005年までを第４期と考えました。2005年を画期としたのは、後述するように三つのシステムのカップリングが不調になる中で、国家・政治が再び大きな調整力を付託されるようになった、と考えました。「郵政選挙」(「自民党システム」の終わり)です。

このように、1945年から2005年までの60年間を、「日本型戦後社会システム」の時代だと考えました。これは、三つのシステム、企業・労働システム、学校・教育システムと家族・生活システムがカップリングして、非常に大きな役割を果たす。日本は国家なのだけども、この三つのシステムが大きな役割を果たすからこそ、国家・政治はいわば埋没して表面には見えない形になった。社会的な争点から抜け落ちていくという構造ができたのではないか、と考えました。この環境として重要なのが、冷戦体制の西側陣営に組み込まれて、加工貿易中心で、憲法９条を楯にして武装(自衛隊)を重視しない、いわゆる「軽武装と経済成長路線」です(「平和型」経済成長)。総括的に説明すると、背景には特有の政治のあり方(「自民党システム」)と「平和型」経済成長がある。この前提に、企業・労働と学校・教育の両システムが競争でカップリングし、それを家族・生活システムが兵站として支えるという形で構造化されている、と考えました。重要なのは、両システムの競争を支えるために、女性が「非戦力化される」必然性があることです。これは「性別役割分業」・「性別職務分離」・「性別進学期待」で達成されました。このような意味で、「日本型戦後社会システム」は女性の「２級市民化」を構造的に組み込んでいることです。

「日本型戦後社会システム」は15年間画期で、「助走」期→「離陸」期→「完成」期→「崩壊」期をたどった、と理解しました。

問題となるのは、この「崩壊」期が、その後の日本社会のあり方に大きく関わります。「新しい日本的経営」は、若い労働者の約半数を非正規雇用身分化して、生涯賃金を３分の１にダンピングしようとする全く酷い考え方で、それが家族形成の困難を必然化し、人口減少として日本社会を苦しめています。それまでは正社員の生涯賃金はおよそ３億ぐらいだったものを非正規雇用にするだけで１億にしてしまおう、というアイデアです。同時に、企業の企業内教育投資が減らされます。他方で、海外に工場を展開する。日本社会の大論点だったのだけど、社会運動は後退しているから、いろんな問題が水面下で見えないままますすんでいくようになった。

このような経緯で重要になってきたのが「政治再編」の問題で、選挙制度を中心とした「改革」がすすんでゆく。小泉政権が、「自民党システム」から「宏池会」や「経世会」という米国関係ではそれ一辺倒ではなく、再分配に重きをおいていた派閥を切り崩して、新自由主義に自民党を純化するという形で、国家・政治の問題が再浮上するということが、次期への転換だと考えた。だから、トピックとしては、東西冷戦の崩壊、「細川連立政権」、「自社さ連立政権」、最終的には「自公連立政権」で安定はする、という形になるわけだけれども、「小泉政権」になって内閣中心・首相官邸中心に権力を再編・集中することによって、次の時代に移った、と考えた。すなわち、国家が背景から前景に登場したという変化が、「日本型戦後社会システム」を退場させた。それ以降を「日本型後退国家」

と命名しました。2005年から2020年が第1期です。しかし、「日本型後退国家」という命名で日本社会全体を表現するという発想は、すぐに出てきたわけではありません。2005年以降の数年は「日本型身分社会システム」ではないか、と考えました。企業・労働システムと学校・教育システムと家族・生活システムの三角形から脱落していく階層が出て、社会が（雇用を中心として）身分化する、新しい形の身分社会になっているのではないか、というのが私の理解だった。しかし、それが数年経ってくると民主党政権も含めて政治が弱くなっているように見えるのだけども、第1次安倍晋三政権の時期に教育基本法が改正されて、教育政策は内閣や総理大臣とその私的会議がトップダウンで文部科学省に指示ができるような制度に変化した。「教育振興計画」が制度化されて、国家が教育の進め方で決定的な力をもった。

そして、第2次安倍政権になってからは、「道徳教育」が教科化される経緯も含めて、政界再編を含めた政治改革は、結局は首相官邸権力の強化だったのではないか、と考えるようになった。私にとって示唆的だったのは、待鳥聡史さんの『政治改革再考』(5)です。「日本型戦後社会システム」が根本的に立ち行かなくなって、国家が前景へと浮上するしかなくなった、という理解の方がすっきりとしたよい理解だと思った。このように考えるようになって、2005年以降の変化も、日本の総人口の減少が開始する2008年も、すっきりと位置づいた。日本という国家が後退する局面に強い国家が求められる形で3システムのカップリングの機能等価物となった、と理解できた。待鳥さんの説明は、日本社会が後退期であることと首相官邸権力の強化が連動しているという示唆はないのだけれども、「日本型後退国家」と名づけることで、様々な事態とその変化の整理が上手くできるようになった。

だから、国家権力の集中と日本社会の後退が同期化する格好で、2005年から15年すすんできた。だからこそ、第1次安倍政権からこの第1期が始まって、安倍政権の菅義偉政権への後退によって終わる理解でよい、と考えました。

これ以降の社会問題に関わる社会科学は、国家との関係の理解が重要になってくる。教育基本法の改正で国家が教育を自由にコントロールできるようになって、教育振興基本計画が学校に直に効果を及ぼす形になって、校長のリーダーシップがすごく強調されるようになって、教育が左右されるという形になっている。

他方で、相変わらずの生徒指導もおこなっています。「18歳成人」法が施行されるようになっても、学校では生徒を「子ども扱い」し権力を与えません、政治活動もさせません、というようなあり方が問題になってくる、と思っていました。教育において国家の力が強くなっている、そして、「子ども扱い」は相変わらず。その一方で、高度消費社会の子どもは「お客様になっている」という緊張をはらむ問題をどうするのか、ということが学校教育の課題として重要になってくる、と思っています。前述したように、学校が教育を発動するために「子ども概念」が不可避だと考えることを否定したい。その年齢にふさわしい権力をもつということが重要だと思っています。学校における、いわば、「シティズンシップ」がなければならない。その問題をちゃんと位置づけた形で中等教育は再編される必要がある、と思っています。どのように児童・生徒に自分たちの学校生活を豊かにすることに関わることができるような場に変えるかが、中等教育再編すること上で最も重要な課題だと考えるようになってきた。

宮盛：中等教育問題へ教育政策的に焦点化されていく、というのが、私たちの仕事でいうと、教職課程の中で、生徒指導や進路指導、あるいは、道徳教育が再編されていく、という形で具体化されているわけですが、それは昨日今日に始まったのではなくて、この30年ぐらいのスパンで見た時に徐々に変わってきた、という、浅川先生の議論でいえば、2005年ぐらいを境として変わってきている、ということなのですかね。

浅川：そうです。すごく面白いことに、やっと最近気がついたことがあります。「18歳を市民に」という教育運動は、高生研（高校生活指導研究協議会）のキャッチフレーズです。ここまで日本の高校教育は、高校生に結局受験競争させることしか考えてこなかったのだけれども、佐藤学さんが昔から言っていたように、学びからは逃げ出している(6)。だから、することもなくて、「いじめ」をしたりとSNSとかで良くないことをしたりとか。結局、自分たちの生活を、世の中を変えられるという実感が持てないまま土井隆義さんが言っているように、「宿命を生きている」(7)。人生に「諦念している」わけだよね。諦めている。自分たちは何もできない今が一番幸せだという感じで。その問題は、学校における生徒自治の問題でもあるわけだけれども、ここ30年ぐらいの問題（学生運動が下火になってから）というよりも、実は根が深い問題なのではないか、と気がつきました。

敗戦後の生活指導の系譜からいえば、二つあるのだけど、片方しか注目されていないということにも気がつきました。一つは敗戦直後の無着成恭さんの「山びこ学校」などの生活綴方の系譜がある(8)。そこに一時注目が集まったけれど、途中で廃れ、1950年代の途中で「作文教育」に変質した。もう一つは、1950年代末に「特設道徳」に対抗して、「全生研」（生活指導研究協議会）が加わり、これが現代までつながる。

だけど、小玉重夫さんが『教育政治学を拓く』(9)で書いている京都市の旭丘中学校事件のように、生活綴方の系譜以外に、敗戦直後の学校自治会がすごく盛んだった時期、高校の生徒と先生たちが食料危機の時に芋を校庭でつくってみんなで民主的に分配していたとかの系譜がある。ここに、再度注目する必要があると思うようになった(10)。戦後の混乱期に、戦前は「日本のために死ね」とかって言ったおとなが、敗戦後に急に親米になる。子どもから見たら「手のひらを返す」。このような「おとなを許せん」と思うようになって自治的に学園をつくろうとした、ということを。これが、「全生研」の生活指導から生活指導が始まったと考えると、過小評価されているのではないだろうか、と。教員がつくり出す生活指導による「自治」とは別の、学園自治には深い水脈があるのではないか、と考えるようになりました。

学園自治を抑えこむ形で日本の進路指導、その核は競争的な中等教育が成立したわけだけれども、それが終わる時期だからこそ、「校則を自分たちで決める」というような自生的な学園自治の問題が位置づくのではないか、と考えるようになってきた。だから、生活指導には二つの水脈があると考えるのが正しい、と思った。生活指導的な教員による「集団づくり」が困難な時代だからこそ、自治的に学校を運営するという水脈が60年経って再浮上しているのではないか、と。競争的な受験体制の弛緩が一番大きいわけだけども、その中で自治を身に付けていく、市民として生きる、と考えた時の学校という場の重要性がある、と考えたのです。その意味からいえば、生活綴方の系譜は「探究」という形で再起しているのではないか、とも見える。

宮盛：それは、新自由主義をふまえていうと、新自由主義は経済至上主義なわけで、人間というものを複数から個へと徹底的に分解したのですが、それの行き過ぎた結果としての揺り戻しとして、今までとは違う形で主権者が自覚されてくる、というか、いまの浅川先生のお話でいうと、戦後初期の議論と重なる形で新しい主権者が出てくる、ということなのですかね。

浅川：そうそう。新自由主義の行き過ぎは、孤立とかいろいろなものを生んでくるのだけどね。それを防ぐために、「他者との探究」が必要になってくるという問題が入ってくる。そのためには、もう一度自治を取り戻さなければいけないということになっている、と理解したわけです。だから、60年間の空隙があるわけだけども、「日本型戦後社会システム」第１期の生活指導の二つの源流が、「日本型後退国家」第２期になって、もう一度浮上してきているのではないか、という見立てになったわけです。長い間、「競争をしなさい」・「あなたたちは子どもなのです」と言われ続けられたことが特定の時代の産物だとわかった。同時に、「主権者教育」・「18歳選挙権」も含めて学校に入ってきた時に、「18歳成人」も本気ではなく、「犯罪」の責任を取らせたいから「法教育しましょう」というような偽物を超えた生徒に「自分たちが主権者であることを探究し、実践させる」ような教育の必要性があり、それを受け入れる生徒もあらわれてくる。それが、例えば、「高校生議会」実践をした時に、この実践を自分のものにする生徒たちとつながっているように見えるわけです。

宮盛：それは、非常に重要な指摘だと思います。つまり、教育政策の展開はあるのだけれども、それを乗り越えていこうという教育実践がやはり築かれている、と。しかもそれが、急に浮上してきたわけではなくて、むしろ戦後教育史の中での教育実践を丁寧に見ていくと、かつてあったような教育実践と重なるような形でまた出てきている、という指摘はすごく重要だと思います。

浅川：先生のまとめた通りです。枯れない水脈が、地下水脈みたいなものが、多分あるのだろう、と思いました。それで高知県の「全校スト」をやった事例とか、「旭丘中学校事件」とか、北海道だったら深川西高等学校の自主的な学校運営の資料を集めた。読み進めたらわかったのが、「自分たちのことを自分で決めたい」ということが要求の核でした。特に重要なのは、生徒の「懲戒」事案でした。「生徒を学校から追い出すかどうかは、生徒が決めるべきだ」というテーマでした。となると、校則を含めて、自分たちの「メンバーシップ」みたいなことを、「ちゃんと自分たちで考えたい」という願いみたいなことが、長く眠りについていたテーマだけれども、学校の競争システムが弛緩すると、やっぱり浮上するのだな、と思いました。そこのところを突いてやればよいな、と思いました。

現在、校則を緩めることになってきているのだけれども、北海道の教育委員会は消極的な扱いです。文部科学省は、「校則をそれぞれの学校で決めていい」と言っているが、それを生徒に考えさせることはさせず、水面下で校長と生徒指導部の教員で、校則の中から「ブラック」と指摘されそうなところに変えているそうです。生徒に、「自分たちで変えてよい」と提案し生徒に考えさせようとはしないところが多い。札幌市もそうなのだけれども、北海道でも地方になると、生徒を活性化する非常によいテーマだと考えて、校則見直しを生徒たちでやりなさい、と提案することが、市民教育の第一歩として位置づく学校もある。主権者の教育を考える時の「主権者」は、「地域の」ではなく、まずは「自分たちの社会を変えましょう」となる。つまり、学校の校則を生徒たちが見直すというのは、自治づくりの第一歩だと位置づけることが必要だ、と思った。だから、この実践をおこなう学校に関わりたいと思っています。

生徒が「自分たちには力がある」ということを一番実感できるのは、校則を見直せることだと思います。「学校の中に自販機を置くことができました」とか、それは「先輩たちが頑張ったからなんだ」とか、些細でもすごく重要だと思う。小さな一歩なのだけど、生徒たちにとっては、「何にも動かせない」と思っていた世の中が動き出す一歩だからね。

宮盛：それは大変に重要だと思うんです。つまり、子どもたちが自分たちで変えられる、ということを実感できるのは、すごいことだと思うんですよ。大きな視点から見ると、社会は変えられないと思っている青年＝若者は多い。しかし、それは、小さい頃から自分の周りの自分に関わることを真剣に議論をし、提案をし、潰されることがありながらも、しかしまた変えていく、というような経験をすることは、その後の社会をどうつくっていくのか、という意味において、大変に重要な意味をもつと思うんですよね。

浅川：そう。小さな一歩なのだけれども、大げさに言えば、「人類にとっては大きな一歩」なのだ、そのようなノリの一歩なのです。だから、校則を改変するとか、苫小牧市のウトナイ中学校は校則を廃止した中学校で、校長のリーダーシップで実現し、生徒がそれを受け止める形なのだけど、生徒が校則の改訂にもっと関与した事例の研究がしたい、と思っています。

しかし、場面を変えて、スマートフォンの利用に関する問題で同様のことを考えることもできる。「ペアレント・コントロール」や「フィルタリング」が問題になっているけれども、親や教育委員会がそれを指導しても、生徒にはそれは全然効かない。スマートフォンの「適切な利用」で「うまくいった事例」は、生徒会での議論案件にしたり、生徒が自主的に「自分たちの使い方」について考えて、決めるようにしたりしたところだけです。それは、生徒がスマートフォンを寝るふりをして布団中に持ち込んでしまえば、好き勝手に使用できるから。だから、生徒たちの中に、自分たちでスマートフォンをどう使うかというのを考えてもらって、大げさに言えば、「自分たちの条例」を考えてもらい、それを教育委員会で保護者も含めて認めてもらう形で、「地域条例」をつくった事例があるのだけども、そこはうまくいっている。「生徒自治」の活力をちゃんと引き出していかない限りは、子ども自身も一人では何もできなくなってきている。まして、おとなにその能力はない。おとなの言うことに黙って従っていても、よい社会はやってこないのだから。どこにもないわけです。これから先の日本社会は「右肩下がり」で落ちていくだけです。だから、行き先や生き方を児童・生徒に考えてもらうしかない、と思います。

このような話（子どもに自分たちの生活の善さを探究してもらい実現する）を、ずっと考えていたのだけど、芽室高校との高校生懇談会の関係で、芽室町議会を訪問して町議会議員の人たちと話をする機会がありました。議員と議論した際に出てきた話が、次のようなものだった。

「民主主義ってどんな時に必要か、浅川くんどう思うかい」と聞かれたから、私は「民主主義っていつでも必要だと思います」と答えた。そうすると、「違う」と返事がかえってきた。芽室町議会の議員たちが必要としている民主主義は、「地方交付税が少なくなって、予算がなくなって、町民で利害が対立する、それに備えるためなのだ」と言っていた。「小さくなったパイを、創造的に分け与える妥協をするための議会をつくらなければならない」、そのための議会改革だとの話でした。「議会モニター」という制度があって、これは町民からくじ引きで当った人を集めて、町に対する議論をしてもらい、そこから不満を引き出そうという試み。それを議会が率先して制度化し、議論してもらっている。すなわち、「厳しい（より厳しくなる）環境だからこそ、民主主義は必要だ」という議論をするわけです。

この話を聞いて、唸りました。困難な時代の民主主義の必要性の話なのです。それを敷衍すれば、これまでの日本社会に民主主義が必要なかったのは、「豊かだったから」だと、相対的にいえば。だから、今後は北海道には絶対、民主主義が必要ではないかと思ったわけです。しかも子どもの頃から、「創造的に妥協」するためには、相手のことがわかっていなければいけないし、こちら側の要求も理解してもらわなければいけない。

このように考えると、「全生研」が昔掲げていた「学級集団づくり」実践における二つの原則、一つは「自分の意見をちゃんと言う」ということ、もう一つは「相手の意見をちゃんと聞き、議論を通して合意に至ろう」という「全生研」の「学級集団づくり」、民主主義づくりの議論に重なる。この議論は、宇野重規さんの『民主主義のつくり方』[11]の中にまさに書いてあることなのです。中等教育における広い意味での生活指導実践の方法論と、宇野さんの民主主義のつくり方は同じことが書いてあるように読めるわけです。「創造的自治」や「創造的妥協の仕方」の議論です。そのためには、他者をよく知らなければならないというような話が出てくる。バーナード・クリックの「シティズンシップ教育」の議論とも完全に重なる。「政治づくり」と「学校づくり」とは同じだな、と思いました。学校でいってみれば、「小さな自治体」をつくるみたいな、そんなイメージが中等教育の再編の課題なのだと思っています。「日本型後退国家」だから求められるのだ、と。これが成長段階の国家だと必要にはならない。とりあえず、次の学校や就職先に送り込めばいいわけだから。でも、これからはそんな楽な話はないのだから。

宮盛：いま、浅川先生のお話を納得しながらうかがっていたのですが、例えば、小玉重夫先生でいうと、新しい福祉国家の再編に伴って、それに対応するシティズンシップ教育が必要だ、という、そういう議論の仕方をすると、教育というのは、政治に従属する関係になる、と思うんですね。それに対して、浅川先生のいまの議論は、教育と政治の関連は問題としながらも、教育が政治に果たすべきこと、政治が教育に果たすべきこと、という両者を循環させながらとらえようとする、という教育実践がいま起きている、ということだったんですね。

浅川：そう、起きています。小玉さんの言う、新福祉国家という目標への包摂よりも、私は北海道にいるので、現在すでに露わになっている悲惨な状況で、地域社会が縮退するとかを前提に考えています。札幌市の隣の喜茂別町があるのですが、この基礎地方自治体の首長が、町が貧しくて町を自主的に運営していられないから解散してしまおう（「自治体じまい」）、という話を新聞に書くような場所なのです(12)。だから、もう縮退は目に見えているわけです。その中で、若者が逃げ去らないで、「ここで何か新しいことできないか」と考えて、踏ん張ってもらうためには、学校自身が新しい地域民主主義をつくる場所、学校自身が民主主義の学校になるしかない、と思います。「地方自治は民主主義の学校」だというけれども、私は学校が「民主主義の学校」になるべきだ、と思います。だから、私は、北海道は危機的だからこそ、「高校生議会」実践に対しても議会事務局などが非常に協力的なのだ、と理解しています。先進的な実践なのではなくて、危機感の産物です。つまり、基礎自治体も含めた地域社会の後退の備えをしているのだろう、と理解をしている。

現代の日本が「日本型後退国家」であると、しっかり理解できていなかったのだけども、待鳥さんの議論を読んで以降、社会システムのカップリングがうまくいかなくなったからこそ矛盾を深めて、国家が前面に出るしかなくなった、と考えて納得がいくようになりました。そのため、教育政策を強くコントロールするしかなくなり、それが翻って、中等教育の問題・課題を激発させている、と理解しています。

(3) 教育の分析概念としての「ニクラス・ルーマン」と「ドイツ教育学」

宮盛：続いて三番目の話題ですが、浅川先生のご研究の特徴は、教育社会学的な調査研究を基盤としながらも、それを分析する際の概念に関しても非常に自覚的だ、というところにあります。そこが一般の教育社会学者とは決定的に違うところだと思いますし、浅川先生の教育学の魅力でもあると思うわけです。特に、ドイツ教育学について、ニクラス・ルーマンなどをはじめとしてお話をいただければ、と思います。

浅川：はい、ありがとうございます。私の理論研究の中では、ニクラス・ルーマンが最重要なのです。私の研究形成史にお付き合い下さい。

　私が北海道大学教育学部で所属したのは、教育社会学の研究室でした。布施鉄治先生が教授でした。この方は、教育学部に所属していても、「教育のことは考える必要はない」と思っていた方で、調査を基礎にした社会学のことだけを研究していました。私は大学院時代に、マックス・ウェーバーを読んで、ユルゲン・ハーバーマスを読みました。大学院の博士課程の３年を終えたちょうどその時に、転機が訪れる。浅野慎一先生という助手の方がいたのだけれども、その方が神戸大学に助教授で転出されることになった。研究室は大規模な実態調査を中心に動いていたのですが、その時代に大学院生はたくさんいたのだけれども、調査の設計や設営[13]ができる院生がいなかった。私がそれをできるということで、「残りなさい」という話になった。私は所属する研究室に居続けたくなかった。しかし、他の大学の公募に応募したいと思った場合に、推薦書を書いてもらう必要があるわけだけども、「お前には推薦書かないよ」、と言われた。それで仕方なく、助手で残ることにした。

　そうなったから、社会学という学問領域に住み込む形で研究生活をスタートさせました。私は、元々、小林甫先生に師事していて、卒業論文から修士論文は、自動車産業の製造ライン職場の労働と労働者研究や電機産業の「無人化ライン」職場の労働と労働者研究をおこなっていた。そのため、社会学全般ではなく、労働経済学や労働社会学で初期の研究をつくっていた。小林先生が教育学部を転出されてからは、職場研究を続けるのだったら、教育学部の別の講座（産業教育）に移ったほうがいいな、と思っていた。教育社会学講座に所属するのであれば、そこで職場研究を続けるのは、学部の構成として変だって思っていた。それで産業教育講座に移りたいと思っていた。そこで、産業教育講座の鉄鋼労働研究に参加したりしていた。しかし、結局それが成就することがなくなって、職場研究を店じまいすることにしました。

　他方で、社会学の勉強はずっと続けていました。就職する少し前に、ハーバーマスを（その当時で翻訳されていたものに限定されるが）大体読み切って、次にピエール・ブルデューを読み切った。就職後は、グランド・セオリーに興味をもって（給料がもらえるようになったため本が自由に購入できたこともあって）、タルコット・パーソンズに戻って、1930年代の『社会的行為の構造』[14]、『社会体系論』[15]などをずらっと読んだ。アンソニー・ギデンスも読み終え、残るはニクラス・ルーマンだけだな、と思っていた。

ちょうどその時期に宮台真司さんの『サブカルチャー神話解体』[16]という書籍を読んだのですが、この中で、「人格システム」とサブカルチャーの「文化システム」のカップリングを対象にして、サブカルチャーの同時多発的な問題構成をシステム論で議論しておられた。それがすごく面白い、と思いました。宮台さんを興味の入口に、ルーマンの「システム論」の検討を始めるようになりました。だから、私がルーマンに興味をもったのは、宮台さんの研究に触発されたところが大きいと思う。他方で、個人的にサブカルチャーが大好きだから、問題意識をずっともっていたということも関わっている。

そこからルーマンをずっと読んでいくことになった。この、いわば、趣味の読書としてのルーマンが、北大教育学部において「教育学」本体に近い仕事をしなければならないようになった時に深入りすることに関わってきた。それまではルーマンを読んでいたけども、社会学者としてルーマンを読んでいた、と思う。産業教育講座で職場研究をやり続けるという可能性がなくなった時点で、北大教育学部の中で講座所属とは別により直接的に教育学との関係を整理しなければならないと思うようになった時に、「自分はどうすればよいか」をすごく悩むようになった。

それから少し遅れて、田中智志さんや山名淳さん、今井康雄さんが、ルーマンやドイツ教育学の研究成果の発表を始めた時期と重なっていた、と思う。『人間教育論のルーマン』[17]を読みながら、教育学の側からルーマンについて勉強し直していった。だから、僕のルーマン理論の本格的な受容は、趣味として読んでいた社会学のルーマンからというよりは、ルーマンのシステム論の中に教育学を発見することから始まった。社会学者が教育を対象にするというスタンスで、教育社会学は教育に接近するわけだけれども、ルーマンの理論に媒介される形、ルーマンの「教育システム」についての理論で書き足りないと（私が考える）ところを考察する形で、教育学との関係が形成されることになった。これには、（北海道大学の）全学教育課程で「教育学入門Ⅰ」の講義をおこなうことになり、広田照幸さんの『ヒューマニティーズ　教育学』をテキストにしたこととも関わっている。

広田さんの教育の定義では、教育は「他者の学習を組織化する働きかけ」[18]となる。この「働きかけ」が他者に「受け取られる」蓋然性をどのように担保するのかというところで、もう一歩進めるために何が必要かを考える議論がいると思う。そのために、ルーマンの「システム論」で重要な位置を占める「メディア」の問題がでてくる。働きかけの受容は難しい。「働きかけ」がスムーズに「受け取られる」。その偶有的なものを非偶有的なものにするのがメディアの問題で、それをきちんと扱っているのがルーマンだ、と私は思った。ところが、『人間教育論のルーマン』を読んでも、メディアに関する議論がうまくいっていないように感じられた[19]。

ルーマンは教育のメディアは、当初、「子ども」であると議論している。後には、「経歴」になる。それを私は、「ピントがズレている」、と思っていた。その辺から、『社会の教育システム』[20]の読み直しを始めていった。「教育学入門Ｉ」の講義内容の整理が重なった。講義の必要性が詰めて考えることを私に課すことになった。それで私は、広田のテキストの教育の定義を、大学の「講義という出来事」を具体例として説明することに挑戦し、教育の「他者の学習を組織化しようとする」働きかけというとらえ方に、ルーマンの「心的システム」とのカップリングの議論を組み合わせて考えようとした。他者側からの働きかけ（との「コミュニケーション」）が「心的システム」とカップリング可能な条件を考えることになった。そして、結論的には、カップリングのメディアは「（バーチャルな）欠如」なのではないか、と考えることにした。この考え方からすると、「子ども」というメディアとは、「自分には何かが足りないと思っている」という「欠如」と、働きかける側には「子どもには何かが足りないと思っている」という「欠如」がカップリングのメディアになっている、と考えることができる。だから、「（バーチャルな）欠如」がメディアなのではないか、と。

「子ども」メディアとは、「おとなと比較して欠けている」という理解なのだと思った。「経歴」メディアは、「自分の生活の理想とする豊かさに欠けているもの」という理解なのだと思った。だから、その「欠如の具体性」が教育に偶有性を克服する、確からしさを保証する程度に関わるという形で、ルーマンの「システム論」に教育という出来事を内包して理解することができる。このことで、「教育学入門Ｉ」を社会学の応用ではない形で展開できる、と思いました。

だから、最初は、「教育学入門Ｉ」を社会学の応用分野としての教育社会学に関する講義でお茶を濁すことになってしまうのかと思って、だけど、それだと教育をちゃんと理解したことにならないと思っていた。自分には教育学の講義はできない、と。しかし、ルーマンの「社会システム論」と田中さんたちの書籍を読みながら、広田さんのテキストを補う形で、教育学を自分なりに構築できる、と考えることができるようになった。

先の教育メディアとしての欠如に関する議論や、教育に内包される時間的な次元を重要視することなどの、教育学の基礎理論に抜けているのではないか、と自分が考えていたことをどのように理解するかを考える、探究するというスタンスをとることが可能になって、初めて自分には教育学の講義ができるのではないか、と思えた。だから、私はルーマンの社会システム論の中に、自分の教育学を見つけた、みたいな形で考えています。自己意識としては、社会学の対象や応用として教育学研究をしていないつもりです。

宮盛：北海道大学教育学部の教育学は、近代教育学の発想が非常に強いと思うのですが、例えば、子どもの発達と言った場合、心理主義的な発想でとらえてしまう。しかし、浅川先生は、子どもの発達をとらえる際に、ルーマンを導入することによって、子どもの発達を社会的な視点からとらえなおす、という、ある種の近代教育学批判を自分自身の研究の論理に内在的なものとして受容した、ということになるんですかね。

浅川：そう。だから、私は、いわゆる、「戦後教育学」の系譜には位置づかない。社会学畑で、ルーマンの社会学から、「教育というあり得なさ、働きかけ」がどのように「受け取られるのか」、それが「どのように確からしさに転化するのか」というしくみそのものが重要だと考えます。だから、「発達論」にも否定的です。「生成論」の立場をとる。人は「(バーチャルな)欠如」をどのように埋めていくのかで、具体的にどんどん変わっていくものとして理解するしかない、と思っている。

宮盛：そうした時にもう一つおうかがいしたいと思うのは、教育学が成立するかどうか、という問題はあると思うんですね。それは、結局、教育学は他の学問の後追いみたいなところがあると思うんです。哲学の後追いだし、心理学の後追いだし、社会学の後追いだし、みたいなところがあるわけですけれども、しかし、哲学者、心理学者や社会学者が教育を語っている時の教育というのはそれは対象でしかなくて、教育学者が語るような子どもたちがいきいきと地域の中で生きているということがなく、非価値だと思うんです。だけれども、教育学というのは、ごく日常の当たり前のように思われるところに価値を見出して、そこのところを何とか理論化して説明しようとする、というふうに思うんです。その点はいかがですか。

浅川：その通りだと思っています。ルーマンを援用すると、教育学は「教育システムの作動の自己観察」と、「教育システムの作動」を「学的システム」が観察する「教育(科)学」の二つの観察として理解することになる、と思います。だから広田さんはウォルフガング・ブレツィンカの分類を援用して、教育学の「知」の理解と記述を試みます。実践的教育学は「教育システムの作動の自己観察」に対応し、教育科学は「教育(科)学」になる。だから、教育学の構成に関する理解は、この根源的に区別される二つの観察の関係問題になります。ルーマンのシステムの観察に関する理解を前提にすると、ブレツィンカの議論にならざるを得ない。「実践的教育学」と「教育科学」との関係を生かす形で理解する、という話にならざるを得ない。このことは、「教育学入門Ⅰ」の講義で学生と議論をしていると、ブレツィンカの「実践的教育学」と「教育科学」という知のあり方の違いを、具体的な学問の領域として誤解するということが、私にとってすごく重要な気づきになった。「教育社会学は教育科学に入るんですか」という話になる。違う、と答えます。教育社会学の内容に関わって科学的知が問題になる時と、それを講義する際に動員される実践的教育学の知、この両方の知の問題が同時に問題になる、と。比喩的にいえば、『ヒューマニティーズ　教育学』の「はじめに」の図1(田中智志さんが作成)[21]の学問領域の、いわば、「テリトリー」の図は、「実践的教育学」と「教育科学」の「知」が三次元にあるものを、強引に二次元化して分類したものだ、と考えられる。

さらに原理的に考えると、教育は、無

理な押し付けを相手に受け取ってもらうための構造や関係の中で生じている。それをいかに意味のある形で豊かな生活のために実現するのか、という議論でしかない、と思う。だから、教育という営為は、「実践的教育」と「教育科学」の間で「知」を往還するさせるで、何を先行世代から後続世代へのコミュニケーションとして「意味をもち得るか」という問いを探究することそのもの、このような教育哲学的問いを内包する、と思っています。教育学の発展は、専門領域のさらなる展開や充実の問題ではない、と思う。例えば、私であれば、「教育学入門Ｉ」という講義をする時に、議論される問題とその質としてしか教育哲学の問いは出現してこない。だから、下司晶さんの教育哲学の「自由電子」という例えはよくわかる[22]。どこにでも存在し、「これでいいのか」という問いを拓く。教育の哲学はそのようなものだと思う。

宮盛：そうすると、教育という概念は、関係性の概念だと思うんですね。実体ではないと思うんです。だから、あらゆるところに教育があるというか、教材とか学習とか教師とか授業とか学校とかを並べれば教育になるわけではないんですよね。

浅川：そう思います。私であれば、元々が社会学志望だから、教育という事柄が社会の陶冶構造の中で問題として意識される。現在であれば、受験教育という社会的な陶冶構造が、「競争の陶冶力」が効かない中で、どのようなことが生じているのかが意識される。だから、歴史社会学的意味での社会構造が、人をある形に自己社会化させていくダイナミズムの中で、学校という組織化された陶冶の問題がどのように位置づくか、という議論が軸線にくる。そこで問わなければならないのは、先行世代と後続世代の関係性の問題だと思う。

教育目的論では、ハンス・ヨナスの議論が重要だと思う。「未来への責任」が今後の教育学の最も大きな課題になる、と思う。広田さんの『ヒューマニティーズ　教育学』では、ジョン・デューイとフリードリヒ・シュライエルマッハーが議論されるが、シュライエルマッハーがヨナスの議論と重なる、と思う。後続世代の先行世代への批判の自由度の高さが教育にとって決定的に重要になった、と思う。この批判が自由におこなえるようするのが教育哲学の任務だろう、と思っている。

宮盛：しかし、それは、例えば、学校教育の問題でいうと、子どもたちができることにすごくこだわる、というか、間違えるということに対してすごく拒否的な反応をとることは、それ自身がもう教育でないんだ、ということにもなるんですよね。

浅川：その通りです。

宮盛：教師が発した問いに対して、そもそもそれは教育的な問いなのか、ということを問うこと自身も含めて、教育になっている、というように理解するべきだ、ということなんでしょうね。

浅川：だから、１＋１は２になると教員が言った場合に、「なぜ」、と聞く子どもに、「どうして２にならないと思うの」、というところを一緒に考えていく。「みかんとりんごと足して何で２になるのか」、ということへの説明は難しいですよね。

「みかん」と「りんご」という違うものを等価に「1」とするというのは、どのような意味なのだろうということを子どもから突きつけられて、教員が考えることも含めて教育だ、と思うわけです。だから、後続世代には教育に対する拒否権が含まれていてよい。先行世代がよいと思っていることをコピーさせ、しかもそれを下手にコピーするしかないなんて、絶対に教育と呼べない、と思っている。後続世代からガンガンに批判されて、それでも残ったものが子どもに伝わるものになるのかもしれないなあ、という考え方がよいと思う。実践的教育学の知は、教育科学を理性化する要だ、と思う。だから、広田さんも書いているけれども、この二つは相補する構造として理解するべきです。

講義では、自分の教育科学の力と実践的教育学の力と、同時に何が正しいのかを問う探究力が試されている、と思っている。だから、学問を講義しているけれども、同時に、実践です。そこが教育学の面白いところだ、と思っています。

それで、ルーマンの話に戻ります。よい社会学者は議論の中に必ず教育学が入っている。エミール・デュルケームだったら、第三共和制の非宗教的な世俗化された道徳教育の基盤は如何に可能か、という議論をする。ハーバーマスは、道徳的発達論のローレンス・コールバーグに対して、コミュニケーション的合理性の観点から、多視点からのパースペクティブの自己社会化が道徳形成に重要だ、という説明をする。その意味で、コミュニケーション的合理性の議論は、非常に教育学的です。ルーマンはどうかと考えたら、二つの点で関わっている。

一つは、道徳的コミュニケーションは近代社会のシステムの分化の中で取り残された領域である、という理解です。近代以前は、宗教システムが包括的なシステムで、道徳的コミュニケーションも取り込まれている。近代社会システムが経済システムや法システム、政治システムなどに分化していった時に、道徳的コミュニケーションは取り残されたコミュニケーションの領域である。システム未満であるとして、どんな性格をもっているか、という議論をする。言い換えると、近代社会において、道徳教育が強調される時代はどのような時代なのか、を説明することになる。だから、第2次安倍政権が道徳教育を強調している現代とは、法システムと政治システムが実質的に空洞化している時代だ、と診断できる。戦前の日本において「国体」が重要になった理由は、政治システムが未分化で参加できず、法律が天皇の「大権」のもとで機能してないから、道徳が必要になる。すなわち、近代システムの機能が果たせないから、道徳的に国民を陶冶するしかなかった、と理解できる。この議論を援用すれば、第2次安倍政権が道徳教育を重視するしかないのは、「日本型後退国家」になって社会システムが機能低下していることを証明している。だから、道徳教育に頼らざるを得ない。でもそれはうまくいかない。その説明がルーマンのもう一つの議論になる。

ルーマンが考える道徳的コミュニケーションは、「善し／悪し」についての判断で、人を「尊敬できる／軽蔑の対象か」を区別することで、人びとを総合する機能を果たす。道徳教育がおこなわれる教室において、子どもがある道徳的なテーマにコメントすることは、自分が「非道徳的な人間であるかもしれないこと」を曝す可能性につながる。だから、うかつにコメントできない。子どもは、絶対、教員や全体の雰囲気を忖度せざるを得ない。このような説明が可能なのが、ルーマンの道徳的コミュニケーションの議論です。

このように、ルーマンには道徳教育論に必要な議論で最も重要なことが入っていると思っています。このように考えて前述したように、よい社会学者は教育論をもっているな、と評価している。だから、私にとってルーマンのシステム論は、教育学を包摂している、と思っている。教育において「欠如」についての理解、時間化の理解、生成の理解、道徳的コミュニケーション機能と意味、近代社会において道徳教育が強調される時代の理解などは、ルーマンの「システム論」に包摂されている。その意味で、ルーマンを応用しているというわけではない、と理解している。直接議論しているわけではないから。自分が理解する中で見出した発想だ、と考えています[23]。

ところで、ドイツ教育学が重要だと考えるのは、私の研究キャリアにとって本卦還り的な意味もあります。

宮盛：どんなところがですか。

浅川：私が職場労働問題研究からスタートしたということが関わっているのだけれども、ドイツには、「経営協議会制度」がある、「協働決定」などの。民間企業であっても経営決定の最高機関は三つの代表で構成されている。行政代表、労働組合代表、そして経営者代表という三つの代表が協議で企業経営をする。歴史的には、第二次大戦後にナチスドイツの政治体制を変更する最大のものの一つ。だから、協議をするというか、コミュニケーション的行為の実践。ハーバーマスの理論の下敷きは、ナチス・ドイツの全体主義の否定と密接に関わっている。自治組織を非常に重んじているということが、ドイツ教育学の議論を支えている。道徳教育においてもこの精神が関わる。学校が協働決定で運営されている[24]。生徒代表に教員代表に公共代表が運営する。例えば、学校で「いじめ」のようなことが生じたから、「いじめ」を受けたと主張する生徒が上級生の訴訟代理人みたいな人にお願いにいく。そこから第三者も入れていろいろ議論して、みんなで話し合ってどう対処するのか、を決めている。だから、ドイツの協働決定の社会構造がコミュニケーションの「うまくいかなさ」に対応し改善することに資する社会学・教育学を考えることになったのだろう、と。私がハーバーマスやルーマンの引力に引き寄せられるのは、この労資関係の自治や労働者の自治、それこそ熊沢誠先生の職場の民主化のための三要件（「ゆとり」・「仲間」・「決定権」）をどう日本で具体化するのか。このことが、私がドイツに惹きつけられる理由。これが私の研究の地下水脈です。

例えば、ドイツには、学校に部活はない。社会的な自治組織の中のいろんな分野の、社交の場としての共同クラブに生徒も参加する。午前中しか学校には行かなくて、午後から生徒は共同クラブに行って、自由な活動をする[25]。だから、民主主義が全体主義に転化しないために何をするのかを考えた時に、自治的な決定組織をどのように構築し強化するか、という話になる。それを理論化する社会学・教育学の強さの秘訣だ、と思う。

このような議論を立てる理由は、日本の民主主義の弱さをどう克服するか、来るべき全体主義をどう防ぐのか、ということが非常にすごく気になっているからです。

宮盛：なるほど。いま浅川先生が言われていた、民主主義の弱さをどう克服するか、という課題は、まさに教育の中心的な課題ですよね。

浅川：そうです。学校の民主主義を実践するために克服が迫られる一番の課題は、生徒と教員の権力の非対称をどう克服するかだ、と思う。そこを垂直的な関係ではなく世代的コミュニケーションだと理解する、というアーレントの議論が重要なのは、その理由だ、と思う。ここまで私がした「散らばった議論」は全部つながってきた、と思っています。つなげて理解しなければならないほど、日本の後退が進んできたからだ、と思います。中等教育を違う形に変化させなければならないという圧力が、私という経験の入れ物を通して、意識されているということだ、と思います。

おわりに

浅川：2021年度で定年退職を迎えるにあたって考えたことは、強いられてやったことに意味があることが多い、ということでした。自分の周りの他の大学教員は、自分の好きな専門研究をしている。でも、私はそういうことがなかったから、必要とされたことをやってきただけです。それらの研究は全部自分からすすんでやってきたわけではなくて、いわば「呼ばれて」やった研究です。それらに意味があることがだんだんわかってきた。だから、「好き」だけで研究したらダメなのではないかというのが振り返っての気づきです。逆の言い方をすれば、「好きな研究をしない」ということが、研究を深める妙味なのではないか、と思って。だから、強いられたで何かを見つけるってことが、実は重要だと思う。

宮盛：でも、それはわかります。自分のやりたい研究もあるんだけれども、大学の中での自分のポジショニングというか、それをやらなければいけない、という、最近では課程認定のために研究業績をつくらなければいけない、ということがあると思うんですね。その中で、やっていくと結構面白いなぁ、と思うようなこともあると思うんですよね。私も、生徒・進路指導論や職業指導科教育法という授業を担当しているのですが、働くということについてはほとんど興味・関心をもたないできましたが、いろいろな関係から担当することになったんです。

浅川：似たもの同士だね。

宮盛：やると結構面白いな、と思ってきましたし、乾彰夫先生・児美川孝一郎先生、そして、浅川先生のご研究に学ばせていただいたわけですけれども、学生は、キャリア教育といえば、生徒たちのキャリア意識をどう高めていくか、ということに興味・関心をもつわけですけれども、私は、授業の中で、こういう社会構造の中で青年＝若者の働くことが成り立っているんだということ、つまり、社会の視点から徹底して見てみましょう、と話をしているんです。

浅川：正しいですね。「自己社会化」というか、「自分で自分をつくっていく」その外側の社会的な陶冶の構造の問題が視野に入らなければいけない。子どもたちは、「自分で自分をつくっていく」から、その外側。教育として介入するわけだけども、その正否は外側との関係で決まってくるから。だから、キャリア教育は最初からうまくいかない。児美川さんが『キャリア教育のウソ』(26)で書いていた通りだから、絶対にうまくいかない。「キャリア教育」は理論としても破綻している。

ところで、今度、特任教授なのに、教職課程で「総合的な学習の時間の指導法」を引き受けることになりました。新しい学習指導要領の看板科目である「総合的な探究の時間」を。そのための勉強をしました。非常に面白い、ということがわかった。

具体的には、学生に地域探究をさせて、それを振り返ってもらう。探究活動は、札幌市の課題を学生に考えさせて、それももとに模擬請願させる。この模擬請願を市議会事務局の担当者に評価してもらう。「このような請願はダメだ」とか言ってもらう。このようなプランを考えました。

どの大学の開放制教職課程も、学生の履修のモチベーションが低いと思うのだけれども、北大生も低い。「免許さえ取れればよい」となる。極端な場合は、「労力ゼロで単位が取れれば、無限大に効率が上がる」、というコスパ志向に陥る。だから、そこに気の迷いを起こさせるにはどうしたらいいのか、が現在の教育課題になっています。

大学生が学ぶ意味を理解することは難しい。就職ぐらいしか動機づけがない。北大生も全く同じで、教職課程であれば10人のうち一人学ぶことに少し興味があればよいくらい。これは北大生が根っからの怠け者だからではなく、日本の社会構造が「学ぶこと」を必然化させる、自己社会化させる能力を失っているわけです。ここに象徴的なように、日本の危機は社会的な活力の枯渇の問題だと理解しています。

宮盛：今日は、本対話の底流にあるテーマである、「人材配分機能と進路選択」(27)について、実質的にお話をうかがうことができ、よかったです。また、私の北大時代の、浅川先生と毎日のように議論をたたかわせていたことを、昨日のように思い出すことができて、楽しい時間を過ごすことができました。ありがとうございました。これで終わりにしたいと思います。

〈注〉

(1) ハンナ・アーレント著，引田隆也・斎藤純一訳「第5章　教育の危機」『過去と未来の間　政治思想への8試論』みすず書房，1994年、参照。

(2) 熊沢誠「Ⅲ　戦後民主主義教育の検証　教室から職場へ」『働き者たち泣き笑顔　現代日本の労働・教育・経済社会システム』有斐閣，1993年、参照。

(3)「日本型戦後社会」という呼び方は、渡辺治・後藤道夫編『講座現代日本』全4巻，大月書店，1996-1997年、を参

考にした。各システム間の「カップリング」のあり方や考え方は、ニクラス・ルーマンの社会システム論を援用した。【浅川】

(4)「自民党システム」は、野中尚人『自民党政治の終わり』ちくま新書，2008年、から援用している。【浅川】

(5) 待鳥聡史『政治改革再考　変貌を遂げた国家の軌跡』新潮選書，2020年、参照。

(6) 佐藤学『「学び」から逃走する子どもたち』岩波ブックレット，2000年、参照。

(7) 土井隆義『「宿命」を生きる若者たち――格差と幸福をつなぐもの』岩波ブックレット，2019年、参照。

(8) 無着成恭編『山びこ学校』岩波文庫，1995年（初版は1951年）、参照。

(9) 小玉重夫「第一章　戦後教育の脱政治化」『教育政治学を拓く　18歳選挙権の時代を見すえて』勁草書房，2016年、参照。

(10) 小玉の言う「教育学的子ども・青年把握――保護と進歩のユートピア」の陥穽は、「政治的な問題」からの保護という意味と、「『良い生活とは何か』を足元から探究すること」（生活綴方的実践の真意）からの保護という意味の、二つにあるのではないか、と考えた。【浅川】

(11) 宇野重規『民主主義のつくり方』筑摩選書，2013年、参照。

(12)「人口減少社会の生き残り策――座談会」北海道新聞社編『七光星に輝きを　ニセコのキセキ・札幌集中のリアル』北海道新聞社，2022年，202-206頁、参照。

(13) 例えば、農協に行って、組合の専務理事などに、農協組合員の調査を可能にするような論理を考え出して説得し、実際の調査の段取りをつけて、調査員の教育をし、調査団を動かすようなこと。調査先が学校であれば、学校用のその一式のプランを立てて、実施すること。【浅川】

(14) タルコット・パーソンズ著，稲上毅・厚東洋輔共訳『社会的行為の構造』全5冊，木鐸社，1974-1989年、参照。

(15) タルコット・パーソンズ著，佐藤勉訳『社会体系論』青木書店，1974年、参照。

(16) 宮台真司・石原英樹・大塚明子『サブカルチャー神話解体　少女・音楽・マンガ・性の変容と現在』Parco 出版局，1993年、参照。

(17) 田中智志・山名淳編著『人間教育論のルーマン　人間は〈教育〉できるのか』勁草書房，2004年、参照。

(18) 広田照幸『ヒューマニティーズ　教育学』岩波書店，2009年，9頁。

(19) 今井康雄さんが教育をメディアとの関係にフォーカスして議論する理由はそこにある、と考えている。【浅川】

(20) ニクラス・ルーマン著，村上淳一訳『社会の教育システム』東京大学出版会，2004年

(21) 広田照幸「はじめに」，前掲『ヒューマニティーズ　教育学』，iv頁、図1（田中智志が作成）、参照。

(22) 下司晶「教育哲学　批判の後に何が来るのか？」下司晶・丸山英樹・青木栄一・濱中淳子・仁平典宏・石井英真・岩下誠編『教育学年報11　教育研究の新章（ニュー・チャプター）』世織書房，2019年、参照。

(23) いまからルーマンを読み始める方にとっては、赤堀三郎『社会学的システム理論の軌跡――ソシオサイバネティクスとニクラス・ルーマン』春風社，

2021年、が非常に参考になると思う。【浅川】

(24) ドイツの道徳教育は、基本的に宗教教育としておこなわれる。しかし、宗教的な背景からそれを受けたくない場合やカトリックやプロテスタント以外の宗教的な背景をもつ場合に、「実践哲学」と呼ばれる道徳教育がおこなわれる。ローラント・ヴォルフガング・ヘンケ編集代表, 濵谷佳奈監訳, 栗原麗羅・小林亜未訳『ドイツの道徳教科書――５、６年実践哲学科の価値教育』明石書店, 2019年、参照。「オリエンテーション段階」と呼ばれる11歳・12歳時に使用される教科書の翻訳である。【浅川】

(25) 高松平蔵『ドイツの学校にはなぜ「部活」がないのか　非体育会系スポーツが生み出す文化、コミュニティ、そして豊かな時間』晃洋書房, 2020年、参照。

(26) 児美川孝一郎『キャリア教育のウソ』ちくまプリマー新書, 2013年、参照。

(27) 堀尾輝久「教育とは何か」『教育入門』岩波新書, 1989年, 126-127頁、参照。

教育学・教育科学の構築に向けての覚書：対話を終えて

浅川和幸との「対話」の中から浮かび上がってきた、「教育目的」にとっての深化させるべき論点の中より、現代教育学を構成する学校論・公教育論に関わっての、人格＝認識形成学校の理論的・実践的課題である「人材配分機能と進路選択」、および、現代教育学を構成する教育実践と現代思想を架橋した「教育学」とその事例研究、という二点から対話全体を見渡すことで、これからの研究構想を展開したい。

①人材配分機能と進路選択

浅川は、社会調査を得意とする教育社会学者であるが、今回お話しいただいた調査で用いた分析概念は、「地域アイデンティティ」と「将来志向」である。これの意味するところは、①中学生・高校生の生活を取り巻く地域社会の構造、および、②その中での中学生・高校生の権利としての地域参加、という教育実践である。その教育実践は、「日本型戦後社会システム」と「日本型後退国家」という大きな教育政策の中で進行している、と理解される。具体的には、15年ごとに変化する教育＝社会改革の構造的な変化の中で子ども・青年＝若者を位置づけている。このように、浅川は、教育実践・教育政策を「子どもの発達」の視点からとらえるのではなく、「教育と社会」の関連構造として（あるいは、「生成」の視点から）把握しており、ここに、教育学の課題である相対する「子どもと学校」をどのように同時に成立させるのか、という実証的研究の底流を見ることができる。そして、ここで注目すべきは、教育実践をとらえるに際しても、および、教育政策をとらえるに際しても、二つの概念から説明しようとしているところであり、かつまた、教育実践と教育政策を切り離さずにつなげて理解しようとしているところである。これは教育学にとって、きわめて重要な方法意識なのではないだろうか。それは、浅川がドイツ教育学を把握する時にも、「実践的教育学」と「教育科学」といったように、二つの関連を問題にしているところにも見ることができる。教育学では、テーゼ、アンチ・テーゼ、ジン・テーゼ（正反合）という弁証法を用いて一元的把握がよくいわれるが、テーゼ（正）がそのままジン・テーゼ（合）となってしまい、結局のところ、弁証法になっていない場合がまま見られる。その意味では、臨床心理学と教育学を架橋した臨床教育学や、教育学と法学を架橋した教育法学のような学際的な視点をもった教育学こそ、1980年代以降の教育社会学に対抗できる、現代に求められている教育学ということができるのではないだろうか。

そのことをふまえた上で近年のキャリア教育を見てみると、子どもの心理的発達を強調する仕方で、実践的にも政策的にも、その重要性が増しているが、それと同程度に、学校の社会的機能を強調することが、真の意味でのキャリア教育にとっては重要であろう。

このように教育学を把握すると、進路指導・職業指導（および、産業教育）の中心的な主題は、子どもたちが中学生・高校生時代の「経験の意味」を社会・国家との関連の中で自分自身のものとして主体的に意味づけることを通して、どのようなおとなへとなっていくのか、ということを解明することにある。

②教育学の事例研究

浅川によって語られた教育社会学を基盤とした教育学構想をシェマ的に引き取るならば、北海道をフィールドとした事例研究・調査研究とドイツ教育学やニクラス・ルーマンの思想研究である外書講読を組み合わせた教育学、となるだろう。それは、私の言葉で言いなおせば、教育実地研究と人間形成論の相互循環によって成り立つ教育学、となる。そして、その相互循環の中で、生み出される接点かつ全体にうまれるものこそ、教育学理論あるいは教育原論である。

こうした教育学構想は、これから新しく取り組むということではなく、ドイツのフランクフルト学派の社会哲学をモデルとして指摘することができる。フランクフルト学派とは、フランクフルト大学の社会研究所を拠点とした、エーリッヒ・フロム、ヴァルター・ベンヤミン、ユルゲン・ハーバーマスなどの思想家集団を指す。その特徴の核心は、精神分析学とマルクス主義の総合化である。今後、教育学として取り組んでみたいテーマとしては、例えば、ジークムント・フロイトの５つの症例研究をマルクス主義の視点から読みなおす、初期のカール・マルクスを精神分析学の視点から読みなおす、などを挙げることができる。その意味でいうと、フランスにおける精神分析学とマルクス主義、つまり、ジャック・ラカンとルイ・アルチュセールを重ねて読む、という主題が大変に興味深い。

このように考えたところで、再び、戦後日本の教育学に立ち戻ると、勝田守一の仕事をあらためて位置づけなおす、という作業が重要な意味をもっていることに思い至ることとなる。戦前、京都学派の一人としてフリードリヒ・シェリングの思想研究に取り組んだ勝田は、戦後、教育実践家とともに教育科学研究会などで教育実践の共同研究に取り組んだ。その構想は、「人間の科学／人間学としての教育学」と名付けられていた。すなわち、「教育実践と現代思想」を切り離さずにつなげながら研究することこそ、現代の教育学の成立する地平をあらわしているのではないだろうか。

その時の「教育実践と現代思想」という問題把握の仕方は、最終的には、「開かれた教職の専門性とは何か」、といった問題へと行き着くことにならざるを得ない。この解明こそ、教育学の最初にして最大の難問だからである。

〈参考文献〉

○宮盛邦友「開かれた学校づくりにおける〈子どもの権利〉と〈指導〉をめぐるいくつかの問題――そのラフ・スケッチとして――」学習院大学文学部教育学科・教育学研究会『教育学・教育実践論叢』第２号，2015年
○宮盛邦友「教育学は総合性の学問か、それとも、固有性・独自性の学問か――同時成立相互可能性をもつ教育学の地平をめぐって――」学習院大学文学部『研究年報』第63輯，2017年
○北海道大学教育学部・宮﨑隆志・松本伊智朗・白水浩信編『ともに生きるための教育学へのレッスン40――明日を切り拓く教養』明石書店，2019年

BOOK REVIEW 8

『教師という仕事・生き方【第２版】若手からベテランまで教師としての悩みと喜び、そして成長』

山﨑準二編著，日本標準，2009年（初版・2005年）

「教育のライフコース研究」とは、「教師は、教師としての力量を、いかなる場で、いかなることを契機として、いかなる具体的内容のものとして、形成していくのであろうか」を研究する領域・分野である。

20人の教師の語りの中で、私が気になったのは、Ａ教諭（小学校勤務・男性・20歳代・教職歴２年）とＧ教諭（小学校勤務・男性・40歳代・教職歴22年）である。

Ａ教諭は、教師としての基本的態度を見つめなおす中で、「子どもをどれだけ大事にできるか」という理念を獲得するに至った。それは、「その時々にできる細心の配慮をすること」という意味である、という。このことに気がついた背景には、学生時代の教育実習の最中に、実習について悩んでいた時に、「自分の力についてあれこれ考えるより、明日の授業をどうすればいいか考えるほうが生産的なんじゃないか。もともと力があるわけないんだし、今やらなきゃいけないことを一生懸命考えればいいんじゃないか」と思いついたことがあったが、それが今日を支えているのである。

Ｇ教諭は、教育についての根本的な問いを学習するために教育学の本を読んでいる中で、「子どもはよりよくなりたいと願っていると考えれば、願いをかなえさせてあげればいい。もちろん未熟な子どもたちである。思い描いているよさは、漠然としていて表層的なものも多い。だからこそ、教材があり授業があり仲間（教師・友達）がいる。長い目で子どもをどう育てるか、子どものよさを拡幅させるためにはどういう教材研究や授業構想が必要なのか」というような授業観に変化していった、という。

この二つの教師の声について、私が気になったのは、少し前の自分と少し後の自分とが重なったからではないだろうか。つまり、私自身が大学教育の教師として成長をしたいと感じているからではないだろうか。その意味で、自分がいくつの年齢の時にこれらの教師の語りを読むのかによって、惹かれる箇所が変わってくるのである。

「教師が、自分の教師としてのライフコースを語るということは、『語る』という行為を通して自分自身との対話が生み出され、その自己内対話によって、自分のこれまでのライフコースを整理し、意味付けていく作業にほかならない。それは同時に、過去を懐かしむことではなく、現在の自分を見定め、これから自分が向き合わねばならない課題を明確にし、その取り組みの見通しをつけていく作業でもあるのだと思う。そういう意味では、過去に向かう作業ではなく、現在の位置を確かめ、未来に向かう作業なのである」という質的な分析を通した山﨑の指摘は、その教師の力量形成が歴史を担っていくことを意味していると同時に、他者のアイデンティティ形成に寄与しているということも意味しているのである。

「私たちは、〔中略〕多様で個性的なものを互いに認め合い・受け入れながら、さまざまな生活の場でさまざまな人々とも学び合うことを通して、結び付き合い・支え合う関係性を築きながら、教師としての成長と力量形成を図っていくことが重要なのである」という教師のライフコース研究の知見は、現代の教師に求められている開かれた教職の専門性そのものであり、その意味では、教師自身がライフコースを語るということが、教職の専門性を高めることになるのではないだろうか。

あとがき

本書は、前著『現代の教師と教育実践』（初版・2014年、第2版・2019年）で提起した、現代日本における新しい公教育としての学校という「人格＝認識形成学校論」を具体化すべく、その原理と計画を、文章と資料に基づいて提示したテキストである。

私の研究の興味・関心は、主として、「教育学の理論研究」にある。ある研究者からは、「宮盛さんの研究は、実証的研究ではないね」と言われたほどである。そう言われればその通りであり、大学の講義においても、私の理論枠組みに基づいて、子ども・学校・教育を語っている。しかし、「教育の実践研究」を軽視しているわけではない。本書においては、この間の学習院大学文学部教育学科・教職課程などでの学生からの要望を受け止めて、講義・演習・実習での事実に基づいた授業の成果が反映されている（主として、第1部）。

第Ⅱ期を終えた、開かれた学校づくり全国交流集会での現場教師とも、かろうじてではあるがつながっている。全国で展開されている三者協議会・学校フォーラムに学びながら、そこでは、「理論と実践の往還」を意識しており、あえて理論研究を提示することで、教育実践がさらに推進されることを願っている（第2部）。

編著『子どもの生存・成長・学習を支える新しい社会的共同』（北樹出版・2014年）の最後では、「人間発達援助者による人間発達援助実践から教師による教育実践をとらえ返す」ことを試みたが、それを前進させるべく、精神科医・憲法学者・教育社会学者との対話の試みを引き続きおこなってみた。ここに、本書の展望が書かれているといってもよい（第3部）。

学生からは、私の本は難しい、との評判であるが、本書はどのように受け止められるのだろうか。教育の現実にどこまで迫れているのか、それを読み解く理論は妥当であるのか、何よりも、本書を読むことを通して、学生は成長してくれるのであろうか。そんなことを考えながらも、少しずつ煮詰められ固まってきた、私の現代学校論・現代公教育論は、船出をすることとなる。

前著に引き続いて、学文社のみなさん、特に編集部の落合絵理さんには、大変お世話になった。次なる著書『現代における教育方法と教育行政に関する開発学的研究』（仮題）もお願いしているところである。

2022年８月15日

宮盛　邦友

初出一覧

序 「教員養成と求められる教師像」大津尚志・坂田仰編『はじめて学ぶ教職の基礎——教師になることを考えるあなたに』協同出版，2006年11月

「開かれた教職の専門性のためにICT教育を考える」クレスコ編集委員会・全日本教職員組合編集『クレスコ』no244，大月書店，2021年７月号

「同僚性の再構築をめざす反省的実践家による学びの共同体という現代学校改革——①佐藤学『学校改革の哲学』東京大学出版会，2012年４月、②佐藤学『学校を改革する学びの共同体の構想と実践』岩波ブックレット，2012年７月、③佐藤学『学校見聞録　学びの共同体の実践』小学館，2012年７月、の刊行によせて——」学習院大学文学部教育学科・教育学研究会『教育学・教育実践論叢』第１号，2014年12月

1 「教育裁判と子どもの権利・国家」学習院大学文学部教育学科・教育学研究会『教育学・教育実践論叢』第６号，2020年３月

2 「学習指導要領と子どもの権利・学校の公共性——現代学校改革の理論と実践のために(2)——」学習院大学文学部教育学科・教育学研究会『教育学・教育実践論叢』第７号，2021年３月

3 「国連子どもの権利委員会勧告・ILO UNESCOセアート勧告と子どもの権利・教職の専門性」学習院大学文学部教育学科・教育学研究会『教育学・教育実践論叢』第８・９合併号，2022年３月

4 「開かれた学校づくりからみた国民の教育権論の基本問題」浦野東洋一・勝野正章・中田康彦・宮下与兵衛編『校則、授業を変える生徒たち　開かれた学校づくりの実践と研究——全国交流集会Ⅱ期10年をふりかえる』同時代社，2021年３月

「資料編」浦野東洋一・神山正弘・三上昭彦編『開かれた学校づくりの実践と理論　全国交流集会10年の歩みをふりかえる』同時代社，2010年11月

5 「[対話]〈人間臨床〉の対話——精神医学と教育を支える思想——」『学習院大学教職課程年報』第５号［2018年度版］，2019年５月

6 書き下ろし

7 書き下ろし

BOOK REVIEW　1「現代の教員養成における開かれた教職の専門性について教育学的な検討を加える試み(其の四)——教職の専門性を軸とする教育学をめぐって——」『学習院大学教職課程年報』第４号［2017年度版］，2018年５月／２－

4「現代の教員養成における開かれた教職の専門性について教育学的な検討を加える試み（其の二）——教員養成の型をめぐって——」『学習院大学教職課程年報』第2号［2015年度版］，2016年5月／5「現代の教員養成における開かれた教職の専門性について教育学的な検討を加える試み（其の三）——教師教育の中核的な学習課題をめぐって——」『学習院大学教職課程年報』第3号［2016年度版］，2017年5月／6－8「現代の教員養成における開かれた教職の専門性について教育学的な検討を加える試み（其の一）——教職課程のカリキュラムをめぐって——」『学習院大学教職課程年報』創刊号［2014年度版］，2015年3月

※再録に際しては、それぞれ加筆・修正をおこなった。

著者紹介

宮盛　邦友（みやもり・くにとも）

1978年、神奈川県生まれ。中央大学大学院文学研究科教育学専攻博士後期課程単位取得満期退学後、北海道大学大学院教育学研究院助教などを経て、現在、学習院大学文学部教育学科准教授。専門は、教育学、教育思想、臨床教育学、教育法学。主な著書に、編著『子どもの生存・成長・学習を支える新しい社会的共同』（北樹出版・2014年）、単著『戦後史の中の教育基本法』（八月書館・2017年）、単著『現代の教師と教育実践【第2版】』（学文社・2019年）、などがある。

現代学校改革の原理と計画のために

2022年10月14日　第1版第1刷発行

著者　宮盛　邦友

発行者　田中　千津子
発行所　㈱学文社

〒153-0064　東京都目黒区下目黒3-6-1
電話　03（3715）1501 ㈹
FAX 03（3715）2012
https://www.gakubunsha.com

印刷　新灯印刷（株）

ISBN978-4-7620-3183-0